1. Deutscher Psychologentag
Gesamt-Herausgeber
Winfried Hacker
Uwe Wetter
Friedrich-W. Wilker

Psychologische Aus-, Fort- und Weiterbildung in den alten und neuen Ländern

Günter Krampen und Hermann Zayer

(Band-Herausgeber)

Deutscher Psychologen Verlag Bonn

Prof. Dr. Günter Krampen
Universität Trier
Psychologisches Institut
Postfach 38 25
5500 Trier

Dr. Hermann Zayer
Deutsches Institut für
Internationale Pädagogische
Forschung
Schloßstr. 29
6000 Frankfurt a.M. 90

Die Deutsche Bibliothek - CIP-Einheitsaufnahme

Deutscher Psychologentag <01, 1991, Dresden>:
1. Deutscher Psychologentag / Gesamt-Hrsg. Winfried Hacker ... - Bonn : Dt. Psychologen-Verl.
NE: Hacker, Winfried [Hrsg.]; Deutscher Psychologentag <01, 1991, Dresden>: Erster Deutscher Psychologentag; Erster Deutscher Psychologentag; HST

Psychologische Aus-, Fort- und Weiterbildung in den alten und neuen Ländern. - 1993

Psychologische Aus-, Fort- und Weiterbildung in den alten und neuen Ländern / Günter Krampen und Hermann Zayer (Bd.-Hrsg.). - Bonn : Dt. Psychologen-Verl., 1993
(1. Deutscher Psychologentag)
ISBN 3-925559-59-0
NE: Krampen, Günter [Hrsg.]

Verlag: Deutscher Psychologen Verlag GmbH, Bonn

Druck: Offsetdruckerei Hans Apel, Köln

ISBN 3-925559-59-0

VORWORT DER HERAUSGEBER

Mit dem 16. Kongreß für Angewandte Psychologie - zugleich dem 1. Deutschen Psychologentag - im September 1991 in Dresden ist es erstmals gelungen, sich 50 Jahre nach der Berufsgründung in Deutschland wieder vereint zu treffen.

Einerseits konnten die mehr als 1800 Teilnehmer des damit bislang größten deutschen Psychologenkongresses gemeinsam dieses Berufsjubiläum begehen, andererseits im Rückblick sich mit den gemeinsamen Wurzeln deutscher Psychologiegeschichte wie auch, aufgrund der über 40jährigen Trennung in zwei deutschen Staaten, sich mit den Unterschieden in der Berufsentwicklung und Berufsausübung inhaltlich wie persönlich auseinandersetzen.

Dresden bot sich für die Umsetzung des Kongreßthemas

50 Jahre Diplom-Psychologen in Deutschland
- Perspektiven in Europa -

in verschiedener Hinsicht als Veranstaltungsort historisch an:

Die Psychologie hat an der Dresdner Hochschule eine lange und gute Tradition; hier wirkten u.a. Karl und Charlotte Bühler, Kafka und Lersch in den Grundlagendisziplinen und Blumenfeld, Straub und Gniza im Bereich der Arbeitspsychologie.

Der letzte für Dresden im Jahr 1933 geplante Kongreß fand aus politischen Gründen nicht statt, da sich viele Berufskolleg-Innen gegen den Ausschluß jüdischer KollegInnen vom Kongreß seitens der Veranstalter aussprachen.

Dresden hat als sächsische Landeshauptstadt auch aufgrund der geographischen Lage immer schon eine wichtige Bedeutung im Kontakt und für den Austausch mit unseren osteuropäischen Nachbarn gehabt, was insbesondere für ein künftiges, gemeinsames Europa in allgemein geöffneten Grenzen, nicht nur auf Westeuropa beschränkt, ebenfalls bedeutsam erschien.

Die anspruchsvollen Ziele des Leitthemas der Veranstalter wurden in einer solchen Vielfalt und Fülle in fachwissenschaftlichen Perspektiven und Zielen abgehandelt, daß es den Herausgebern der Kongreßbände sinnvoller erschien, die einzelnen Teilbereiche in Einzelbänden von einem Fachherausgeber bündeln zu lassen. In jedem einzelnen Band wird dennoch diese Vielfalt angemessen berücksichtigt und dargestellt und mag somit das Interesse wecken, auch den anderen Teilbänden dieser Kongreßreihe spezielle Aufmerksamkeit zu schenken.

Mit dem 17. Kongreß in Bonn 1993, Thema: "Europa - Der Mensch im Mittelpunkt", der zugleich der 2. Deutsche Psychologentag sein wird, soll der in Dresden fruchtbar begonnene Prozeß des historischen Rück- und Ausblicks für unseren Berufsstand und unser Anwendungsfach Psychologie erfolgreich fortgeführt werden.

Unser Dank als Veranstalter und Herausgeber gilt allen TeilnehmerInnen, den ReferentInnen, der Technischen Universität und der Stadt Dresden; stellvertretend für alle, die durch ihren helfenden Einsatz am Gelingen dieses Kongresses mitgewirkt haben, sei an dieser Stelle Frau Petra Walkenbach vom Deutschen Psychologen Verlag in Bonn und Herrn Dr. Peter Richter vom Psychologischen Institut in Dresden nochmals besonders gedankt.

Prof. Dr. W. Hacker
TU Dresden

Dr. F.-W. Wilker
Deutsche Psychologen
Akademie

Dipl.-Psych. U. Wetter
Präsidium des BDP

Vorwort

Im vorliegenden Band des Berichts über den 1. Deutschen Psychologentag, der zugleich der 16. Kongreß für Angewandte Psychologie des Berufsverbandes Deutscher Psychologen (BDP) war, wird eine Auswahl der Beiträge in gedruckter Form vorgelegt, die im Rahmen der Veranstaltungen der Sektion "Aus-, Fort- und Weiterbildung in Psychologie" des BDP vorgestellt wurden. Ebenso wie auf den früheren Kongressen für Angewandte Psychologie war diese Sektion bemüht, durch spezifische Bestandteile zum Gesamtprogramm beizutragen. Dies fällt den jeweils für die Sektionsarbeit Verantwortlichen organisatorisch deswegen nicht immer leicht, weil Aufgaben und Fragen der Aus-, Fort- und Weiterbildung in Psychologie nur beim einem relativ geringen Teil der Dipl.-Psychologinnen und Dipl.-Psychologen explizit zum beruflichen Selbstverständnis gehören. Im beruflichen Selbstbild der meisten ist die auf bestimmte, mehr oder weniger eng definierte Arbeitsbereiche bezogene Sichtweise dominant. Allzu häufig wird dabei vergessen, daß Aus-, Fort- und Weiterbildungsaufgaben in all diesen unterschiedlichen psychologischen Arbeitsfeldern von erheblicher Bedeutung und nahezu ubiquitär sind. Die Aufgaben der Aus-, Fort- und Weiterbildung von Psychologen und anderer Berufsgruppen liegen somit zu den durch bestimmte Arbeitsschwerpunkte (etwa im pädagogisch-psychologischen, klinisch-medizinischen, forensischen oder betriebspsychologischen Bereich) definierten Aufgaben von Psychologen horizontal. Dies gilt auch für die Stellung der Sektion "Aus-, Fort- und Weiterbildung in Psychologie" in der Sektionsstruktur des BDP. Sie ist horizontal zu den auf bestimmte Arbeitskontexte orientierten (vertikalen) Sektionen des BDP angeordnet und umfaßt alle Aufgaben, die sich auf Fragen der Aus-, Fort- und Weiterbildung in Psychologie von Psychologen und anderen Berufsgruppen - unabhängig vom jeweiligen Tätigkeitsbereich - beziehen. Dies sollte stärker in das Bewußtsein der Kolleginnen und Kollegen, die in einem spezifischen Arbeitsfeld psychologische Aus-, Fort- oder Weiterbildung betreiben, dringen, da mit den korrespondierenden Aufgaben nicht nur eine der Gemeinsamkeiten des heterogen gewordenen Berufsbildes des Dipl.-Psych. klammerartig gefaßt wird, sondern auch Anregungen für die eigene Aus-, Fort- und Weiterbildungsarbeit in einem bestimmten Anwendungsgebiet aus der in anderen gewonnen werden können. Es ist zu hoffen, daß der vorliegende Band dazu beiträgt, dies zu verdeutlichen.

Basis des Buches sind drei Veranstaltungen, die von der Sektion "Aus-, Fort- und Weiterbildung in Psychologie" auf dem 1. Deutschen Psychologentag organisiert wurden. Es handelte sich dabei um ein Symposium zur Fragen der Weiterbildung in Psychologie (Leitung: Prof.Dr. E. Stephan), eine Arbeitsgruppe zum breitgefächerten Thema der "Aus-, Fort- und Weiterbildung von Dipl.-Psych." (Leitung: Prof.Dr. G. Krampen) sowie eine Arbeitsgruppe zum "Export von Psychologie an andere Berufsgruppen" (Leitung: Dr. H. Zayer). Im vorliegenden Band sind die im Rahmen dieser Veranstaltungen vorgestellten Referate abgedruckt, die von den Autoren fristgemäß in schriftlicher Form vorgelegt wurden. Die Herausgeber danken den Autoren für die dabei geleistete (zusätzliche) Arbeit.

Bereits bei der Planung der o.g. Veranstaltungen für den 1. Deutschen Psychologentag waren die Organisatoren bemüht, auch Beiträge von Kolleginnen und Kollegen aus den neuen Bundesländern für das Programm zu gewinnen. Mit dem 1. Deutschen Psychologentag bot sich zum ersten Mal nach der Wiedervereinigung Deutschlands die Möglichkeit dazu (auf breiterer Basis). Bedingt durch die mit der Wiedervereinigung verbundenen erheblichen Veränderungen in der beruflichen und persönlichen Situation vieler Kolleginnen und Kollegen in den neuen Ländern war es im Jahr 1991 nicht einfach, Referenten dafür zu finden. Um so mehr freuen wir uns darüber, daß für die Kongreßveranstaltungen und den vorliegenden Band dennoch etliche Autorinnen und Autoren aus den neuen Ländern gewonnen werden konnten. Ihre Beiträge geben einen (ersten) Eindruck über die Situation und ausgewählte zentrale Fragen der psychologischen Aus-, Fort- und Weiterbildung in der ehemaligen DDR und thematisieren auch z.T. Aspekte und Probleme, die sich direkt auf die Konsequenzen der Wiedervereinigung in diesem Bereich beziehen. Es ist zu hoffen, daß entsprechende kritische Analysen der psychologischen Aus-, Fort- und Weiterbildung in der ehemaligen DDR, die sich nicht alleine auf ihre negativen Aspekte, sondern auch auf die positiven konzentrieren, in der nahen Zukunft fortgeführt werden. Die Qualität der psychologischen Aus-, Fort- und Weiterbildung in der Bundesrepublik Deutschland (und in einem vereinten Europa) kann durch die kritische Auseinandersetzung mit dem, wie es war, wie es ist und wie es werden könnte, nur profitieren. Die im vorliegenden Band zusammengestellten Arbeiten tragen zu allen drei Aspekten (dem historischen, dem aktuellen und dem visionären) aus unterschiedlichen Blickwinkeln bei.

Trier und Frankfurt/Main, im Herbst 1992

Prof.Dr. Günter Krampen
Dr. Hermann Zayer

Inhaltsverzeichnis

Psychologieausbildung in den 'Neuen Bundesländern' - Auf dem Weg voran oder ein Schritt zurück?

K.-D. Hänsgen, E. Kasielke,

Anliegen dieses Beitrages soll sein, über die Entwicklung der Psychologieausbildung in den neuen Bundesländern, die Veränderungen des Studienplans und die im Zusammenhang damit stehenden Probleme zu informieren und vielleicht zu einigen Fragen doch noch eine Diskussion zu entfachen. Man könnte es natürlich kurz machen: Die gültigen Studienpläne entsprechen ab dem kommenden Wintersemester den in den alten Bundesländern erarbeiteten Vorgaben, etwa den Empfehlungen der Kultusministerkonferenz von 1985 - wir leisten unseren Beitrag zur deutschlandweiten Vereinheitlichung des Psychologiestudiums.

Als der Beitrag verabredet worden ist, bestand allerdings mehr Interesse am Weg dieser Vereinheitlichung - auch am Vergleich beider Ausbildungen. Dies kann ein Beitrag allein natürlich nicht leisten. Die Entwicklung verläuft in allen vier psychologischen Einrichtungen hier ähnlich - in den Details können wir momentan aber erst auf die uns zugänglichen Berliner (HUB) Zahlen zurückgreifen. Außerdem kann nur die persönliche Sicht der Autoren dargestellt werden, da eine breite Diskussion bisher nicht erfolgte.

Die Ver- und Bearbeitung der 'Wende' ist keinesfalls abgeschlossen, es sollen Gedanken vorgebracht werden, die uns allerdings ziemliches Kopfzerbrechen bereiten. Die Gratwanderung bei der Behandlung des Themas besteht darin,

- weder in eine DDR-Nostalgie zu verfallen (auch die Psychologie und ihre Ausbildung war voll von Konflikten), noch den heutigen Ausbildungsplan als Lösung der Probleme zu sehen - das Optimum liegt zweifellos mehr zur Mitte als an einem Extrem,

- weder den fachlich eingeengten Spezialisten noch den 'Universalpsychologen', der von allem 'etwas' versteht, als Ideal der Ausbildung zu implizieren.

Die Entwicklung des Psychologiestudiums kann wohl niemand voraussehen. Kritiker, vor allem aus der Medizin, äußern besonders deshalb Unverständnis am Massenstudium Psychologie, weil dem ein fehlender Arbeitsmarkt gegenüberstehe. Auch uns im Osten haben immer die großen Zahlen der Psychologiestudenten im Westen beeindruckt und wir haben uns gefragt, ob alle wirklich als Psychologen arbeiten können. Die Frage ist bis heute noch nicht so richtig beantwortet.

Zweifellos sind aber Erhaltung und Weiterentwicklung der akademischen Strukturen und anderen Ausbildungseinrichtungen -

auch des BDP - essentiell von der 'Nachfrage', einem Interesse am Studium Psychologie und nachrückenden Absolventen abhängig. Vielleicht sind wir hier im Moment besonders sensibilisiert, nach dem Wohin zu fragen. Beispielsweise für unsere stärkste Fachrichtung der Psychologie, die Klinische, müßte über einige Probleme dringlich nachgedacht werden, wenn man sie langfristig als berufliche Tätigkeit sichern will. Man könnte natürlich sagen: die Psychologie soll ihr Einsatzgebiet bewußt verlagern - in jedem Falle würde dabei aber Terrain aufgegeben. Nach unserem Wissen sind um 80 % aller Psychologen klinisch tätig. Das war in der DDR übrigens nicht anders.

Vor der Wende erfolgte hier im Osten Deutschlands viele Jahre eine zum Teil heftige Auseinandersetzung um den 'Facharzt für Psychotherapie' und die fachlichen Voraussetzungen, um das Fachgebiet 'Medizinische Psychologie' vertreten zu können. Die Psychologen konnten sich dabei insgesamt relativ gut behaupten - sie waren im Gesundheitsbereich anerkannt und konnten selbständig diagnostisch wie therapeutisch arbeiten, auch Leitungsfunktionen bis hin zur Klinikleitung einnehmen (ihre Probleme waren andere). Und, was am wichtigsten ist: In den Vorständen der Psychotherapiegesellschaft oder der Medizinpsychologie-Gesellschaft war man in einem konstruktiven Gespräch mit Ärzten, was zunehmend zu gegenseitiger Anerkennung der Kompetenzen und Lösung der Institutionalisierungsprobleme beitrug. Bekanntlich war ein Psychologengesetz schon vom Parlament bestätigt. Diese Zeit ist vorbei - die Erfahrungen bleiben allerdings.

Die Mediziner sind nun interessanterweise Ost-Erfahrungen gegenüber ziemlich aufgeschlossen: Der jetzt gesamtdeutsch geplante 'Arzt für psychosoziale Medizin' weist erstaunliche Ähnlichkeit mit damals vorliegenden Konzepten auf - die Medizin sieht vielleicht auch eine Chance, ihre 'Ärzte-Schwemme' neu zu kanalisieren. Dieses Überangebot an Absolventen ist gegenüber der früheren Situation eine neue Bedingung - lax gesagt wollte hier im Osten die Mehrzahl lieber 'richtiger' Arzt werden, als sich von der Schulmedizin auf das 'weiche' und gesellschaftlich weniger anerkannte Gebiet der Psyche zu begeben.

Die jetzt grundsätzlich neuen Bedingungen könnten allerdings dazu führen, daß unter dem Dach der Medizin ein Fachmann in größerer Zahl entsteht, der letztendlich auch den Beruf des Klinischen Psychologen in Frage stellen KÖNNTE: Nach letzten Informationen im Report Psychologie sind allein 10.000 Ärzte arbeitslos - es könnten laut Sprecher des Marburger Bundes bis 1996 60.000 sein. Der BDP freut sich indes über sein 15.000. Mitglied, die Psychologen aus den neuen Ländern sind allerdings jetzt überwiegend schon dabei.

Wenn man außerdem berücksichtigt, daß der psychosoziale Aspekt im Unterschied zu damaligen Zeiten sich heute einer wesentlich größeren Akzeptanz gegenübersieht - was nicht zuletzt auch durch die gegenwärtige Psychotherapie-Diskussion weiter gefördert wird - ist die zweite hemmende Bedingung im Schwinden.

Wir kommen deshalb nicht ohne Grund bei der Darstellung des Studienplanes immer wieder auf die Analyse der berufspolitischen

Situationen zurück. Die Anforderungen an die Ausbildung sind hier immer ganz eindeutig aus den Praxisfeldern gekommen. Bereits die Einführung der Fachausbildungen war eine Reaktion auf eine Infragestellung der psychologischen Kompetenz durch einen damals namhaften Mediziner. In der auch bei uns permanent vorhandenen Auseinandersetzung mit Medizin, Technik, Ökonomie usw. mußte immer gefragt werden 'Was muß ein Psychologe wissen und können, um im Praxisfeld zu bestehen'.

Die gewählten Lösungen waren beileibe nicht optimal und auch innerhalb der Psychologie wurden z.T. heftige Diskussionen geführt. So war der fachspezifische Anteil, die Praxisnähe trotz des heute hoch erscheindenen Stundenanteils vor allem aus der Sicht der Studenten noch viel zu gering und ein nach der Wende erarbeiteter Plan bemühte sich deshalb um noch mehr Fachspezialisierung.

Wo lagen nun die wichtigsten Unterschiede des Studiums Ost zu West? Wir beziehen uns vor allem auf den seit 1983 gültigen offiziellen Studienplan, der praktisch überall mit nur geringen einrichtungsspezifischen Besonderheiten realisiert war. Unmittelbar vor der Wende wurde allerdings noch ein neuer Plan bestätigt - der sollte ab 1990 gelten und hatte noch mehr verbesserte Fachanteile.

1. Es bestand seit 1963 ein fachrichtungsspezifischer Diplomabschluß. Der wurde mit der Begründung eingeführt, daß durch das Studium eine <u>Fähigkeit zur Berufsausübung</u> erlangt werden muß. Neben Wissen wurden eben auch Fähigkeiten und Fertigkeiten so vermittelt, daß der Psychologe unmittelbar nach dem Studium ggf. auch auf sich allein gestellt in der Lage war, in seinem Beruf zu arbeiten. Im Studienplan von 1983 heißt es dazu: 'Die inhaltliche und methodische Ausgestaltung sowie die Organisation des Studiums sind darauf gerichtet, anwendungsbereite Kenntnisse zu vermitteln sowie Fähigkeiten und Fertigkeiten auszuprägen'.

Die Studienzeit war festgelegt auf fünf Jahre. In dieser Zeit schien es objektiv nicht möglich, mehr als ein Fachgebiet bis zum definierten Niveau zu beherrschen.

Die breite Notwendigkeit des disponibel einsetzbaren Psychologen - eine Begründung für den einheitlichen Diplomabschluß auch bei uns - wurde zunächst vor allem deshalb nicht evident, weil das Arbeitsangebot weit über der Zahl ausgebildeter Studenten lag. Wir dürfen erinnern, daß jedem Studenten Absolventenstellen angeboten werden mußten und auch konnten. Das lag aber vor allem daran, daß die Studienzahlen weit unter den gesellschaftlichen Bedürfnissen lagen. Besonders in den letzten zwei Jahren vor der Wende erfolgte noch einmal eine drastische Reduktion - vor allem der Klinischen Psychologie. Einige Stellen in ländlichen Gebieten konnten über Jahre nicht besetzt werden.

Die Ausbildungseinrichtungen und ungefähren langjährigen Mittel der Absolventenzahlen sind in der folgenden Abbildung aufgeführt:

Berlin	
Klinische Psychologie	20 - 30
Arbeits- und Ingenieurpsychologie	20 - 30
Leipzig	
Pädagogische Psychologie	30 - 40
Klinische Psychologie	20 - 30
Jena	
Sozialpsychologie	20 - 30
Dresden	
Arbeits- und Ingenieurpsychologie	20 - 30

Es kam natürlich vor, daß Arbeits- und Ingenieurpsychologen später zur Klinischen Psychologie wechselten - vielleicht, weil das Interesse der Wirtschaft auf eine kurzsichtige Ökonomie ausgerichtet war und die Psychologie da nicht hineinpaßte. In solchen Fällen wurden von nicht wenigen entweder noch einmal Kurse an der Universität belegt oder im Rahmen des postgradualen Studiums spezielle Veranstaltungen besucht.

Wie sah es im Grundstudium aus?

Auch bei uns wurde einer guten forschungsmethodischen Ausbildung - als Spezifik des Psychologen - große Aufmerksamkeit geschenkt. Es war im Berufsbild des Psychologen definiert, daß er auch zu selbständiger wissenschaftlicher Tätigkeit, die auf fundierten Grundlagenkenntnissen aufbaut, befähigt sein soll. Diese Anforderung wurde auch häufig gestellt, Psychologen waren in der Praxis für fundierte methodisch-statistische Kenntnisse bekannt. Es war tatsächlich so, daß forschungsambitionierte Vorgesetzte, etwa Chefärzte, Psychologen eigens zu diesem Zwecke einstellten.

Dabei war die Studienkonzeption aber nicht frei von vorhandenen gesellschaftlichen Zwängen: Das Kreisdiagramm zeigt den Anteil einzelner Fachgebiete am Volumen des Grundstudiums. Basis ist eine Gesamtstundenzahl:

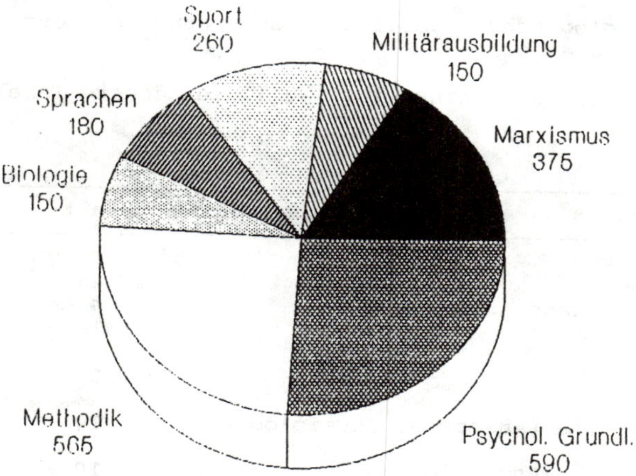

Nichtpsychologische Fächer nehmen die Hälfte des Volumens ein. Über Biologie - Anatomie, Physiologie - ist nicht zu diskutieren, sie war und ist notwendig für eine wissenschaftliche Psychologie. Die Sprachausbildung in Englisch erwies sich in der Regel für die eigene spätere Forschungstätigkeit als unumgänglich - die Schulausbildung war häufig zu schwach. Sie wurde in Englisch auch fachbezogen durchgeführt - in Russisch nach einem 'zentralen Plan', was den Effekt stark einschränkte. Für beide Fremdsprachen - eine mußte Russisch sein - und Sport gilt als Kritik, daß ihr obligatorischer Charakter mit zur Verschulung des Studiums beitrug.

Diese Planung war ein generelles Problem: Studienzeit, -ablauf, Fächer, Prüfungen waren genau vorgeschrieben - auch zeitlich. Eigenverantwortlichkeit konnte unter diesen Bedingungen nicht systematisch entstehen bzw. wurde nicht gefördert. Das bedeutet nicht, daß keine vorhanden war.

Am problematischsten war natürlich, daß fast 1/4 der Zeit in der einseitig marxistisch orientierten gesellschaftswissenschaftlichen Ausbildung verbracht werden mußte und dazu fünf Wochen Militär- bzw. Zivilverteidigungsausbildung kamen, deren Konzeptionslosigkeit und Sinnarmut jedes Jahr in mehreren Auswertungsveranstaltungen immer wieder in jeder Beziehung folgenlos festgestellt wurden.

In der Ausbildung wurden nur die fachspezifischen Komplexe Methodik und psychologische Grundlagen unterschieden, die das halbe Volumen einnehmen. Wirkte sich die hypertrophierte nichtpsychologische Ausbildung zu Ungunsten der spezifisch psychologischen aus?

Daß dies sehr kompliziert ist, soll die nächste Tabelle zeigen:

Grundstudium Semesterwochenstunden:	alt	neu
Marxismus	24	-
Militärbezogene Ausbildung	4 Wo	-
Sport	18	-
Sprachen	12	-
Humanbiologie (Anatomie, Physiologie)	10	10
Mathematische Psychologie	10	4
Psychologische Statistik	9	8
Psychologische Methodik	12	7
- Praktikum	4 Wo	incl.
Allgemeine Psychodiagnostik	10 (+11)	2 (+8
Allgemeine Psychologie	13	14
Persönlichkeitspsychologie	7	7
Entwicklungspsychologie	8	10
Geschichte/Philosoph. Probl. d. Psychol.	4	2
Sozialpsychologie	4	8

Hier sind zunächst die Stundenanteile in Semesterwochenstunden für das Grundstudium früher und nach neuem Plan gegenübergestellt. Der neue Plan ist bekanntlich an den Empfehlungen orientiert und SOLLTE in allen Ausbildungseinrichtungen ähnlich umgesetzt sein. Der obere Teil ist ersatzlos weggefallen - trotzdem stimmen die Stundenzahlen insgesamt relativ überein. Mathematische Psychologie und Methodik war intensiver, Sozialpsychologie dafür geringer vertreten. Diagnostik nimmt eine Sonderstellung ein: sie war in eine Grundlagen- und eine Fachdiagnostik geteilt und insgesamt mehr als zweimal intensiver. Die Zahlen in Klammern sind die für die Fachdiagnostik - die nach neuem Studienplan allerdings auch Grundlagenanteile enthält und jetzt richtig insgesamt zur Fachausbildung gehört. Besonders hier wurden Wissensvermittlung und Übung des praktischen Diagnostizierens gleichermaßen einbezogen.

Hier kommen wir aber auf einen weiteren wichtigen Unterschied in der Studienkonzeption, den die folgende Abbildung verdeutlicht:

	Studienplan ab 1983 SWS	Prüfungen Abschl.	Gesamt	HUB jetzt SWS	Programm
Grundstudium	138	10	(20)	80	
Hauptstudium insges.					7
Klin	107	9	(12)	80 insges.	
A / I	98	3	(7)		
Pädag	97	7	(11)		
Sozial	99	5	(10)		
+ 10 Wochen Berufspraktika				+ 10 Wo. Berufspraktika	

- Das Gesamtstundenvolumen war wesentlich höher - es wurden mehr Lehrveranstaltungen durchgeführt. Die durchschnittliche Wochenstundenzahl lag bei 26 - 30, was ganz grob drei 90-Minuten-Veranstaltungen pro Tag entsprach. Das ist auf den ersten Blick ein weiteres 'Verschulungs'-Argument. Man muß allerdings auch in Rechnung stellen, daß wichtige Literatur häufig nur in 1-2 Exemplaren vorhanden war und die Vorlesung anders nur schwer beschaffbares Wissen vermitteln mußte.

  Es wurden auch damals Diskussionen geführt, den Selbststudienanteil zu erhöhen - die Stunden wurden so geplant, daß freie Tage oder zumindest Halbtage entstanden.

- Auch die Zahl der Prüfungen war wesentlich höher, 15 - 20 Abschlußprüfungen (etwa drei pro Semster) sorgten für beständige Rückmeldung und fanden nicht nur Freunde. In Klammern sind die Zwischenprüfungen noch mit hinzuaddiert, dies sind die Gesamtprüfungen. Die Zahl der Prüfungen hatte allerdings noch eine weitere wichtige Funktion: diese Fächer konnten auf dem Zeugnis nachgewiesen werden - belegten spezifische Kompetenzen des Psychologen, was für die spätere berufliche Einordnung bedeutsam war.

Die jetzt nur noch sieben vorhandenen Prüfungen stellen genau das andere Extrem dar. Zu denken gibt uns am meisten, daß die ersten ernsthaften Prüfungen nach dem Regelstudienplan nach vier Semestern stattfinden, die erste Leistungsrückmeldung vielleicht etwas zu spät erfolgt.

Was nun inhaltlich als Psychologie vermittelt wurde, würden wir mit nur einer fachgebietsspezifischen Einschränkung mit dem Wissen in den Alten Bundesländern gleichsetzen - das Urteil kann zum Glück leicht nachgeprüft werden: Anhand der vorhandenen Lehrbücher, etwa von Klix, Schmidt, Sprung und Sprung, Hacker, Hiebsch und Vorwerg, Helm, Guthke, Böttcher und Sprung, Rösler und Szewczyk, Clauss und Ebner, Krause und Metzler, Gutjahr können die Ausbildungsinhalte leicht objektiviert werden. Außerdem wurde in allen Instituten großer Wert auf die Rezeption der internationalen Literatur gelegt, die praktisch zugänglich war, wenn auch häufig unter Mühen der Beschaffung bzw. des Wartens. Vor allem bei psychoanalytischen Original-Arbeiten, etwa bei Freud, war die Verfügbarkeit allerdings eingeschränkt.

Mit Bedauern wird der Wegfall der sogenannten Literaturarbeit zur Kenntnis genommen - im 5. Semester sollte als Vordiplomarbeit zu einem bestimmten Thema die internationale Literatur selbständig recherchiert und kommentierend zusammengefaßt werden. Sie ging im Umfang über einen Beleg hinaus und war eine wichtige Schule vor allem für die wissenschaftliche Arbeit.

Die Fachstudiengänge waren darauf abgestimmt, die wesentlichen Grundlagen für die berufliche Tätigkeit zu vermitteln. Hier ist bekanntlich der gravierendste - und für uns am meisten problembehaftete - Unterschied zum jetzigen Programm vorhanden. Der Student muß jetzt alle Fachgebiete belegen - was bei der insgesamt geringeren Stunden- und Prüfungszahl nur durch deutliche Reduktion möglich ist.

Wie sieht das am Beispiel der Klinischen Psychologie aus?

Klinische Psychologie - alter bestätigter Plan von 1993	
Fachpsychologie Grundlagen	SWS
Propädeutik/Klinische Psychologie	1
Allgemeine Pathopsychologie	4
Spezielle Pathopsychologie	2
Medizinische Psychologie	2
Forensische Psychologie	2
Klinisch-Psychologisches Kolloquium	2
Medizinische Grundlagen	
Psychiatrie	2
Neurologie	2
Pädiatrie/Kinderneuropsychiatrie	2
Innere Medizin (einschl. Psychosomatik)	5
Psychopharmakologie/Pharmakopsychologie	2
Fachdiagnostik und Begutachtung	
Allgemeine Klinische Psychodiagnostik	2
Spez. Diagnostik Kinder	5
Spez. Diagnostik Erwachsene	5
- jeweils Verfahren und fallbezogenes Üben	
Gruppen-/Familiendiagnostik	3
Explorationstechnik	3
Begutachtung	9
einschl. eigene prak. Tätigkeit im Ambulatorium	
Psychotherapie und Beratung	
Allgemeine Psychotherapie	2
Intervention in der Medizinischen Psychologie	2
Psychotherapie Erwachsene	4
Psychotherapie Kinder	4
Rehabilitation/Prophylaxe	3
AT-Eigentraining	1
Kommunikationstraining	4
Psychotherapiekurse	16
Gesprächspsychotherapie I und II	
Verhaltenstherapie (SST und SD)	
Kinder-Psychotherapie	

- Die Grundlagen nahmen einen breiten Raum ein, Psychopathologie und benachbarte medizinische Fächer sollten so intensiv vermittelt werden, um die für eine Approbation objektiv notwendigen Kenntnisse zu vermitteln - selbständige Diagnostik und Therapie, Kooperation und besonders Kommunikation mit Medizinern und anderen Fachkollegen waren die Zielstellungen. Man würde heute sagen, daß der Psychologe 'professioneller' werden sollte - indem er vor

allem auf die interdisziplinäre Disskussion vorbereitet wurde.
Deshalb kann man diese Ausbildung wohl kaum als einseitig pragmatisch oder eingeengt bezeichnen.

- Die Diagnostik-Ausbildung war am Prozeßmodell orientiert und erstreckte sich von den methodischen Grundlagen über eine relativ breite Übungsstrecke bis zur eigenen Tätigkeit im zugeordneten Ambulatorium.

- Es wurden therapeutische Basiskompetenzen vermittelt, die eine erste eigene Tätigkeit unter Supervision ermöglichten.

Trotz dieser Fachspezifik wurde ein postgraduales Studium 1983 für notwendig gehalten und eingerichtet. Aus der Medizin kam der Vorwurf, daß der Arzt nach dem Studium noch eine längere Qualifizierungsstrecke absolvieren muß, der Psychologe aber schon fertig ausgebildet sei. Dieses Argument spielte keine untergeordnete Rolle, es mangelte allerdings nie an Ausbildungsinhalten, deren Vermittlung sinnvoll schien.

Wie sieht das Fachstudium jetzt aus?

Klinische/medizinische Psychologie		12
- Grundlagen	2	
- Pathopsychologie	2	
- Psychosomatik	2	
- Psychotherapie	2	
- Medizinische Psychologie	3	
- Psychoprophylaxe	1	
ABO-Psychologie		12
- Grundlagen	2	
- Arbeitsmotivation und Arbeitszufriedenheit	2	
- Arbeit und Beanspruchung	2	
- Arbeits- und Anforderungsanalyse	2	
- Organisationsstrukturen und -entwicklung	2	
- Berufsentwicklung	2	
Pädagogische Psychologie		8
Psychologische Diagnostik		10
Praxisbezogene Lehre (fachspezifisch)		14
Forschungsmethodik und Evaluation		6
Forschungsorientierte Vertiefung		8
Nichtpsychologisches Wahlpflichtfach		6

Es stehen nur noch zwölf Stunden für die klinische Fachausbildung zur Verfügung, die vorhandenen Fächer sind auch quantitativ reduziert. Jeder Student muß alle Fächer dieser 'Box' belegen. Auch wenn man berechnet, daß noch einige Fach-Anteile in der praxisbezogenen Lehre und den 'Forschungs'-Fächern untergebracht werden, ist der Anteil des Regelstudiums unseren Erfahrungen überhaupt nicht ausreichend, um nach dem Studium sofort klinisch-psychologisch arbeiten zu können.

Ein Vorwurf der Medizin hinsichtlich fehlender Kompetenz - den wir immer vermeiden wollten - läßt sich nun objektiv nicht mehr von der Hand weisen, was wir hier natürlich als Rückschritt erleben.

Eine Lösung wäre natürlich die Weiterführung der Ausbildung in der Praxis. Die Notwendigkeit der postgradualen Weiterbildung wird zwar von jeder Seite anerkannt - sie erfordert aber auch an Universitäten eine finanzielle Beteiligung des Kandidaten, von privaten Anbietern ganz zu schweigen. Wie soll der Kandidat aber zu diesen Mitteln gelangen? Es ist fraglich, ob staatliche Stützungen (z.B. ABM) oder berufsfremder Gelderwerb fachlich wie wirtschaftlich optimal sind, den Kandidaten über die Zeit zu bringen.

Eine Variante wären gesetzlich geregelte Dienstverhältnisse zur Weiterbildung analog zu Medizin oder Jura. Das sind aber Illusionen, solange die berufliche Tätigkeit selbst nicht gesetzlich geregelt ist. Deshalb sollten und müssen die Lösungen zunächst in der Psychologie selbst gesucht werden.

Es soll hier versucht werden, wichtige Teile zusätzlich fakultiv anzubieten - ohne Anrechnung auf den Curricularwert wird dem aber keine günstige Prognose eingeräumt. Auch wird es objektiv zu Interessenkonflikten zwischen einer finanziell 'lohnenderen' Weiterbildung und einem Gratis-Angebot in der Ausbildung kommen. Schließlich verändert sich auch die Situation des Studenten. Nebenerwerb ist in der Regel notwendig, eine Verlängerung der Studienzeit ist zwar möglich - die BAFÖG-Politik ist aber genau anders orientiert.

Das Gesagte gilt nicht nur für die Klinische Psychologie. Die bisherige Ausbildung in Arbeits- und Ingenieurpsychologie wird in der folgenden Tabelle aufgelistet. Auch hier wird deutlich, daß die Fachanteile insgesamt größer waren und auch Fertigkeiten vermittelt worden sind.

Deutlich wird dabei allerdings auch, daß in der Fachausbildung selbst eine Einbeziehung relevanter Inhalte aus den psychologischen Nachbargebieten erfolgte:

Arbeits- und Ingenieurpsychologie Plan von 1983	
Fachspezifische Methoden	10
Fachspezifische Diagnostik/Begutachtung	10
Psychol. Arbeitsgestaltung	18
Psychol. Probl. d. Qualifizierung	5
Betriebliche Sozialpsychologie	2
Arbeitswissenschaftliche Grundlagen	9
Klinisch-Psychologische Grundlagen	5
Literatur-/Forschungspraktikum	24
Einführung Rechentechnik	2
Zeitfonds der Sektion	13
- Menschen-Rechner-Interaktion	
- Berufsberatung	
- Berufliche Rehabilitation	

Zusammenfassend sehen wir einen Diskussionsbedarf hinsichtlich der folgenden Fragen:

1. Nach unseren Erfahrungen erscheint es fraglich, auf der Basis der jetzt im Regel-Studium erworbenen fachlichen Kompetenzen in einem Gebiet berufsspezifisch tätig zu werden. Es müßte natürlich diskutiert werden, ob die Berufsausübung unmittelbar nach dem Studium in der Praxis überhaupt eine Zielstellung ist.

   Weiterbildung ist als eine Lösung möglich, der Kandidat sollte aber während dieser Zeit schon auf seinem Fachgebiet arbeiten können. Dazu gehört, daß im Studium auch Fertigkeiten ('Basiskompetenzen') in ausreichendem Maße vermittelt werden müßten.

   Nach unserem Verständnis kann sich der interdisziplinär arbeitende Psychologe nur behaupten, wenn er in seinem Arbeitsgebiet UND den angrenzenden Wissensgebieten über ein sehr fundiertes Wissen verfügt und dies auch anwenden kann. Es ist doch in diesem Zusammenhang auch nicht unerheblich, welche Vorurteile bezüglich des Psychologen in bestimmten Berufsgruppen bestehen. Man kann sie ignorieren - kann und sollte sie als konstruktive Kritik begreifen.

   Deshalb würden wir so weit gehen, daß zumindest für die von uns überblickbare Klinische Psychologie der Beginn einer Spezialisierung in der Weiterbildung wesentlich zu spät liegt.

2. Wenn zur Psychologie Diagnostik und Intervention gehören, müßten beide Anteile - nicht nur in der Klinischen Psychologie - im Studium bis zu einer Grundstufe beherrscht

werden. Dazu gehören nicht nur Wissen, sondern auch Fähigkeiten und Fertigkeiten. Beispielsweise wird Psychotherapie solange nicht zur Psychologie gerechnet werden, wie sie nicht als Ausbildungsfach in der Psychologie fest verankert ist. Wir wissen dabei sehr wohl, daß auch innerhalb der Psychologie unterschiedliche Interessen konkurrieren.

3. Ein Ausweg könnte es auch sein, der Disponibilität des Psychologen eine Disponibilität des Ausbildungsprogramms zur Seite zu stellen. Warum muß auch unter den neuen Bedingungen eigentlich wieder alles einheitlich sein?

   Eine Lösung könnte beispielsweise darin bestehen, unterschiedliche Spezialisierungen in unterschiedlicher Intensität zuzulassen - auch im Extremfall Spezialisierungen in einem Gebiet. So könnte einer die Klinische Psychologie, ein anderer - mit akademischen Ambitionen - auch die Grundlagenfächer und alle Fachdisziplinen im Querschnitt wählen usw.

   Gerade im jetzt einheitlichen Berlin zeichnet sich ab, daß Klinische Fachdiplome auf dem Stellenmarkt eine gute Resonanz finden und diese Spezialisierung zugunsten des Bewerbers spricht. Diese Entwicklung sollte genau beobachtet werden.

4. Wenn die Psychologie jetzt um eine breite berufliche Tätigkeit im kurativen Sektor kämpft, dann kann sie dies letztendlich nur erreichen, wenn ein Bemühen um eine einheitliche Strategie erkennbar wird. Wir überlegten lange, das Wort 'Kampf' zu verwenden. Die Äußerungen seitens der Medizin zum Psychotherapie-Gutachten und die offensive Presse haben zumindest einige der Ost-Psychologen bezüglich ihrer Schärfe und Polemik ziemlich überrascht und lassen nur diesen Schluß zu, daß die Medizin alle Mittel nutzen wird, diese Entwicklung zu verhindern.

   Wir meinen, daß mehr davon abhängt, als nur die Lage der Praktiker. Die akademische Psychologie muß sich fragen, ob ihre quantitative wie qualitative Repräsentation durch diese Frage tangiert wird. Wenn, wie es nach unserer Meinung wahrscheinlich ist, dies Zustimmung findet, müßten die Ausbildungspläne relativ schnell so modifiziert werden, daß der Student nach dem Studium in einer 'Grundstufe' tätig sein kann - also berufsspezifisch arbeiten kann.

   Daran sollte sich eine gesetzlich geregelte Weiterbildung anschließen, die von Universitäten und psychologischen Praxiseinrichtungen gemeinsam getragen wird.

Statistik-Ausbildung im Psychologie-Grundstudium

Stellenwert - Didaktik - Probleme[1]

Joerg M. Diehl

Bei vielen Anfängern und Studierenden der Psychologie gilt dieses Fach - und hier speziell der erste Studienabschnitt - als mehr oder minder dominiert von den Anforderungen der Methodenlehre. Einen wesentlichen Teil der Unterrichtung in psychologischer Methodik macht dabei die Ausbildung in den Grundlagen und Verfahren der Statistik aus. Entsprechend häufig und intensiv sind Statistik-Kurse Anlaß und Ort von Diskussionen über den für Psychologen "eigentlich" erforderlichen Umfang methodologischer Schulung.

Die "noch vor wenigen Jahren massiven Auseinandersetzungen" um die Methodenlehre und die Statistik sind allerdings verschwunden (Wottawa, 1990). Dies heißt jedoch nicht, daß speziell die Statistik bei den Studierenden den gleichen Grad an Akzeptanz und Beliebtheit aufweist wie die "inhaltlichen" Gebiete und Veranstaltungen der Psychologie. Die Statistik-Kurse gelten vielmehr an vielen Psychologie-Ausbildungsstätten immer noch als Problemveranstaltungen und Quelle studentischen Unmuts, wobei die Gründe allerdings zu einem nicht unerheblichen Teil auch im Bereich der Vermittlungsmethodik und nicht nur in Zweifeln an der Notwendigkeit des Erwerbs von hinlänglichen Statistikkenntnissen liegen.

Zur Frage nach dem Stellenwert, der Didaktik und den Problemen der Statistik-Ausbildung in der Psychologie liegen bisher über die deutschen Verhältnisse recht wenig empirische Daten vor. Es soll dehalb im nachfolgenden versucht werden, dieses Defizit ein wenig zu verringern. Unsere Untersuchungen beschränken sich dabei auf die Ausbildung im 1. Studienabschnitt und stellen hierbei die Statistik-Grundausbildung - wie sie in den Veranstaltungen Statistik (Quantitative Methoden) I und II stattfindet - in das Zentrum der Betrachtungen.

Stellenwert der Statistik-Ausbildung

Es bedarf nicht des empirischen Nachweises, daß speziell für den in der psychologischen Forschung Tätigen umfassende Methodik-Kenntnisse erforderlich sind. Praktisch jede Stichprobe von Fachartikeln macht deutlich, daß sie ohne eine derartige

---

[1] Die Tabellen, auf die in diesem Beitrag Bezug genommen wird, sind in einem separaten Materialband zusammengestellt. Dieser kann beim Autor angefordert werden.

Kompetenz nicht verstehbar bzw. adäquat evaluierbar sind. Es schien uns deshalb fruchtbringender zu untersuchen, welchen Stellenwert die Methodik- und Statistik-Ausbildung im Grundstudium der Psychologie an den deutschen Hochschulen einnimmt. Dazu wurden zum einen deren Prüfungsordnungen analysiert und zum anderen die im WS 1990/91 und SS 1991 von den Psychologie-Ausbildungsstätten angebotenen Methodik-Veranstaltungen ausgezählt.

In der Bundesrepublik Deutschland bieten 40 Institutionen ein Psychologie-Grundstudium an; an einer Hochschule ist nur das Hauptstudium möglich. Bei allen Ausbildungsstätten (im folgenden "Institute" genannt) ist die Psychologische Methodenlehre - und damit auch die Statistik - ein Prüfungsfach im Vordiplom. Mit den uns zur Verfügung stehenden Mitteln ließ sich allerdings nicht feststellen, welchen Umfang (und damit welchen Stellenwert) die Statistik im Rahmen der jeweiligen Methodenlehreprüfungen aufweist. Wir untersuchten statt dessen, in welchem Ausmaß für die Zulassung zum Vordiplom Leistungsnachweise in Methodik und Statistik gefordert werden. Die den Prüfungsordnungen entnommenen Daten enthält Tab. 1 (alle Tabellen sind beim Autor anzufordern; siehe Titelfußnote). Für jedes Institut sind hier die Methodik-Scheine den inhaltlichen gegenübergestellt. Eine eigene Gruppe bilden die verschiedenen Praktika und die Semester- bzw. Seminararbeit.

Da ein Großteil der neben den "reinen" Statistik-Kursen geforderten Methodik-Veranstaltungen in mehr oder minder starkem Umfang Statistik-Kenntnisse vermittelt oder voraussetzt, schien es sinnvoll auszuzählen, wie viele Methodik-Scheine im einzelnen verlangt werden, und in welchem Verhältnis deren Zahl zur Anzahl der inhaltlichen Leistungsnachweise steht. Die Ergebnisse sind in Tab. 2 wiedergegeben.

Nimmt man die Anzahl der Methodik-Scheine als Indikator für den Stellenwert des Faches, so erweist sich dieser bei den einzelnen Instituten als recht unterschiedlich. Ein ähnliches Bild ergibt sich bei der Betrachtung des Verhältnisses von Methodik- zu inhaltlichen Scheinen. Insgesamt weist der gewählte "Schein"-Indikator jedoch darauf hin, daß der Methodik-Ausbildung ein hoher Stellenwert zukommt - wenn man berücksichtigt, daß (a) in 44% der Institute mehr Methodik-Scheine als inhaltliche (oder zumindest gleich viele) verlangt werden, daß (b) auf Methodik-Scheine in keinem Fall verzichtet wird (bei fünf Instituten jedoch auf inhaltliche), und daß (c) die Methodenlehre nur eines von meist fünf bis sechs anderen Prüfungsfächern ist. Für kein anderes Fach wird (im Gesamt betrachtet) ein vergleichbares Ausmaß an Leistungsnachweisen verlangt.

Eine Inspektion der geforderten Methodik-Scheine zeigt, daß es sich hier zum überwiegenden oder sogar alleinigen Teil um Leistungsnachweise für Statistik handelt. Bei 85% der Institute werden explizit Nachweise über Statistik (Quantitative Methoden) I und II bzw. zwei Statistik-Scheine verlangt. Sechs der 39 Institute verlangen einen Statistik-Schein und nur bei einem Institut wird kein Statistik-Nachweis (explizit) gefordert. Mehr als zwei Statistik-Scheine müssen allerdings bei keinem Institut vorgelegt werden. Die von den Prüfungsordnungen geforderte relativ hohe Anzahl von Methodik-Scheinen ist somit ein Indikator für den relativ hohen Stellenwert, der der Statistik-Grundausbildung zuerkannt wird.

Der Sachverhalt, daß nirgends mehr als zwei Statistik-Scheine beizubringen sind, impliziert allerdings in der Regel nicht, daß die in den beiden Grundveranstaltungen vermittelten Kenntnisse als ausreichend für die Prüfung in Methodenlehre oder die Planung und Auswertung von empirischen Untersuchungen angesehen werden. Da jedoch nur von wenigen Instituten auf Anfrage zu erfahren war, welche Methodik- (und damit weitere Statistik-) Veranstaltungen im Rahmen des Grundstudiums als notwendig erachtet werden, wurden die Ankündigungen der Institute in den Vorlesungsverzeichnissen des WS 90/91 und SS 91 hinsichtlich des Methodik-Angebots ausgewertet. Die Beschränkung auf zwei Semester schien unter der Annahme berechtigt, daß "wichtige" Veranstaltungen (die von einem möglichst großen Teil der Studierenden besucht werden sollen), auch einmal pro Studienjahr angeboten werden.

Die von den einzelnen Instituten im Betrachtungszeitraum angekündigten Veranstaltungen mit Methodik-Themen sind in Tab. 3 zusammengestellt. Tabelle 4 zeigt auf, mit welcher Häufigkeit im WS und SS 1-9 Methoden-Kurse von den 39 erfaßten Instituten angeboten wurden. Betrachtet man die über das Studienjahr gebildete Summe (bei der sowohl im WS als auch SS angekündigte Veranstaltungen nur einmal gezählt wurden), so wird deutlich, welch unterschiedlichen Stellenwert die Methodik-Ausbildung von Institut zu Institut haben kann. Das Angebot derartiger Veranstaltungen reicht von vier pro Jahr bis zu mehr als dem Dreifachen (14).

Da die Anzahl der Statistik (enthaltenden) -Veranstaltungen in enger Korrelation mit der Anzahl der Methodik-Veranstaltungen steht, muß somit aufgrund des gewählten Indikators gesagt werden, daß es den Stellenwert der Statistik-Ausbildung (zumindest für das Grundstudium) in der BRD nicht gibt. Es finden sich Institute, wo das Angebot an Statistik-/Methodik-Veranstaltungen von den Studierenden kaum als erdrückend empfunden werden kann - und wiederum andere, wo der Besuch sämtlicher Methodik-Veranstaltungen nur noch wenig Raum für das Studium der inhaltlichen Fächer ließe. Bei Interpretation der Daten von Tab. 4 muß allerdings berücksichtigt werden, daß sie nur den Bereich des Grundstudiums abbilden. Eine Hinzunahme des Hauptstudiums erbrächte möglicherweise eine stärkere Angleichung der Institute im Hinblick auf den Umfang des Methodik- und Statistik-Angebots.

Methodische und didaktische Aspekte der Statistik-Grundkurse

Der in Teil B des Materialbandes wiedergegebene Fragebogen wurde an sämtliche Institute der BRD verschickt, die ein Grundstudium in Psychologie anbieten. Es sollten damit Daten zum Gesamt der Statistik-Veranstaltungen im ersten Studienabschnitt erhoben werden. Der spärliche spontane Rücklauf der Fragebögen machte jedoch eine Beschränkung auf die Statistik-Grundkurse erforderlich, da sich nur für diese (meist als "Statistik" bzw. "Quantitative Methoden" I und II bezeichneten) Veranstaltungen - und hier auch nur durch massiven Einsatz von Erinnerungsschreiber und -anrufen - genügend verwertbare Fragebögen einbringen ließen.

Die Beschränkung auf die Grundkurse erscheint jedoch nachträglich tolerierbar, da es sich hierbei um Veranstaltungen handelt, die an praktisch allen Instituten angeboten und auch von praktisch allen Studierenden besucht werden - was für das im weiteren folgende Statistik-Angebot in der Regel nicht mehr gilt. Die unter Betrachtung stehenden Kurse des WS 1990/91 und SS 91 werden im folgenden der Kürze halber immer mit Statistik I bzw. II bezeichnet. Die Veranstaltungen, zu denen wir von den jeweiligen Dozent(inn)en Auskünfte erhalten haben, sind in Tab. 3 mit einem Stern (*) gekennzeichnet. Neben dieser Datenbasis wurden für die nachfolgenden Analysen auch Informationen aus den Vorlesungsverzeichnissen und dem Psychologenkalender herangezogen.

1. Angebot, Gliederung und Umfang von Statistik I und II

Von der Mehrzahl der 40 Institute wird Statistik I im WS (und damit im 1.Semester) und Statistik II im folgenden SS angeboten (65%). Fünf Institute haben beide Kurse sowohl im WS als auch im SS im Angebot, während 9 Institute die Statistik-Ausbildung erst im 2. Semester beginnen lassen (Statistik I im SS, Statistik II im WS).

Die beiden Statistik-Grundkurse weisen die in Tab. 5 gezeigten Untergliederungen auf. Der Sachverhalt, daß eine Veranstaltung nicht explizit in einen Vorlesungs- und Übungsteil getrennt ist, dürfte allerdings in der Regel nicht bedeuten, daß sie einen (wesentlich) geringeren Übungsanteil enthält. Wichtiger (für die "Beliebtheit") der Statistik-Kurse dürfte es sein, ob der vom Dozenten ausgestaltete Teil durch Tutorien (mit studentischen Hilfskräften) begleitet wird. Dies ist bei etwa 30% der Kurse der Fall. Die Erfahrung zeigt, daß in den Tutorien die Bereitschaft (auch vermeintlich "dumme") Fragen zu stellen, wesentlich größer ist als in den Plenumssitzungen.

Vorlesungs- und Übungsteil finden überwiegend als Versammlungen des gesamten Auditoriums statt. Die Aufteilung in Parallelkurse (zur Verminderung der Gruppengröße) wurde bei den nicht gegliederten Veranstaltungen nur in einem (Statistik I) bzw. in zwei Fällen (Statistik II) vorgenommen. Bei den Übungsteilen der untergliederten Veranstaltungen wurden dagegen in fünf bzw. sechs Fällen Parallelkurse eingerichtet.

Der zeitliche Umfang der Statistik-Grundkurse erweist sich als recht unterschiedlich, wie die Zusammenstellung der jeweiligen Semester-Wochenstunden in Tab. 6 zeigt. Betrachtet man die Summe von Statistik I und II (ohne Tutorien), dann schwankt die Statistik-Grundausbildung zwischen 4 SWS und dem mehr als Dreifachen (13 SWS). In der überwiegenden Zahl der Fälle (83%) liegt allerdings das Angebot im Bereich von 6-8 SWS.

2. Dozent(inn)en und Teilnehmer(innen) von Statistik I und II

Von den an Statistik I und II jeweils beteiligten 50 Dozent(inn)en waren nur 5 bzw. 4 weiblichen Geschlechts. Dies steht im deutlichen Gegensatz zum Frauenanteil in der Zuhörerschaft. So nahmen z.B. in Gießen an der Statistik-I-Klausur im WS 90/91 nur 43 (34%) Männer, jedoch 89 Frauen teil. Auch Süllwold und Soff (1990) weisen aufgrund ihrer Frankfurter Daten darauf hin, daß Psychologie "weitgehend ein Frauenstudium geworden ist".

Der größte Teil der Dozent(inn)en in Statistik I und II "kommt von der Psychologie her" (62% bzw. 68%), wie Tab. 7 zeigt. Einen relativ großen Anteil hat daneben die Gruppe der Mathematiker (29% bzw. 21%).

In Tab. 8 ist zusammengestellt, welchen akademischen Grad die an der Statistik-Grundausbildung beteiligten Dozent(inn)en aufweisen. Nimmt man diesen als Indikator für den Umfang der Lehr- und Forschungserfahrung, dann scheint das in der Statistik-Ausbildung eingesetzte Personal einen relativ hohen diesbezüglichen Stand aufzuweisen. Für ein endgültiges Urteil fehlen allerdings Vergleichszahlen von der Dozentenschaft in den inhaltlichen Lehrbereichen.

Die Vermittlung von Statistik und ihren Anwendungsbezügen gelingt in der Regel leichter, wenn die Zuhörerschaft eine hinsichtlich des Studienfaches homogene Gruppe darstellt. Tabelle 9 zeigt hier, daß die Psychologie-Stundent(inn)en in den meisten Statistik-Kursen weitgehend "unter sich" waren. Nur in 5 bzw. 4 der 33/34 Kurse waren Studierende anderer Fachrichtungen zu mehr als 10% vertreten.

Die Teilnehmerzahl der Statistik-Veranstaltungen erweist sich dagegen als recht unterschiedlich (Tab. 10). Es überwiegen jedoch deutlich die Fälle, in denen der Stoff einem relativ großen Auditorium vermittelt werden mußte.

3. Ablauf der Veranstaltungen Statistik I und II

In den untersuchten 33 Statistik-I- und 34 Statistik-II-Veranstaltungen wurde der Stoff fast ausschließlich von den Dozent(inn)en vorgetragen. Lediglich in 3 (nicht untergliederten) Veranstaltungen und 3 vorlesungsbegleitenden Übungen fand ein teilweises Referieren durch die Teilnehmer(innen) statt. Trotz des "Vorlesungscharakters" der Kurse wurde allerdings bis auf 4 (Statistik I) bzw. 2 (Statistik II) Ausnahmen "jederzeit" auf eventuelle Zwischen- und Verständnisfragen der Teilnehmer(innen) eingegangen.

Wie Tab. 11 zeigt, erfolgte die Darstellung des Stoffes von Statistik I und II in über 80% der Fälle mit Hilfe der klassischen Mittel Tafel und Kreide und unter Einsatz von vorgefertigten Folien.

Der Zeitanteil, der in einer Statistik-Veranstaltung für die Demonstration statistischer Berechnungen an Hand konkreter Beispiele aufgewendet wird, ist ein gewisser Indikator dafür, welchen Stellenwert die Darstellung der Grundlagen der Verfahren im Vergleich zur Vermittlung ihrer Anwendung und Durchführung hat. Tabelle 12 zeigt, daß nach diesem Kriterium die angebotenen Statistik-Veranstaltungen teilweise von recht unterschiedlichem Charakter waren. Das Spektrum reicht dabei von extrem geringer bis zu sehr starker Anwendungs- und Durchführungsorientierung.

Speziell in Statistik-Kursen wird von den Teilnehmer(innen) wiederkehrend gefordert, den dargebotenen Stoff in mehr oder minder großem Umfang "zu wiederholen". In Tab. 13 ist zusammengestellt, welcher Zeitanteil in den untersuchten Veranstaltungen zur "reinen" Wiederholung des Stoffes verwendet wurde. Auch hier zeigt sich ein sehr unterschiedliches Bild, bei dem auf der einen Seite praktisch überhaupt keine Wiederholung stattfand, während in einigen (wenigen) Fällen ein recht hoher Zeitanteil dafür verwendet wurde. In den meisten Kursen wurde jedoch etwa 1/10 der Zeit für das Repetieren des Stoffes aufgewendet.

Da die praktische Durchführung statistischer Verfahren im Rahmen von empirischen Semester- und Diplomarbeiten heutzutage größtenteils mit EDV-Hilfe erfolgt, wurde untersucht, wie weit der Einsatz von Statistik-Software auf Micro- und Großrechnern bereits in die Statistik-Kurse integriert ist. Tabelle 14 zeigt das Ergebnis. In der Mehrzahl der Veranstaltungen fanden derartige EDV-Aspekte noch keine Berücksichtigung. In rund 20% der Fälle wurden jedoch zumindest die Ausgaben bestimmter Statistik-Programmpakete besprochen. Lediglich in 2 bzw. 3 Statistik-I/II-Kursen war der EDV-Einsatz bereits in die Veranstaltung integriert.

4. Leistungsprüfung in Statistik I und II

Die Leistungsprüfung erfolgte im deutlich überwiegenden Teil der Statistik-Kurse durch Klausuren (Tab. 15). Lediglich in 6 bzw. 5 der jeweils 33 Statistik-I- und -II-Veranstaltungen bestand die Möglichkeit, den Schein (auch) durch Hausarbeit, Referat oder Kolloquium zu erwerben. Wie Tab. 16 zeigt, dauerten die Klausuren in der Mehrzahl der Fälle 2-3 Stunden.

Bei den untersuchten 31 Statistik-I-Klausuren durften in 24 Fällen sämtliche Hilfmittel verwendet werden, während bei 7 Klausuren nur begrenzte Hilfsmittel - in jedem Fall keine Bücher - zugelassen waren. Bei den ebenfalls 31 Statistik-II-Klausuren bestand in 10 Fällen eine Einschränkung bei den erlaubten Hilfsmitteln.

Hinsichtlich des Anteils an Aufgaben, bei denen konkrete Berechnungen durchzuführen waren, unterschieden sich die Klausuren der Statistik-Kurse zum Teil recht deutlich (Tab. 17). Entsprechend den obigen Befunden zum Anteil konkreter Berechnungen im Rahmen der Veranstaltungen zeigen sich hier zum einen Klausurtypen, bei denen der rechnerische Aspekt statistischer Verfahren eine (sehr) untergeordnete Rolle spielte und auf der anderen Seite Aufgabenzusammenstellungen, die (fast) durchgehend (auch) rechnerische Anforderungen stellten.

5. Lernmaterialien und Inhalte von Statistik I und II

Im Rahmen des Fragebogens wurde erhoben, nach welchen Lernmaterialien (Büchern, Skripten) in den Statistik-Kursen vorgegangen wurde. Die Ergebnisse sind in Tab. 18 zusammengestellt. In ca. 85% der Veranstaltungen lehnten sich die Darstellungen der Dozent(inn)en mehr oder minder eng an Lehrbücher an, wobei deren Anzahl nur in seltenen Fällen drei Bücher überstieg. Jeweils drei Kursen von Statistik I und II lag ein für die Teilnehmer(innen) vervielfältigtes Skript zugrunde, während in jeweils zwei Fällen nach einem den Teilnehmer(innen) nicht zugänglichen Manuskript gelehrt wurde.

Welche der in Tab. 18 beschriebenen Vorgehensweisen die günstigere ist, läßt sich aufgrund unserer Daten nicht entscheiden. Die Befunde von Quereshi (1978) weisen allerdings darauf hin, daß der studentische Erfolg in einem Kurs über psychologische Statistik dann besonders hoch ist, wenn sich sowohl die Darstellung als auch die Prüfung des Lernerfolges relativ eng an die Inhalte eines Lehrbuches anlehnen. Hinzu kommt, daß diese Vorgehensweise von den Teilnehmer(innen) der Veranstaltung wesentlich mehr geschätzt wird als die Herausgabe einer mehr oder minder umfänglichen Literaturliste.

Für in der Statistik-Ausbildung Tätige dürfte nicht uninteressant sein, welche Bücher in den Statistik-Grundkursen allein oder zusammen mit anderen verwendet und/oder empfohlen wurden. Tabelle 19 gibt darüber Auskunft (Tab. 20 enthält die bibliographischen Daten zu den hier genannten Quellen). Mit deutlichem Abstand führt das Lehrbuch von Bortz (1989) die Liste beider Statistik-Kurse an. Neben dieser Dominanz ist jedoch zugleich eine relativ große Vielfalt von verwendeten Büchern und Quellen festzustellen.

Zu den Inhalten von Statistik I und II sollen aufgrund unserer Daten keine ins einzelne gehenden Aussagen gemacht werden, nicht zuletzt, weil ein großer Teil der zurückerhaltenen Fragebögen zu diesem Fragenkomplex keine hinreichend präzisen Angaben enthielt. Die nachfolgenden Aussagen basieren deshalb jeweils nur auf 22-24 Kursen.

Bei den ausgewerteten 22 Statistik-I-Veranstaltungen wurde in 9 Fällen nur Deskriptiv- aber keine Inferenzstatistik durchgenommen. Fünf Kurse enthielten neben beschreibender Statistik eine (erste) Einführung in die Inferenzstatistik, in 7 Kursen wurden weitergehend inferenzstatistische Verfahren bis zur Varianzanalyse (exklusive) behandelt, während in einer Veranstaltung nach Angaben des Dozenten "alles" aus Bortz (1989) durchgenommen wurde. Vier der 22 Kurse gingen mehr oder minder ausführlich auf multivariate Verfahren (meist multiple Korrelation und Faktorenanalyse) ein.

Bei der Einführung der einfachen Korrelation und Regression sind zwei Vorgehensweisen festzustellen. In der Mehrzahl der Fälle (16 von 24) wurde dieser Bereich im Rahmen der deskriptiven Statistik im 1. Kurs durchgenommen. Beim verbleibenden Drittel erfolgte dagegen die Behandlung von Korrelation und Regression erst nach einer Einführung in die Inferenzstatistik im 2.

Statistik-Kurs.

Wenn man als "Normalpensum" für Statistik II definiert, daß parametrische Verfahren bis zur zweifaktoriellen Varianzanalyse (einschließlich) sowie die wichtigsten nichtparametrischen Tests behandelt werden, dann lag bei 9 der ausgewerteten 24 Statistik-II-Kurse dieser Fall vor. In 6 Veranstaltungen wurden dagegen (noch) keine varianzanalytischen Verfahren durchgenommen, während in 3 Fällen keine Einführung der zweifaktoriellen Varianzanalyse erfolgte. In 6 Kursen wurden über das "Normalpensum" hinaus in mehr oder minder großem Umfang auch multivariate Verfahren (meist multiple Korrelation, Faktorenanalyse) vorgestellt.

Probleme in der Statistik-Grundausbildung

Der von uns an die Institute versandte Fragebogen enthielt bewußt keine Fragen zu eventuellen "Problemen" bei der Statistik-Ausbildung, da wir befürchteten, durch Anschneiden dieses möglicherweise "heiklen" Themas die Rücksendungsbereitschaft zusätzlich zu senken. Es können somit unsererseits keine Daten zur Art und dem Ausmaß von Problemen bei der Statistik-Ausbildung an den deutschen psychologischen Instituten vorgelegt werden. Auch unsere Literaturdurchsicht ergab keine hierfür relevanten Befunde.

Gespräche mit Studierenden als auch zahlreiche Publikationen, speziell aus dem englischsprachigen Raum, lassen jedoch keinen Zweifel daran, daß insbesondere die zu Beginn des Studiums erfolgende Statistik-Grundausbildung bei den Psychologie-Anfänger(innen) im Durchschnitt nur einen mäßigen Beliebtheitsgrad aufweist und bei einem mehr oder minder großen Teil sogar aversive Reaktionen hervorruft. Dies gilt für die BRD (vgl. Diehl, 1983; Heemskerk, 1975), wie für die USA (vgl. Dillon, 1982; Katz & Tomazic, 1988; Roberts & Bilderback, 1980; Wise, 1985), wie für Australien (vgl. Bartz, Amato, Rasor & Rasor, 1981). Das Problem ist weiterhin nicht beschränkt auf die Psychologie, auch andere sozialwissenschaftliche Disziplinen wie die Erziehungswissenschaften oder die Soziologie sind gezwungen, sich damit auseinanderzusetzen (vgl. Heemskerk, 1975; Ransford & Butler, 1982; Tarnai, in Druck). An Hand empirischer Daten sollen deshalb im nachfolgenden mögliche Gründe für das Ungemach diskutiert werden, das ein Teil der Studierenden bei der Beschäftigung mit Statistik empfindet.

1. Einstellung zur Statistik

Eine von Diehl (1983) entwickelte Skala erfaßt die "Einstellung zu Sinn und Nutzen statistischer Methoden in der Psychologie". Tabelle 21 enthält deren Items und die prozentualen Häufigkeiten, mit denen von 175 Gießener Erstsemestern die jeweils zwei Zustimmungs- und Ablehnungsgrade gewählt wurden. Es zeigt sich, daß eine Gruppe von mindestens 20% der Statistik-I-Teilnehmer(innen) deutliche Zweifel an der Notwendigkeit und Nützlichkeit von Statistik im Rahmen der Psychologie-Ausbildung hat.

Diesen Sachverhalt bestätigt auch die im unteren Tabellenteil wiedergegebene Verteilung der Skalenwerte.

Diese nicht selten negative Einstellung zur Statistik dürfte eine Teilerklärung für die Probleme sein, von denen Studierende bei der Beschäftigung mit diesem Gegenstand berichten. Denn mangelnde Einsicht in die Notwendigkeit von Statistik führt wahrscheinlich bei einem Teil der Betroffenen zu geringerer Bereitschaft, das Stoffgebiet ausreichend zu erlernen, was dann entsprechende "Probleme" beim Erwerb der obligatorischen Statistik-Scheine nach sich zieht (vgl. Fisch, 1971).

2. Studienmotivation und Studienerwartungen

Eine bedeutende Mitursache negativ gefärbter Statistik-Einstellungen dürfte der Sachverhalt sein, daß die Gründe, Psychologie zu studieren und die an das Studium gehegten Erwartungen bei einem nicht unerheblichen Teil der Studienanfänger(innen) mit dem, was in den Statistik-Kursen angeboten wird, einfach nicht zusammenpassen. Tabelle 22 liefert dafür empirische Belege.

Gießener Erstsemestern (N=91) wurde hier eine von Seiffge-Krenke (1981, S. 64-65) übernommene Liste von Studienwahlgründen und -erwartungen vorgelegt. Die Tabelle enthält daraus eine Auswahl von Items, die im jetzigen Zusammenhang von besonderem Interesse sind. Es zeigt sich (wie bei Fisch, Orlik & Saterdag, 1970), daß ein recht großer Teil der Befragten das Studium ergriffen hat, um "persönliche" Probleme zu lösen. Dabei kann ihnen die Statistik verständlicherweise kaum helfen. 70% der Personen erhofften sich eine mehr oder minder intensive Beschäftigung mit der Psychoanalyse - und mußten dann ausführliche Unterweisungen in Varianzanalyse über sich ergehen lassen, u.s.f. Die Zahl von Studienanfängern, die Psychologie gewählt haben, weil sie sich in besonderem Maße für deren Methodik interessierten, ist dagegen eine Minderheit (ca. 40%).

3. Statistik-Angst

Die sog. Mathematik-Angst stellt ein seit längerem beschriebenes und untersuchtes Phänomen dar (vgl. Hembree, 1990). In enger Beziehung steht damit das auf die Statistik übertragene Konzept der "Statistik-Phobie" (vgl. Diehl, 1983; Dillon, 1982; Heemskerk, 1975). Im englischsprachigen Raum werden die Aspekte der Statistik-Angst hauptsächlich mit dem "Statistics Attitude Survey (SAS)" und dem "Attitude Toward Statistics (ATS)"-Fragebogen erfaßt (vgl. Roberts & Bilderback, 1980; Roberts & Reese, 1987; Roberts & Saxe, 1982; Waters, Martelli, Zakrajsek & Popovich, 1988ab, 1989; Wise, 1985).

Im Deutschen stehen zur Erfassung der emotionalen Reaktion auf Statistik zwei von Diehl (1983) aus der Itemsammlung von Heemskerk (1975) entwickelte Skalen zur Verfügung. Sie messen den "Grad der Abneigung gegen mathematisch-statistische Vorgehensweisen" und das "Ausmaß der Freude am Umgang mit statistischen Methoden". Die Tab. 23 und 24 geben deren Items wieder sowie die Antwortverteilungen der oben genannten 175 Gießener Erstsemester; der untere Teil enthält jeweils die Verteilung der Skalenwerte.

Eine Inspektion der Itembeantwortungen zeigt, daß der überwiegende Teil der Statistik-Teilnehmer(innen) wenig Freude am Umgang mit statistischen Methoden empfindet, und bei einem nicht unbedeutenden Anteil die Beschäftigung mit Statistik sogar mit Gefühlen der Ablehnung und des Unwohlseins verbunden sind, wobei ähnliche Erfahrungen bereits im schulischen Mathematik-Unterricht gemacht worden sind.

Mehr oder minder aversive Reaktionen auf Statistik führen natürlich dazu, daß das Erlernen dieses Gegenstandes (unnötig) erschwert wird, was in der Regel auch zur Folge hat, daß der Lernerfolg um so geringer ausfällt, je stärker die "Statistik-Phobie" ausgeprägt ist (vgl. Diehl, 1983, Tab. 2).

Die Statistik-Angst oder -Aversion stellt somit ein bedeutsames Problem für die Ausbildung in Statistik dar. Mehrere Autoren schlagen hier unter anderem vor, zu Beginn von Statistik-Kursen mittels geeigneter Instrumente, wie den genannten ATS- und SAS-Skalen, ein Screening unter den Teilnehmer(innen) vorzunehmen, um Hoch-Ängstliche zu identifizieren und einer angstreduzierenden Behandlung zuführen zu können (vgl. Bartz et al., 1981; Roberts & Bilderback, 1980; Wise, 1985).

4. Statistik-Veranstaltungen: Pflichtkurse mit Klausur

Die geringere Beliebtheit von Statistik-Kursen im Vergleich zu inhaltlichen Veranstaltungen dürfte im weiteren mit den mehr formalen Aspekten zusammenhängen, daß die Grundkurse in Statistik bei fast allen Instituten nicht nur besucht, sondern auch erfolgreich absolviert werden müssen. Dabei wird der Erfolg überwiegend in bis zu einem gewissen Grade "gefürchteten" Klausuren ermittelt, während der Erwerb inhaltlicher Scheine überwiegend durch die bei Studierenden beliebteren Hausarbeiten, Referate und Kolloquien erfolgen kann. Hinzu kommt, daß der/die Studierende bei den inhaltlichen Scheinen meist bis zu einem gewissen Grad bestimmen kann, in welcher Veranstaltung er/sie ihn erwerben möchte.

Die Statistik-Veranstaltungen haben somit in den Augen speziell der Studienanfänger(innen) die unangenehme Eigenschaft, daß keine Ausweichmöglichkeit gegeben ist und daß zugleich die reale Gefahr besteht (oder vermutet wird), in der "harten" Leistungsprüfung (Klausur) zu scheitern. Der Zwang, die Statistik-Kurse erfolgreich abschließen zu müssen, hat außerdem den Nebeneffekt, daß in diesem Lehrgebiet eventuelle didaktische Schwächen der Dozent(inn)en zu einem Ansteigen der bei vielen ohnehin vorhandenen Statistik-Unlust führen, weil man sich den ungenügenden Darbietungen nicht durch Verlassen der Veranstaltung entziehen kann.

Literatur

Bartz, W.R., Amato, P.R., Rasor, R.A. & Rasor, M.O. (1981). Effects of reducing student anxiety in a statistics course. Australian Psychologist, 16, 347-353.

Bortz, J. (1989). Statistik für Sozialwissenschaftler (3. Aufl.). Berlin: Springer-Verlag.

Diehl, J.M. (1983). Untersuchungen zur Einstellung von Psycholo-chologiestudenten gegenüber Statistik und Statistik-Veranstaltungen (Berichte aus dem Fachbereich 06 Psychologie). Gießen: Justus-Liebig-Universität, Fachbereich 06 Psychologie, Abteilung Methodik.

Dillon, K.M. (1982). Statisticophobia. Teaching of Psychology, 9, 117.

Fisch, R. (1971). Lehrveranstaltungskritik, Prüfungsangst und Abschneiden in der Statistik-Klausur. Zeitschrift für Entwicklungspsychologie und Pädagogische Psychologie, 3, 212-228.

Fisch, R., Orlik, P. & Saterdag, H. (1970). Warum studiert man Psychologie? Psychologische Rundschau, 21, 239-256.

Heemskerk, J.J. (1975). "Statistikphobie" - Struktur negativer Einstellungen zur Methodenausbildung bei Studenten der Sozial- und Erziehungwissenschaften. Psychologie in Erziehung und Unterricht, 22, 65-77.

Hembree, R. (1990). The nature, effects, and relief of mathematics anxiety. Journal for Research in Mathematics Education, 21, 33-46.

Katz, B.M. & Tomazic, T.J. (1988). Changing students' attitudes toward statistics through a nonquantitative approach. Psychological Reports, 62, 658.

Quereshi, M.Y. (1978). Teaching undergraduate statistics with and without a textbook. Teaching of Psychology, 5, 160-161.

Ransford, H.E. & Butler, G. (1982). Teaching research methods in the social siences. Teaching Sociology, 9, 291-312.

Roberts, D.M. & Bilderback, E.W. (1980). Reliability and validity of a statistics attitude survey. Educational and Psychological Measurement, 40, 235-238.

Roberts, D.M. & Reese, C.M. (1987). A comparison of two scales measuring attitudes towards statistics. Educational and Psychological Measurement, 47, 759-764.

Roberts, D.M. & Saxe, J.E. (1982). Validity of a statistics attitude survey: a follow-up study. Educational and Psychological Measurement, 42, 907-912.

Seiffge-Krenke, I. (1981). Handbuch Psychologieunterricht. Band 2: Erprobung und Anwendung. Düsseldorf: Pädagogischer Verlag Schwann.

Süllwold, F. & Soff, M. (1990). Wege und Umwege zum Studium der Psychologie. Psychologische Rundschau, 41, 108-112.

Tarnai, C. (in Druck). Die Ausbildung von Studierenden mit dem Hauptfach Pädagogik in empirischen und statistischen Methoden. Schlaglichter auf die Entwicklung des Lehrangebots. In K. Ingenkamp, R.S. Jäger, H. Petillon & B. Wolf (Hrsg.), Empirische Pädagogik 1970-1990 in der Bundesrepublik - ein Trendbericht. Weinheim: Deutscher Studienverlag.

Waters, L.K., Martelli, T.A., Zakrajsek, T. & Popovich, P.M. (1988a). Attitudes toward statistics: an evaluation of multiple measures. Educational and Psychological Measurement, 48, 513-516.

Waters, L.K., Martelli, T., Zakrajsek, T. & Popovich, P.M. (1988b). Factor analyses of two measures of attitudes toward statistics. Educational and Psychological Measurement, 48, 1037-1041.

Waters, L.K., Martelli, T., Zakrajsek, T. & Popovich, P.M. (1989). Measuring attitudes toward statistics in an introductory course on statistics. Psychological Reports, 64, 113-114.

Wise, S.L. (1985). The development and validation of a scale measuring attitudes toward statistics. Educational and Psychological Measurement, 45, 401-405.

Wottawa, H. (1990). Einige Überlegungen zu (Fehl-)Entwicklungen der psychologischen Methodenlehre. Psychologische Rundschau, 41, 84-107.

Zur Entwicklung des problemlösenden Denkens bei Studenten der ABO-Psychologie durch problembezogene Gruppenprozeduren

Christel Heinrich

0. Einleitung

Seit vier Jahren gibt es an unserem Institut für Psychologie Kurse für sozialpsychologisch orientiertes Verhaltenstraining. Diese Ausbildung zur Personalentwicklung ist zu einem festen Bestandteil des Studienprogramms geworden.

Zweimal während ihres Studiums gehen Gruppen von 10 bis 12 Studenten unter Leitung eines ausgebildeten Verhaltenstrainers eine Woche lang (40 Stunden) zum aktiven Lernen in Klausur. Auf der Grundlage theoretisch fundierter und empirisch erprobter Trainingsprogramme haben diese Kleingruppen Probleme zu definieren und zu bearbeiten sowie Entscheidungen zu treffen. Mit nichttherapeutischen Interventionen und kognitiv ausgerichteten Maßnahmen werden sie dabei unterstützt, erworbene Kenntnisse anzuwenden, eigenes Verhalten zu erkennen und zielgerichtet mit anderen Gruppenmitgliedern zusammenzuarbeiten.

Warum führen wir so aufwendige und anstrengende Lehrveranstaltungen durch?

1. Ausgangslage

Probleme lösen und Entscheidungen treffen sind heute, mehr denn je, durch immer komplexer werdende Anforderungen Hauptmerkmale von Führungsqualität (VOLK, 1989). In der Lehre an Hochschulen und Universitäten muß diese Erkenntnis noch stärkere Berücksichtigung finden. Diesem Anspruch stellten wir uns.

Den Umgang mit Verfahren aller Art zur Tätigkeitsbewertung und Analyse von Arbeitsprozessen haben ABO-Psychologie-Studenten im Laufe ihres Studiums gelernt. Solche Erhebungen zum erlebten IST-Zustand und dem Wunsch- oder SOLL-Zustand ergeben Informationen, die eine Diskrepanz aufzeigen und zur Definition einer Problemstellung führen. Diese zu bearbeiten, um eine optimale Entscheidung treffen zu können, verlangt jedoch, einen Problemlöseprozeß mit den Betroffenen über Gruppenprozeduren des Urteilens, Problemlösens und Lernens durchzuführen. Während die Erstellung und Aufbereitung der Daten keine Schwierigkeiten bereiten, ergaben Befragungen von 12 Betriebspsychologen (HEINRICH, 1989), daß diese Art von Gruppenarbeit so gut wie überhaupt nicht genutzt wird. (Geringes Interesse der Psychologen an Qualitätszirkeln auch in den alten Bundesländern stellt (BUNGARD, 1988) fest.) Übereinstimmend äußerten die Befragten, zwar den von (NEUBERT und TOMCZYK, 1986) publizierten "aufgabenorientierten Informationsaustausch" zur Kenntnis genommen zu haben, sich jedoch wegen organisatorischer Beschränkungen, vor allem aber fehlender sozialpsychologischer Kenntnisse inkompetent zur Initiierung und Moderation dieser Art von Gruppenprozessen zu fühlen. Damit vergibt sich der ABO-Psychologe eine kooperative Führungsaufgabe, -Entscheidungsbeteiligung der Mitarbeiter über von ihm geleitete Gruppenarbeit - der er sich als Mittel zur Humanisierung der Arbeit bzw. Selbstverwirklichung von Mitarbeitern bedienen könnte. Partizipative Arbeitsanalyse- und Arbeitsgestaltungsmaßnahmen bedingen eine relativ konfliktfreie partnerschaftliche Zusammenarbeit und gemeinsame Problemlösung und Zielerreichung (vgl. z. B. die Untersuchungen von (WUNDERER und GRUNWALD 1980)).

Der Betriebspsychologe benötigt hierzu Fähigkeiten sowohl im Umgang mit Konflikten (Erkennen, Analysieren, Bearbeiten), als auch beim Lösen von Problemen (dgl.). Dem ganzheitlichen Ansatz der Human-Relations-Bewegung folgend geht es dabei nicht nur um die Veränderung technologischer Bedingungen, sondern auch um die Modifizierung und Nutzung der sozialen Beziehungen in/zwischen formellen und informellen Mitarbeitergruppen und deren sozialer Bedürfnisse.

Die aufgabenbezogene individuelle Handlungsfähigkeit (als sozial verantwortliches Handeln verstanden) unserer Absolventen zu sichern, stellt uns die Aufgabe, neben der fachlichen auch deren soziale Kompetenz (i. S. einer Fähigkeit, in sozialen Situationen erfolgreich zu interagieren) zu entwickeln, wenn wir deren Problemlöse- und Entscheidungsfähigkeit verbessern wollen (ROSENSTIEL et al., 1977).

Welche Inhalte mußten wir demnach schwerpunktmäßig in der Lehre vermitteln?

2. Inhaltliche Schwerpunkte

2.1. Wissen erlebbar machen

Handlungskompetenz besitzen heißt im o. g. Verständnis, daß unsere Absolventen soziale, kommunikative und methodische Fähigkeiten nachweisen müssen, die mit den herkömmlichen Lehrmethoden nur bedingt vermittelbar sind. Das in Vorlesungen vermittelte Wissen zum Problemlösen in Gruppen kann gezwungenermaßen weder die Schwierigkeiten erlebbar machen, die beim Interagieren unterschiedlicher Personen auftreten (z. B. im Umgang mit Befindlichkeiten, in der Kommunikation u. a. m.), noch die jeweils notwendigen Methoden in ihrer Treffsicherheit erkennen lassen oder gar situativ bedingte Faktoren einbeziehen. Der Studierende steht vor dem Dilemma, zwar theoretische Kenntnisse zum Problemlösen zu besitzen, desto trotz aber nicht zu wissen, wie er sich in einer praktischen Anforderungssituation individuell erfolgreich verhalten soll. (Hier liegt m. E. eine der Begründungen für den späteren "Praxisschock".) Situatives Interagieren mit der Möglichkeit eigener Verhaltensmodifikation ist aber nur über korrektive Lernerfahrung und weniger durch Belehrungen zu uneffektivem vs. erfolgreichem Verhalten zu erreichen (BANDURA, 1979). Dazu wiederum bedarf es der Nachgestaltung und Herbeiführung von Situationen, die als problematisch eingestuft werden (BIRKENBIHL, 1988). Gemeinsame Problemlöseprozesse eignen sich erfahrungsgemäß am besten, wenn Mitglieder einer Kleingruppe die Umsetzung oder Defizite theoretischer Kenntnisse und/oder sozialer Fähigkeiten erleben sollen. Mit der Forderung nach einer niederlagenlosen Gesprächsführung (GORDON) und einfühlendem Verstehen (ROGERS) werden Voraussetzungen geschaffen, die Problemlösung sowohl in ihrem sozial-interpersonalen als auch von ihrem sachlich-gegenständlichen Bezug her zu begreifen. Eine lebensnahe Thematik sichert emotionale Betroffenheit und motiviert außerordentlich, noch intensiver theoretische und praktische Bezüge herzustellen. Mit diesen Gruppenprozeduren wird gleichzeitig von einer Seminargruppe das vorerlebt, was sie später in der betrieblichen Praxis selbst zu initiieren und zu leiten hat.

2.2. Umgang mit Gefühlen

Bereits die ersten der an unserer Einrichtung durchgeführten Kurse zur Verhaltensmodifikation für Psychologie-Studenten des 1. bis 5. Studienjahres sowie für Assistenten offenbarten eine Kluft zwischen theoretischem Denken / Wissen und praktischen Erfahrungen, aus der sich oft "ungesunde" Selbstwertgefühle entwickelt hatten. Im Teufelskreis von Minderwertigkeitsgefühlen und eingeschränkter Kommunikations- und Problemlösefähigkeit wurden Emotionen verkannt und angepaßte Aggressivität entwickelt. Besonders beim Lösen von Problemen, durch Interessenkonflikte gefühlsmäßig belastet, waren Seminarteilnehmer oft nicht in der Lage, ein partnerschaftliches Gesprächsergebnis mit entsprechenden Entscheidungsmöglichkeiten zu erreichen (Sieg-Niederlage- bzw. Gewinner-Verlierer-Syndrom). Wir standen vor der Notwendigkeit, den Beziehungsaspekt, der die Sachebene der Kommunikation bestimmt, erlebbar zu machen. Nur so würde es möglich sein, Gesprächsabläufe zu gliedern und ergebnisorientiert zu führen, um in einer relativ konfliktfreien Zusammenarbeit wirklich interagieren zu können. Probleme effizient zu lösen und eine Entscheidung sowohl im Interesse der Betroffenen als auch der Unternehmensziele zu fällen, setzen sozial akzeptable Verhaltensweisen und ein gesundes Selbstbewußtsein des Moderators voraus. Problemlösendes Denken n u r auf sachlich-fachliches Argumentieren und Überzeugen zu beschränken - so die anfänglichen Erwartungen aller Kursteilnehmer - erwies sich im Ergebnis vereinfacht, unbefriedigend und wenig optimal.

2.3. Theorie-Praxis-Bezug

Die Bedingungen für kooperative Führung vor allem bei Problemlöseprozessen zu erkennen und entsprechende Kenntnisse und

Fähigkeiten zu deren Gestaltung vermittelt zu bekommen, kann m.E. nicht das ausschließliche Vorrecht von ABO-Psychologie-Studenten an einer t e c h n i s c h e n Universität sein.

Demokratisierung des Arbeitslebens durch Mitwirkung der Arbeitnehmer an Entscheidungsprozessen, ihre Selbstverwirklichung, Effizienzsteigerung von Betrieben u. a. m. durchzusetzen, sind ebenso wichtige Arbeits- und Führungsaufgaben von Absolventen naturwissenschaftlicher und anderer Fachrichtungen auf deren zukünftigen Praxisfeldern. Gleichzeitig sind sie als potentielle Partner der Betriebspsychologen zu sehen. Wir mußten jedoch feststellen, daß bereits Studenten verschiedener Fachrichtungen - zusammengefaßt in einer Arbeitsgruppe - gegenseitige Vorurteile und Verständigungsschwierigkeiten, bedingt durch den Gebrauch von Fachtermini, abbauen mußten.

Eine praxis- und lebensnahe Lehre bezüglich der Bewältigung von Problemlöseprozessen sollte von vornherein interdisziplinär angelegt sein, um nicht nur so früh wie möglich Arbeitskontakte zwischen zukünftigen Partnern zu üben und ihnen eine gemeinsame Sprache zu ermöglichen, sondern vor allem die späteren Führungskräfte mit sozialpsychologisch und pädagogisch fundiertem und anwendbarem Wissen auszustatten.

Wie haben wir nun die o. g. Überlegungen in der Lehre umgesetzt?

3. Trainingsinhalte und -methoden

3.1. Aufgabenengagierte Selbststeuerung

Selbstbild - Fremdbild - Vergleich

Da das Selbstkonzept den zentralen Bezugspunkt der geistigen Organisation des einzelnen darstellt (STAEHLE, 1989, S. 229), geben wir den Studenten die Möglichkeit, ihr Selbstbild am Fremdbild der Partner zu überprüfen und das Ausmaß ihrer Wirkung auf andere kennenzulernen. Sie erfahren dabei, daß ihr Verhalten nicht von den objektiven Wahrnehmungen bestimmt wird. Jedoch nur positiv akzentuierte Bezugsetzung der Partner zueinander erleichtert partizipative und kreative Problemlösung. Durch vielfältige Feedback-Übungen (mündlich, schriftlich, über Video oder Spiegelungen) kommen die einzelnen Gruppenmitglieder zu oft verblüffenden Erkenntnissen darüber, inwieweit ihr eigenes Selbstkonzept das gemeinsame Problemlösen behindern oder begünstigen kann.

Partnerorientierung

Gleichzeitig werden die Trainingsteilnehmer durch die Rückmeldung der Gruppe dazu angehalten - oft sogar in Gruppenvereinbarungen so festgelegt - Verständnis und Achtung gegenüber der Persönlichkeit und Meinung anderer aufzubringen und sich allgemeinverständlich auszudrücken. Problemlösendes Denken wird ebenso durch partnerorientiertes (aktives, interessenberücksichtigendes) Zuhören begünstigt, was durch die Anwendung verschiedener Fragetechniken und des Reflektierens erreicht werden kann (HEINRICH, 1991; SCHMIDT, 1985, 1989; SLOMKA, 1986).

Objektivierung unbewußten ineffektiven Verhaltens

Durch diese Methode ist es uns möglich, einzelne konkrete Handlungsleistungen mit Hilfe von Standbildern und Zeitlupenwiedergabe von Videoaufnahmen sichtbar zu machen. Sie stellt die stärkste und schwierigste Intervention im Trainingsverlauf dar, erzeugt aber andererseits eine hohe Motivation zur Verhaltensänderung bei den Teilnehmern. Sie verdeutlicht, warum Sachkenntnis zum Problemgegenstand allein nicht ausreichen für die Bewältigung von Interessenwidersprüchen. Dem Gedanken der entfalteten hierarchisch-sequentiellen Handlungsoperation als relativem Endpunkt eines Lernprozesses folgend (HACKER, 1986; VOLPEUT, 1981; VORWERG, 1982), werden weniger differenzierte Handlungsformen, die vorher unbewußt, aber trotzdem wirkungsvoll die Interaktion beeinflußten, herausgehoben und auf neue Weise wiederholt. Das betrifft vor allem die nonverbale Kommunikation und rhetorische Gewohnheiten.

3.2. Aufgabenorientierte Sachsteuerung

Logik des Prozeßverlaufs und Orientierung auf das Problem

Den Teilnehmern wird vermittelt, daß sowohl Problemlöseprozesse im engeren Sinne, als auch konflikthaltige Gespräche einer logischen Gliederung unterliegen müssen. Durch die Analyse eigener aktueller Gespräche (Video, Tonband, Beobachtung) und die theoretische Bearbeitung von Orientierungsgrundlagen in Untergruppen wird die Erkenntnis gefördert, daß schrittweises Vorgehen nicht nur das Gesprächsklima fördert, sondern eine der Hauptursachen ineffektiven Gesprächsverhaltens erkennen läßt: das eigentliche Problem herauszuarbeiten und zu definieren. Auch in psychologischen Beratungen hängt von dieser Fähigkeit ab, ob unsere Absolventen in der Lage sein werden, gemeinsam mit ihren Klienten Lösungen zu erarbeiten und "Hilfe zur Selbsthilfe" zu leisten.

Konzentration auf Schwerpunkte und Diskussionsführung

Erst indem das eigentliche Problem bzw. die wirkliche Ursache eines Konfliktes mit Hilfe effektiver Techniken der Informationsaufnahme, -verarbeitung und -wiedergabe erkannt werden, ist es dem Studenten möglich, eine kompatible Aufgabe zur Lösung des Problems zu formulieren. Mit seinem Vermögen, Haupt- und untergeordnete Teilprobleme zu unterscheiden und in eine Rangordnung zu bringen, sichert er den Erfolg von Gruppenprozeduren zur Propblemlösung. Ähnliches gilt für Lösungsvorschläge. Als Grundsatz des Trainings gilt: Der Betroffene setzt d i e Lösungen am intensivsten durch, auf die er selbst gekommen ist. Die meisten Schwierigkeiten bereiten immer wieder vorzeitige Lösungsvorschläge und deren Bewertung. Gerade hier besteht eben in der Diskussion die Führungsaufgabe (nicht nur) des Psychologen zur erfolgversprechenden Problemlösung und Entscheidungsfindung. Im Training ist es möglich, die einzelnen Etappen des Problemlöseprozesses in unterbrochenen Rollenspielen zu üben und die negative Wirkung vorzeitiger Lösungsvorschläge und Wertungen auf die Partnerbeziehungen wie die Ergebnisqualität vor Augen zu führen.

Nutzung des schöpferischen Potentials der Gruppenmitglieder

Große Schwierigkeiten haben bereits Studenten damit, aus konventionellem Denken auszubrechen, wie auch gleichberechtigte Mitarbeit aller Gruppenmitglieder zu gewährleisten. Wirklich neuartige, interessante Lösungen sind aber nur auf diese Weise möglich. Um das zu erreichen, werden in den Trainingsgruppen einerseits Moderations-, andererseits Kreativitätstechniken vermittelt und geübt.

Die Moderationsmethode entwickelt und fordert die latenten Kreativitätspotentiale der Gruppenmitglieder heraus, ermöglicht die Einschätzung der einzelnen Leistungsvermögen, die Visualisierung von Gedanken und Abläufen und die zielgerichtete Koordinierung der Aktivitäten der Teammitglieder. Sie gibt eine ständige Übersicht über den Stand des Problemlöseprozesses und durch gemeinsame Informationser- und -vermittlung einen Lernzuwachs bei jedem Problemlöser.

Durch die Anwendung der verschiedensten Arten von Kreativitäts- und Problemlösetechniken im Plenum und / oder in Untergruppen soll Wissen darüber vermittelt werden, daß den Phasen des Problemlöseprozesses bestimmte Techniken entsprechen (z. B. Methoden des Sammelns und Ordnens eine andere Funktion haben als Kombinationsmethoden etc.).

Wie lösten wir es organisatorisch, die hier ausschnittweise dargestellten Inhalte in die Lehre zu integrieren?

4 Umsetzung der Inhalte in der Lehre (Organisation)

Lernen über intensive Selbsterfahrung in nur zwei bis vier Stunden/Woche, so begannen wir vor fünf Jahren, erwies sich als wenig sinnvoll. Deshalb übernahmen wir die bewährte Form des Verhaltenstrainings für Kleingruppen.

Während seines Studiums hat der Psychologie-Student die Möglichkeit, ein Grundlagentraining zur Gesprächsführung und einen Aufbaukurs entsprechend seiner Spezialisierungsrichtung (Arbeits-, Beratungs-,Organisationspsychologie, Pädagogische oder Klinische Psychologie) als Minimum zu absolvieren (vgl. Abb. 1). Weitere, allerdings fakultative Angebote (z. B. Bewerbungstraining, Methoden des Assessment-Centers u. a.) runden das Bild ab.

Abb. 1: Aufbau der Trainigskurse zur Personalentwicklung

1./2. Stud.-jahr:	Training der Gesprächsführung in konflikthaltigen Situationen		
3./4. Stud.-jahr:	ABO-Psych.	Päd. Psych.	Klin. Psych.
	Moderation von Gruppenprozeduren bei der Erarbeitung betrieblicher Lösungen in Projektgruppen (1 Woche)	Gesprächsführung in der individuellen Berufsberatung (1 Woche)	Streßprophylaxe durch Konfliktbewältigung (1 Wo. i.V.)

5. Zusammenfassung

Die theoretische Diskussion um die Bedeutung teilautonomer Arbeitsgruppen und die handlungspsychologischen Theoreme zur Persönlichkeitsförderung durch Arbeit einerseits sowie die durch uns festgestellten unzureichenden sozialpsychologischen Voraussetzungen unserer Absolventen andererseits, veranlaßten uns zur Durchführung von Trainingskursen zur Verhaltensmodifikation. Diesen liegt u. a. ein von uns erarbeitetes Trainingsprogramm zur Entwicklung des problemlösenden Denkens zugrunde. Eine Erfolgskontrolle steht noch aus. Um künftige Führungskräfte zu situativ flexiblem , ergebnisorientiertem und kooperativem Handeln zu befähigen, erachten wir es als wichtig, daß diese Art von Lehrveranstaltung nicht nur ein immanenter Bestandteil des Studienprogramms ist, sondern auch in interdisziplinär zusammengestzten Studentengruppen durchgeführt wird.

Literatur

BANDURA, A.: Sozialkognitive Lernmethode. Stuttgart Cotta'sche Buchhandlung 1979

BIRKENBIHL, V. F.: Erfolgstraining. Schaffen Sie Ihre Wirklichkeit selbst. München, Landsberg a. L.: mvg-Verlag 1988

BUNGARD, W.: Qualitätszirkel als Gegenstand der Arbeits- und Organisationspsychologie. In: A & O, Themenheft Qualitätszirkel. Heft 2 /II. Quartal 1988, S. 54-63

HACKER, W.: Arbeitspsychologie. Psychische Regulation von Arbeitstätigkeiten. Berlin: VEB Deutscher Verlag der Wissenschaften 1986

HEINRICH, C.: Befragung zur Übereinstimmung/Diskrepanz von Praxisanforderungen an Betriebspsychologen und deren sozialpsychologische Ausbildung. TU Dresden 1989 (unv.)

HEINRICH, C.: Training der Moderation von Gruppenprozeduren bei der Erarbeitung betrieblicher Lösungen in Projektgrup-Projektgruppen. TU Dresden 1991 (Trainingsprogramm, unv.)

NEUBERT, J.; TOMCZYK, R.: Gruppenverfahren der Arbeitsanalyse und Arbeitsgestaltung. Berlin: VEB Deutscher Verlag der Wissenschaften 1986

ROSENSTIEL, L. v.; MOLT, W.; RÜTTINGER, B.: Organisationspsychologie. Sozioökonomie 1. Stuttgart, Berlin, Köln, Mainz: Verlag W. Kohlhammer 1977

SCHMIDT, J.: Gesprächsführung - Grundlagen, Orientierungshilfen, Training. In: Psychotherapie und Grenzgebiete (1989)10

SCHMIDT, J.: Training der Gesprächsführung in konflikthaltigen Situationen. KMU Leipzig 1985 (Trainingsprogramm, unv.)

SLOMKA, C.: Training der Gesprächsführung in der individuellen Berufsberatung. KMU Leipzig 1985 (Trainingsprogramm, unv.)

STAEHLE, W. H.: Management. Eine verhaltenswissenschaftliche Perspektive. München: Verlag Franz Vahlen 1989

VOLK, H.: Der lautlose Abschied von der Leistung. In: Fortschrittlche Betriebsführung und Industrial Engineering 38(1989)2, S. 82-86

VOLPERT, W.: Psychologische Handlungstheorie. Anmerkungen zu Stand und Perspektive. In: Beiträge zur psychologischen Handlungstheorie. (Hrsg. v. VOLPERT, W.). Bern, Stuttgart, Wien: Hans Huber 1981

VORWERG, M.: Lernpsychologische Grundlagen des Trainings der Verhaltensmodifikation. In: Psychotherapie und Grenzgebiete (1982)2, S. 77-90

WUNDERER, R; GRUNWALD, W.: Führungslehre. Bd. II: Kooperative Führung. Berlin, New York: Walter de Gruyter 1980 (6)

Ausbildung in Psychologie: Ein Blick in die Zukunft

Wolfgang Michaelis

Immobilität ist kein Merkmal autoritärer Systeme. Wo Demokratie ohne Vision waltet, erwächst sie aus dem Zwang, sich auf den kleinsten gemeinsamen Nenner zu einigen, der niemandes Besitzstand ernsthaft zugunsten einer übergreifenden Idee antastet. Solche Immobilität mangels Vernunft und Phantasie kennzeichnet die Situation der akademischen Ausbildung in der alten Bundesrepublik. Die vielen sog. Studienreformen, u.a. auch die der Psychologie 1985, legen davon ein direktes Zeugnis ab (ähnlich Heckhausen, 1984). Ich gebe mich der wunschhaften Vorstellung hin, daß der Beitritt der neuen Bundesländer so viel Gärhefe einbringt, daß es innerhalb der nächsten Dekade doch noch zu ernsthaften Ausbildungsreformen kommt. Vielleicht bewirkt der Impetus, der von der Freiheit der beruflichen Niederlassung in der EG ab 1993 ausgehen wird, ein übriges. Ich greife beispielhaft drei Reformansätze heraus, die es verdient hätten, nicht im Schacher stecken zu bleiben wie die bisherigen Anläufe (so auch Birbaumer & Schlottke, 1984; Wildt & Bock, 1984). Zu Details und weiteren Ansätzen verweise ich auf Michaelis und Stephan (1984) sowie Michaelis (1986).

Zunftwesen und Berufsmonopol

Das Erstarken der Städte gegenüber dem Adel im Mittelalter ging einher mit der Ausformung der Zünfte und Gilden. In ihnen wurde das Feld beruflichen Handelns begrenzt und zugleich das Recht der Berufsausübung gegen unliebsame Konkurrenz gesichert. Diese Monopolisierung hat wesentlich zur Stabilisierung einer bürgerlichen Ordnung beigetragen. Es wäre für den Bestand des Gemeinwesen undenkbar gewesen, der Nobilität einen Teil der gottgewollten Macht abzutrotzen, wenn nicht an anderer Stelle kompensatorisch eine im Grunde ebenso rigide Ordnung aufgerichtet worden wäre. Wie so oft in der Geschichte war die Umwälzung der Gesellschaft nur scheinbar: Sie wurde nicht auf eine höher entwickelte Stufe gehoben, sondern es wurde Macht umverteilt und die Neuverteilung hermetisch gegen die Begehrlichkeit Dritter gesichert. Nach der Radikalumwälzung der alten Ordnung durch die französische Revolution wurde in Preußen die Gewerbefreiheit 1810 eingeführt, in habsburgisch-österreichischen Landen 1859. In den Innungen und Kammern hat sich die alte Ordnung bis heute erhalten. Erst neuerlich, unter der Last der Steuer- und Sozialabgaben, wird die Grundordnung - und diesmal von unvermuteter Seite - wiederum ernsthaft in Frage gestellt: Die "Schattenwirtschaft" der Schwarzarbeit setzt sich über alle Innungsgrenzen hinweg.

So viel Geistesfreiheit sich die Alma Mater zuschrieb, so wenig konnte sie sich der etablierten Ordnung dort entziehen, wo sie die Gesellschaft direkt berührte, z. B. in der Ausbildungsordnung. Und je bedeutsamer die praktische Verwertung von Wissenschaft für den Bestand des Gemeinwesens wurde (Solla Price, 1974), desto deutlicher wurde auch die schizophrene Situation der Universität: Auf ihrem Panier flammte das Credo der vernunftradikalen Hinterfragung, aber in der Ausbildungsordnung unterwarf sie sich der ständischen Lobby, die in ewiger Allianz mit der Bürokratie stärker war als alle Vernunft. Die Ersetzung der alten und universitätsautonomen Promotionsordnungen durch die Staatsexamina und dann in der Nazi-Zeit durch die Diplom-Prüfungsordnungen hat einen nur ineffektiven Widerstand hervorgebracht.

Die Promotion war im 19. Jahrhundert ins Gerede gekommen, weil sie sich als käuflich erwies. Nur retrospektiv gesehen, aus der Nachaufklärungszeit konnte das als skandalös gelten und bedurfte für die inneruniversitäre Berufslenkung der Kompensation der Habilitation. Nüchtern betrachtet lag hier nichts anderes vor als der Einkauf in eine Zunft, vergleichbar etwa - um ein aktuelles Beispiel zu nennen - dem Kauf von Milchquoten. Nach Einführung der staatsreglementierten Ordnungen sank die Promotion zum bloßen Dekor eines Lorbeerkranzes herab. Wie sie vonseiten der Bürokratie eingeschätzt wurde, zeigt ein "Gnaden"-Erlaß (Kroh, 1943), in dem Alt-Promovierten der Psychologie der Zugang zum "ordentlichen" Diplom-Examen geebnet wurde.

Faktizität der Prüfungsordnung gleich normativer Rang?

Das Motto dieses Psychologentages suggeriert Dignitat der Diplom-Ausbildung aufgrund ihres 50-jährigen Bestandes. Der kulturselbstverständliche Glorienschein der Prüfungsordnung verblaßt, wenn man sich vergegenwärtigt, daß ihre Schaffung im Sommer 1940 nicht der folgerichtige Abschluß einer kontinuierlichen Entwicklung war, und zwar weder des Faches, noch der Universität, noch der gesellschaftlichen Notwendigkeit. Sie entsprang vielmehr einem Gewaltakt (Geuter, 1984; Michaelis, 1986), der von berufsständischen Abgrenzungs- und Sicherungstendenzen initiiert wurde, denen die Kultusbürokratie in ihrem - damals durch den Faschismus noch gesteigerten Ordnungs- und Reglementierungsbedürfnis - freudig die Hand reichte und das Werk schnell durchpeitschte (Kroh, 1941).

Das Diplom war als Abschlußzertifikat solcher Ausbildungsgänge konzipiert worden, in denen Technologien und praxeologische Kenntnisse losgelöst oder auch bar einer wissenschaftlich-theoretischen Basis vermittelt wurden. Wo das Studium mit einem Bildungszertifikat endete, also relativ allgemeines Wissen bescheinigte, aus dem erst in der Praxis und dann ad hoc Handlungstechniken abgeleitet wurden, konnte Reglementierung außerhalb der reinen Staatsprüfungen - die ja bekanntlich Berufszugangsprüfungen und nicht Wissenstestate sind - nichts ausrichten; denn der Geist läßt sich nicht in ein utilitaristisches Korsett zwingen, er weht, wohin ihn der Erkenntnisfortschritt treibt. Wo sich aber - wie zuerst in den Ingenieurwissenschaften - Handlungstechniken herausbildeten, sah die Bürokratie sofort eine Eingriffsmöglichkeit. Inzwischen markiert das Diplom den konzeptionell stimmigen Abschluß der Fach(hoch)schulausbildungen (Diplom-Bibliothekar, Diplom-Kosmetikerin etc.). Sollte es nicht zu denken geben, daß Laien oft den Diplom-Psychologen für die Discount-Version des Psychologen halten?

Berufsidentität durch Technologie?

Im Umfeld Psychologie war mit der Diagnostik ein weithin verwendbares, daher gewissermaßen großtechnisches Instrument entstanden. Dieses mußte von Staats wegen lizenziert werden, damit es dem Gemeinwohl und nur diesem diente. Es bot gleichzeitig der Psychologenzunft - die zuvor Mühe hatte, ihre Dienste gegen die Konkurrenz der Pädagogen, Philosophen, Anthropologen etc. gut zu verkaufen - die Möglichkeit, sich öffentlichkeitseinprägsam zu profilieren und ein Verfahren als ihren alleinigen Besitz zu reklamieren. Daß der Impetus zur Bildung einer staatlich anerkannten Psychodiagnostiker-Zunft aus der Wehrmacht kam, hat das administrative Verfahren zwar um Jahre vorverlegt und beschleunigt, ist aber ansonsten i.S. einer historischen Zufälligkeit eher bedeutungslos (Geuter, 1984). Wäre nicht der Krieg vom Zaun gebrochen und daher die Auslese von Offiziersnachwuchs eine bittere Notwendigkeit geworden, hätte man den nämlichen Anstoß nur wenige Jahre später aus dem Schul- und Erziehungsbereich erwarten dürfen (Kroh, 1944).

Der Psychologe blieb bis in die sechziger Jahre unzweifelhaft ein Psychodiagnostiker; der Blick in die Seele war das gängige und auch heute noch keineswegs getilgte Klischee - die akademisch verpönte Psychoanalyse hatte den Boden dafür "tiefgründig" vorbereitet -, mit Verlegenheit und Unbehagen vom Berufsstand zur Kenntnis genommen, der sich aber doch eher gerierte wie die - man verzeihe mir die männlich-chauvinistische Metapher - sprichwörtliche Jungfer, die nicht rundweg Nein sagen mag, weil sie anderes nicht bieten kann. Heute verfügt der Praktiker in den psycho-orthopädischen Techniken über ein zweites Standbein, das sogar die psycho-diagnostischen Methoden an Bedeutung überflügelt hat, seit deren theoretische Zwielichtigkeit ins Bewußtsein gedrungen ist. Es ist nicht unschwer vorherzusagen, daß auch das neue Bein nicht mehr lange einen Sprint im Berufsfeld erlauben wird, da es schon früh unübersehbare Anzeichen von methodologischer Osteoporose gab (z.B. Westmeyer & Hoffmann, 1977).

Der Bastard des Wissenschafts-Praxeologie-Einheits-Spezialisierungs-Studienganges

Die an der Ausarbeitung der Diplom-Prüfungsordnung federführend beteiligten Hochschullehrer konnten sich zwar dem Ansinnen der Zunft nicht entziehen (Simoneit, 1972; vgl. auch Geuter, 1984), begleitet von - leider erst heute skurril wirkenden - vaterländischen und in Gehorsam vorauseilenden Untertönen. Insoweit waren sie, was ihnen kaum verborgen geblieben sein kann, auch Handlanger des Kultusapparates und der pervadierenden braunen Ideologie. Was aber das Ansinnen der Berufslobby betraf, handelten sie in der Identitätskrise, in der sich jeder Hochschullehrer befindet: Einerseits ist er seinem Fach verbunden und wird dessen sozialen und ökonomischen Wohlstand mehren und sichern wollen. Andererseits ist er der Maxime der überpolitischen Wahrheitssuche verpflichtet, die es ihm gebietet, als Wissenschaftler über Fachgrenzen und Technologie hinauszudenken und sich nicht in Kumpanei einer Lobby zu verbinden.

So ist die erste Diplom-Prüfungsordnung für Psychologie ein rechter Bastard geworden, in sich widersprüchlich, zu schwerfälligen Langzeitstudien und überalterten Absolventen führend (Heckhausen, 1984). An seine Vergangenheit rührt man nicht gerne; statt diese zu "bewältigen", sprich: intellektuell-redliche Schlüsse aus der Zeugung zu ziehen, hat man den Bastard später zu einem Kind der Wissenschaft zurechtzubiegen versucht. Die Keime dafür hatten die Hochschullehrer 1940 dadurch gelegt, daß sie entgegen dem Ansinnen der Psychologenzunft die theoretischen Ausbildungsinhalte nicht allzu plump als bloße Garnierung um die Psychodiagnostik herumgruppierten, sondern ihnen ein eigenes Gewicht verschafften und darin das herkömmliche Programm (Promotionsordnung) der Ausbildung zum Wissenschaftler in die neue Ordnung infiltrierten. Diesen Hebel nutzte eine neue, die Spielräume eines pluralistischen Systems nutzende Generation von Hochschullehrern, um den technopraktisch initiierten (Hockel, 1984) Stück um Stück zu einem wissenschaftsverpflichteten Studiengang zurückzuschrauben (Studienreformkommission Psychologie, 1985). Daß diese eindeutig restaurativen Versuche nicht sogleich jedermann ins Auge sprangen, findet seine Erklärung darin, daß die Reformer im guten Glauben waren, die Ausbildungsordnung ein Stück in die Zukunft zu tragen; und das taten sie auch tatsächlich, aber additiv zur Revision, dadurch nämlich, daß sie der Weiterentwicklung der Psychologie qua Fachwissenschaft Rechnung trugen. Der technopraktische Studiengang stellte sich ihnen in Verkennung des Genesezusammenhanges als Ausfluß eines unreifen Zustandes der Wissenschaft dar (vgl. Hoyos & Tack, 1970).

Was sie - zumindest für das Reformwerk von 1985 darf man dies behaupten - unberücksichtigt ließen und was ihr revisionäres im Grunde zu einem reaktionären Handeln gemacht hat, war die völlig veränderte Ausbildungslandschaft: Massenuniversität statt kontemplativ-peripatetischer Bildungsstätte, politische Vorgaben zum Examen als einem "berufsqualifizierenden" Abschluß, veränderte (utilitaristische) Studienmotivation und veränderte Studiengewohnheiten (Schülermentalität), veränderte Rolle der Wissenschaft als "big science", um nur einige Momente zu nennen.

Zukunftsvision 1:
Tätigkeitsfeld-orientierte statt fachspezifischer Ausbildung

Die Hochschullehrer der Psychologie hatten 1940 trotz ihrer Vereinnahmung durch den Berufsstand einen ernsthaften Ansatz gewagt, die Fachidiotie der Zunftausbildung zu überwinden. Nachdem sie sich in der Hast, mit der die Prüfungsordnung erlassen wurde, zunächst nicht hatten durchsetzen können (Kroh, 1941), erreichten sie doch bald eine Ergänzung, die in einem dritten Ausbildungsabschnitt - im Zusammenhang mit einer Spezialisierung auf ein bestimmtes Tätigkeitsfeld - eine über die Fachgrenzen hinausgehende Ausbildungserweiterung vorsah (Kroh, 1943). Als fach-integrierende Tätigkeitsfelder wurden explizit genannt: Erziehung, Berufslenkung (darin war das Auslesegeschäft für die Wehrmacht eingeschlossen), Industrie, Wirtschaft; weitere Felder wurden zugelassen, soweit die notwendige fachfremde Ausbildung in einer Hochschule gewährleistet werden konnte. Dieser Ansatz ist in der kargen Zeit nach dem Kriege nicht wieder aufgegriffen worden. Aber nicht nur die Verlängerung der Ausbildung war ein offensichtliches Hindernis. Die Ergänzungsfächer scheinen aus berufsständischen Interessen am Lehr-Export in die Psychologie ebenso wenig interessiert gewesen zu sein, wie die Psychologen die neu gewonnene Selbständigkeit gleich wieder verwässern wollten.

Was spricht für die Ablösung der fach-spezifischen durch eine tätigkeitsfeld-orientierte Ausbildung?

(1) Dem Kunden ist am besten mit einem problem-orientierten Angebot (Bildungsratschlag, Betriebsreorganisation, Gesundung etc.) von Dienstleistungen zu helfen. Er ist verwirrt und ratlos, wenn er für jeden Schritt und jeden Teilaspekt der Problemlösung den "zuständigen" Fachmann selbst ermitteln muß, zumal er - schwerer noch als im dinglich-handwerklichen Bereich - zu einer Strukturierung der Teilziele und instrumentellen Schritte für die Veränderung individueller oder sozialer Prozesse gar nicht fähig ist (vgl. Jacobi, 1984). Die viel beklagte "Schwellenangst" vor psychologischen Dienstleistungen ist zu einem guten Teil Ausfluß dieser Ratlosigkeit. Ein Teil der Arbeitskapazität psycho-sozialer Dienste geht so durch screening und Verfahrensberatung verloren.

(2) Die berufsständischen Kämpfe um einen möglichst großen Anteil am Kuchen der Dienstleistungen werden bei einer fach-spezifischen Ausbildung zwangsläufig auf dem Rücken der Kunden ausgetragen. Gerade der Psychologie sollte das bewußt sein; bemüht sie sich doch seit Jahrzehnten - und hoffentlich nicht nur aus berufsständischen, sondern auch aus sachlichen Motiven -, im Bereich der Gesundheitsfürsorge das Null-Summen-Spiel der Neuverteilung mit den Medizinern in Gang zu bringen; gleichzeitig verwehrt sich die Psychologen-Lobby bigotterweise diesem Spiel dort, wo sich

auch Pädagogen, Sozialhelfer etc. daran beteiligen wollen. Der Kunde hat berechtigten Anspruch auf Service, ihm kann nicht die Funktion der Kuh oktroiert werden, die derjenige melkt, an den die Milchkontingente gefallen sind.

(3) Der Zeitgeist hat sich gewandelt, Teamwork ist zur Selbstverständlichkeit geworden, vermutlich auch als pragmatischer Effekt des zu (1) geäußerten Arguments. Tätigkeitskeitsfeld-orientierte Studiengänge würden insofern zunächst nicht mehr als einen Gleichklang der Konzeption mit der Realität herstellen. Darüberhinaus könnten sie dazu beitragen, die Realität konzeptionell zu optimieren. Eine Medizinausbildung, die zur Wahrung des Alleinvertretungsrechts nicht nur einen unvermeidlichen Teil soziologischer und psychologischer Ausbildung importiert, sondern in das Berufsbild eines überfachlich gebildeten Gesundheitsfachmannes einmündet, würde dann ein Teamwork ganz anderer Dimension möglich machen.

(4) Nicht zuletzt würde auch interdisziplinäre Forschung angeregt werden.

Die beiden egoistischen Argumente, die allein gegen fachübergreifende Ausbildungsordnungen sprechen, liegen auf der Hand:

(a) Niemand ist mehr ganz Herr im eigenen (fachlichen) Haus.
(b) Diejenigen, denen historisch ein großes Stück des Kuchens zugewachsen ist, müssen davon abgeben.

Beides ist nicht leicht zu akzeptieren, wo es (allzu) menschlich zugeht (vgl. Hockel, 1984). Sollte man von Akademikern und zumal von den Hochschullehrern ein Quäntchen Übermenschlichkeit fordern dürfen?

Zukunftsvision 2: Koexistenz von Wissenschaft und Praxeologie

Der BDP hat in seinen öffentlichen Verlautbarungen seit der Amtsperiode des Gepanns Ebel/Hockel nie eine Gelegenheit ausgelassen zu betonen, daß das, was ein Psychologe in der Praxis tut, nichts weniger sei, als die Erkenntnisse der Wissenschaft Psychologie anzuwenden. Unter umgekehrtem Vorzeichen heißt das: Ein Psychologe ist entweder wissenschaftlich ausgebildet, oder er darf kein Psychologe sein (Hockel, 1984). Das Ziel solchen zur Schau gestellten Selbstverständnisses ist klar: Auf der einen Seite Gewinn von Reputation, um sich - gerade im Zusammenhang mit dem geforderten Psychotherapeuten-Gesetz - den Medizinern an die Seite stellen zu können; auf der anderen Seite ständische Ausgrenzung all jener Gruppen am Psycho-Markt, die solches nicht (so leicht) für sich in Anspruch nehmen können. Die Wissenschaftlergemeinde hat dem nicht widersprochen (Ausnahme

Irle, 1979), befreite es sie doch nachhaltig vom ständig wiederholten Vorwurf der Praxisirrelevanz der Universitätsausbildung.

In welchem Maße die Öffentlichkeitsarbeit des BDP nicht nur taktischem Kalkül geschuldet ist, sondern auch dem Selbstverständnis der praktisch arbeitenden Psychologen entspricht, vermag ich nicht abzuschätzen. Zumindest die etwas selbstbewußteren Praktiker geben unumwunden zu, daß sie mit den Früchten der Wissenschaft nicht eben weit kommen würden. Die akademische Ausbildung gibt allenfalls ein Unterfutter für eine erfahrungskumulierte Handlungstechnologie und Praxeologie ab. Die Diskrepanz zur Sichtweise des BDP vergrößert sich noch mehr, wenn man sich vergegenwärtigt, daß selbst die beiden Basistechnologien, die Psychodiagnostik und die Psychoorthopädie, nicht aus der Wissenschaft Psychologie hervorgegangen sind, sondern sich lediglich an diese anlehnen; ganz zu schweigen von den vielen weiteren Techniken (wie der Gesprächsführung, der Beratung etc.), die unabhängig und parallel zur Psychologie gewachsen sind.

Die Ab- und Ausgrenzungspolitik halte ich für verfehlt. Sie dient weder der Entwicklung der Psychologie in Beruf, und schon gar nicht in der Wissenschaft, noch dient sie der Klientel. Es kann auf die Dauer trotz aller Wortmagie nicht verborgen bleiben, daß der Kaiser nur spärlich bekleidet wandelt. Nach der Dekouvrierung wird es nicht bei einem mitleidig-süffisantem Lächeln bleiben; es steht zu befürchten, daß der gesamte psychosoziale Dienstleistungsbereich in Verruf geriete (vgl. UNI, 1985), bedürftige Menschen auch dort Hilfe nicht mehr in Anspruch nehmen würden oder dürften (etwa weil sich kein Kostenträger findet), wo sie zwar keine wissenschaftliche Reputation hat, aber dennoch - aus welchen Gründen immer - wirksam ist. Wo ein Fach wie die Psychologie so wenig Gesichertes zu bieten hat wie derzeit, steht es moralisch unter dem Zwang, mit "unwissenschaftlicher" Praxeologie zu koexistieren; ganz zu schweigen von den forschungsbefruchtenden Impulsen, die von einer "wunderbaren" Praxis ausgehen: Bringt es nicht mehr, nach den Gründen der Wirksamkeit auch der bizarrsten und abstrusesten Therapieform zu fragen, als sie berufsrechtlich ins Abseits zu stellen?

Zu einer neuen Ehrlichkeit gehörte es auch, daß man endlich in der Ausbildung zu differenzieren anfinge (dagegen Weinert, 1987), statt sich der Machterhaltung wegen an einen Einheitsstudiengang zu klammern. Wenn es ganz offensichtlich eine voneinander weitgehend unabhängige, parallele Weiterentwicklung in der Wissenschaft Psychologie und in der Praxeologie Psychologie gibt, warum dann nicht auch neben dem wissenschaftlichen einen praxeologischen Ausbildungsgang einrichten, sei dies niveau-gleich an der Universität oder niveau-ungleich an der Fachhochschule oder auch an Fachschulen, sei dies als fachbezogener oder vorzugsweise als tätigkeitsfeldorientierter Studiengang. Bei der inzwischen geradezu gigantischen Zahl von Psychologiestudenten (in der neuen BRD sehr bald über 30.000) würde jeder der beiden Ausbildungsgänge an Quantität alles überflügeln, was noch vor zwei Dekaden als Horrorvision eingestuft wurde.

Noch konsequenter wäre eine Differenzierung der derzeitig zwittrigen Universitätsausbildung in einen veritablen Diplomstudiengang nach der ursprünglichen technopraktischen Konzeption und einen wissenschaftlichen Ausbildungsgang. Der eine Studiengang würde in das lebenspraktische Tätigkeitsfeld einmünden, der andere in das des Forschers und Lehrers. Damit wäre endlich auch dem Unbehagen eines des Teils der Studenten abgeholfen, die eine praktischen Ausbildung gewählt haben und einen wissenschaftsverbrämten Studiengang angedient bekommen (Wildt & Bock, 1984). Es könnte nicht weniger jenen anderen geholfen werden, die sich tatsächlich der Wissenschaft verschreiben wollen und daher gleich doppelt leiden müssen: am Defizit in der Ausbildung und an ihrer Loyalität gegenüber der Mehrheit der Kommilitonen. Herrmann (1979) bezeichnet diesen Zustand als skandalös.

Zukunftsvision 3:
Gründliche Ausbildung durch frühe Spezialisierung

Zwar bringt die Psychologie wissenschaftliche Erkenntnisse nicht eben in atemberaubendem Tempo hervor, aber die sich dennoch anhäufenden Erfahrungsdaten haben sich so unvorstellbar vermehrt, daß nolens volens der Generalist durch den sich nur noch in Mikrobereichen bewegenden Spezialisten abgelöst worden ist. Dies ist im Bereich der Forschung bekannt und inzwischen auch anerkannt - nur in der Ausbildung werden Konzepte vertreten, die eher zu dem gering dimensionierten orbis terrarum eines Humboldt selig passen. Würden die Hochschullehrer von sich das fordern, was sie den Studenten zumuten, so müßten viele von ihnen wohl Amtsenthebungen gegen sich in Gang bringen. Der Student zerbricht jedoch nicht nur oftmals daran, daß er den Ansprüchen nicht genügen kann, sondern er steht, wenn er das Diplom in die Hand bekommt, mit (fast) leeren Händen da: als jemand, der von vielem etwas weiß, aber nichts Rechtes kann. In den ersten Berufsjahren muß er dann nicht nur die Praxisausbildung nachholen, sondern sich auch in ein Spezialgebiet einarbeiten.

Es gibt viele gute Argumente für das Petitum einer breiten Allgemeinbildung. Das Argument, das für diese Konzeption meistens herhalten muß, ist die berufliche Flexibilität des Absolventen. Wie wenig überzeugend dies zu sein scheint - man kann sich Rückkopplungsmechanismen zwischen Berufsnischen und Spezialisierung im Studium vorstellen - zeigt sich darin, daß die Studienreformen von 1973 und 1985 beide an der Spezialisierung nicht vorbeikamen. Aber zumindest 1985 zeigte man sich eher erschreckt und versuchte zu bremsen (Tack, 1984), statt die autogenetische Einengung der Psychologie auf das klinische Arbeitsfeld in einem Schritt vorwärts mit gut durchstrukturierten - und daher ebenfalls attraktiven - weiteren Spezialstudiengängen zu beantworten. Das Argument aber, das für eine frühe und weitgehende Spezialisierung spricht, ist nirgendwo recht gewürdigt worden: daß auch Psychologen sich im Berufsmarkt eine

Position nur dort erobern können, wo sie gründlich ausgebildet sind.

Faßt man diese Visionen zusammen, wären fachintegrierte Studiengänge Management, Erziehungs- und Bildungswesen, Gesundheitswesen und andere vorstellbar. In diesen Studiengängen könnte es neben den gemeinsamen Anteilen eine Spezialisierung auf bestimmte Fachperspektiven geben, wie das bisher in der Ausbildung der Mediziner bereits etabliert ist, weshalb ich mich exempli halber auf diesen Bereich beschränke. Im einfachsten Modell würde etwa in einem neu zu schaffenden Studiengang Gesundheitswesen zu den etablierten Fachärzten der Fachmann für psychische Störungen hinzutreten, mit der Möglichkeit weiterer Differenzierung in Fachärzte für psychorestaurative und -orthopädische Maßnahmen, für Psychohygiene und Prävention etc. Wünschbar ist dies nicht, weil es einer Vereinnahmung der Psychologie durch die Medizin gleichkommen würde. Andere Modelle würden aber möglicherweise am historisch Gewachsenen scheitern.

Ergänzt werden könnte die tätigkeitsfeld- und phänomenorientierte Spezialisierung durch ein duales System forschungsorientierter vs. praxisorientierter Ausbildung, deren gemeinsame Anteile von Semester zu Semester abnehmen. Denkbar wären schließlich in einer dritten Gliederungsdimension praxisorientierte Ausbildungen, die entweder stärker wissenschaftsangelehnt sind oder sich stärker praxeologisch orientieren. Im Klartext würden auf der einen Seite die Fachärzte zu finden sein, auf der anderen Seite die bisher abwertend so genannten Hilfsberufe.

Zugegeben - dies sind Visionen; aber: Wo keine Visionen, dort kein Fortschritt, es sei denn, man glaubt an irgendeine Form des historischen Determinismus. Etwas poetischer mit einem Kinderreim (Stengel, Ripkens & Edelmann, 1970): Ohne Blumen, ohne Träume, ohne schöne Purzelbäume, ohne Käse, ohne Speck, hat das Leben keinen Zweck.

Literatur

Birbaumer, N. & Schlottke, P.F. (1984). Klinische Psychologie: Ausweitung - Reduktion - Elimination - Reanimation? In Michaelis & Stephan (106-118).

Geuter, U. (1984). Die Professionalisierung der deutschen Psychologie im National sozialismus. Frankfurt: Suhrkamp.

Heckhausen, H. (1984). Für eine beweglichere Studienreform: Konsekutivmodell statt Schwerpunktmodell. In Michaelis & Stephan (52-95).

Herrmann, T. (1979). Psychologie als Problem. Stuttgart: Klett.

Hockel, M. (1984). Ausbildungsziel: Psychologe. Der Beruf des Dipom-Psychologen im Spiegel berufsständischer Positionen seit 1941. In Michaelis & Stephan (280-294).

Hoyos, C. Graf. & Tack, W.H. (1970). Vorschläge für eine neue Rahmenprüfungsordnung im Fach 'Psychologie'. Bericht über die Beratung der 'Ständigen Planungskommission für die Hochschulausbildung in der Psychologie' der Deutschen Gesellschaft für Psychologie (DGfPs) und der 'Ausbildungskommission' des Berufsverbandes Deutscher Psychologen (BDP). Psychologische Rundschau, 21, 295-308.

Irle, M. (1979). Zur Lage der Psychologie. Psychologische Rundschau, 30, 1-18.

Jacobi, B. (1984). Auswirkungen von Ausbildungsdefiziten in der Berufspraxis psychotherapeutisch tätiger Psychologen. In Michaelis & Stephan (244-251).

Kroh, O. (1941). Ein bedeutsamer Schritt in der deutschen Psychologie. Werden und Absicht der neuen Prüfungsordnung. Zeitschrift für Psychologie, 151, 1-32.

Kroh, O. (1943). Zum Ausbau der Prüfungsordnung für Diplom-Psychologen. Erlaß des Reichsministers für Wissenschaft, Erziehung und Volksbildung vom 22. März 1943. Zeitschrift für Psychologie, 155, 1-15.

Kroh, O. (1944). Vom Wesen und Aufgabenbereich der pädagogischen Psychologie. Internationale Zeitschrift für Erziehung, 13, 161-174.

Michaelis, W. (1986). Psychologieausbildung im Wandel. Beschwichtigende Kompromisse - neue Horizonte. München: Profil.

Michaelis, W. & Stephan, E. (Hrsg.). (1984). Ausbildungsreform Psychologie: Argumente - Standpunkte - Forderungen. (Deutsches Institut für Internationale Pädagogische Forschung: Studien zur Pädagogischen Psychologie, Bd. 23) Göttingen: Hogrefe.

Simoneit, M. (1972). Deutsche Wehrmachtspsychologie von 1927 - 1942. Wehrpsychologische Mitteilungen, 6, 71-110.

Solla Price, D.J. de. (1974). Little science, big science: Von der Studierstube zur Großforschung. Frankfurt: Suhrkamp.

Stengel, H., Ripkens, M. & Edelmann, H. (1970). Andromedar SR1. Köln: Middelhauve.

Studienreformkommission Psychologie. (1985). Empfehlungen der Studienreformkommission Psychologie. (Veröffentlichungen zur Studienreform Nr. 27.) Bonn: Sekretariat der Ständigen Konferenz der Kultusminister der Länder der Bundesrepublik Deutschland, Geschäftsstelle für die Studienreformkommissionen, o.J.

Tack, W.H. (1984). Reformempfehlungen: Prämissen - Vorschläge - Erwartungen. In Michaelis & Stephan (27-45).

UNI Berufswahl-Magazin. (1985) Psychologen in der Wirtschaft: Ungeliebt? 9, Heft 4, 4.

Weinert, F.E. (1987). Zur Lage der Psychologie. Psychologische Rundschau, 38, 1-13.

Westmeyer, H. & Hoffmann, N. (Hrsg.). (1977). Verhaltenstherapie. Grundlegende Texte. Hamburg: Hoffmann & Campe.

Wildt, J. & Bock, T. (1984). Psychologieausbildung aus Arbeitnehmersicht. In Michaelis & Stephan (308-322).

Kritische Psychologie und das Verhältnis von psychologischer Kompetenz und Relevanz der Psychologie in der psychologischen Ausbildung

Morus Markard

Die Schwierigkeit einer theoretischen Grundlegung psychologischer Kompetenz im Studium beginnt damit, daß Vielfalt und Komplexität psychologischer Theorien zur Selektion des "Stoffes" zwingen. Dies ist vor allem deshalb kritisch, weil die Psychologie eine in ihren begrifflich-methodischen Grundlagen keineswegs unumstrittene, sondern eine in hohem Maße "problematische" Wissenschaft ist - ein Umstand, der sich daran verdeutlichen läßt, daß die Geschichte der Psychologie eine Geschichte unerledigter (und in der Ausbildung weitgehend ausgesparter) Kontroversen ist. Deren 'prominenteste' und begrifflich wie methodisch am weitesten reichende dürfte die um 'Erklären' vs. 'Verstehen' sein (vgl. Zeitschrift für Sozialpsychologie, 1986), die sich etwa in den Debatten um das Verhältnis von Grundwissenschaft und Praxis oder qualitative und quantitative Orientierung reproduziert (vgl. Markard, 1991).

Gerade im Ausbildungszusammenhang ist bemerkenswert, daß Rijsman und Stroebe (1989, S. 342) neuerdings die mit der Unerledigtheit dieser Kontroversen verbundene dualistische Spaltung der Psychologie zu einer "kontrapunktischen" Verbindung uminterpretieren. Dies ist einerseits euphemistisch, weil Kontrapunktik zwar selbständige Stimmführung, diese aber bei Beachtung der harmonischen Regeln meint, welche ein gemeinsames Fundament bedeuten, das eben der Psychologie fehlt. Das von Rijsman und Stroebe gewählte Bild ist auch harmonistisch, weil es ein mehr oder weniger gleichberechtigtes Nebeneinander zwischen den unterschiedlichen Orientierungen in der Psychologie insinuiert, eine Vorstellung, die weder den Prüfungsordnungen noch den Stellenbesetzungs- und Forschungsförderungspraktiken entspricht. Die reale Strittigkeit dessen, was als inhaltlich relevante Exempel psychologischen Denkens Eingang in die Ausbildung findet, wird so ausgeblendet, damit die unvermeidliche Stoffselektion inhaltlich durch die normative Kraft des Faktischen bestimmt und Psychologie als notwendig plurales Unternehmen in der Ausbildung weitgehend auf den hegemonialen mainstream vereindeutigt. Mit diesen Verhältnissen aber wird eine - für die Ausbildung fruchtbare - diskursive Auseinandersetzung um die Relevanz theoretischer Ansätze (etwa durch die Rekonstruktion historisch unerledigter Kontroversen) in der Psychologie desavouiert, ein Umstand, der gerade dem verallgemeinerten Anspruch von Ausbildung zuwiderläuft.

Die Grenzen dieser institutionellen Vereindeutigung, wenn nicht Usurpation, psychologischer Relevanz machen sich aber spätestens dann geltend, wenn im zweiten Studienabschnitt die

Anwendung psychologischen Wissens akzentuiert wird. Dann nämlich muß der Empiriebezug psychologischer Konzeptionen um praktisch-lebensweltliche Dimensionen erweitert werden, so daß sich die methodologischen Restriktionen, die dem "'mainstream'" von seiner "Angst vor der Subjektivität" (Graumann, 1991, S. 39) diktiert werden, mit dem leibhaftigen, forschungssettings-entbundenen Auftreten eben dieser Subjektivität bspw. in Gestalt von KlientInnen mit lebensweltlichen Problemen nicht mehr durchhalten lassen. Außerdem gewinnt die Relevanzproblematik, die sich bis hierhin auf ein scheinbar allein binnenwissenschaftliches Problem beschränken läßt, mit dem nunmehr sich auch aufdrängenden Gesellschaftsbezug der Psychologie ihre eigentliche Qualität. Das Problem, mit dem die Ausbildung spätestens dann zwangsläufig konfrontiert wird, ist das der wissenschaftlichen Fundierbarkeit praktisch-psychologischen Handelns im Kontext gesellschaftlicher Widersprüche, welche mit den genannten Kontroversen strittig bleiben muß.

Hierbei ist von besonderer Bedeutung für die Vermittlung psychologischer Kompetenz, daß die Lebensverhältnisse, mit denen psychische Probleme der Individuen auf je konkret aufzuklärende Weise vermittelt sind, für psychologische Interventionen i.d.R. nicht unmittelbar erreichbar sind. Die bruchlose Vorstellung professioneller psychologischer Kompetenz zur Lösung psychischer Probleme enthält insofern eine gedankliche Abstraktion von eben diesen Lebensverhältnissen, die deshalb so 'unauffällig' ist, weil sie im Gewande der (Pseudo-) Konkretheit (Kosik, 1967) erscheint: Es ist ja der Schüler X., der eine 'Konzentrationsschwäche' hat; abstrahiert wird dabei aber davon, daß dazu ggf. ein Lehrer gehört, der eine "Didaktikschwäche" hat, die selber jedoch u.U. daher rührt, daß er 'interessantere' Fragestellungen ausspart, um einen obligatorischen Lehrplan zu schaffen, den wiederum Leute sich ausgedacht haben, die unter dem Druck von Gruppierungen standen, die... Die vordergründige Funktionalität der von solchen Vermittlungen abstrahierenden, pseudo-konkreten "Unmittelbarkeitsfixiertheit" (Holzkamp, 1983) besteht in der damit gegebenen kurzfristigen (und im übrigen durch eine individuumszentrierte Begrifflichkeit gestützten) Entlastung psychologischen Handelns, das sich damit seiner Beschränkungen entledigt wähnt. Da aber gedankliche Abstraktionen nicht die Realität erledigen, von der abstrahiert wird, an ihrer Widerständigkeit nichts ändern, gehört zu den Folgen derartiger Abstraktion der immer wieder beklagte sisyphosartige Charakter psychologischer Berufstätigkeit, der im Phänomen des "Burnout" seinen Ausdruck findet.

Kann nun die Formulierung von Basiskompetenzen wie "Umgang mit Unbestimmtheit" als Schlüsselqualifikation bei Kleiber (1989) oder "kritische Reflexionskompetenz" als Kernstück beruflicher PsychologInnenidentität bei Jaeggi (1989) das Problem entschärfen? Acht Basiskompetenzen finden sich bspw. bei Keupp und v. Kardorff (1980), vier bei Filsinger und Kleiber (1987), die ich hier nicht im einzelnen wiedergeben kann. An einigen der Anforderungen an Basiskompetenzen seien jedoch deren Probleme veranschaulicht (vgl. auch Markard, i.Dr.). Eine Anforderung wie

'Entwicklung einer Diskriminationsfähigkeit für Probleme, die mit psychologischem Wissen und Handeln zu bewältigen sind' z.B. geht an der skizzierten Strittigkeit dessen, was denn mit psychologischen Mitteln bewältigt werden kann, vorbei. Dasselbe gilt für eine Kompetenzanforderung wie 'Wissen über Transformation von wissenschaftlichem Wissen in Praxiswissen'. Es besteht ja gerade Uneinigkeit darüber, ob zwischen Grundlagentheorie und Praxis ein - wünschenswertes - 'Anwendungs'-Verhältnis bestehe (etwa Haisch, 1983), oder ob eine solche Transfer-Vorstellung nicht überholt sei (vgl. etwa den Band von Bonß & Hartmann, 1985). Ist es weiter eine realistische Zielsetzung, daß StudienabsolventInnen die 'wichtigsten Denkmodelle, Methoden und Wissensbestände aus Nachbardisziplinen' kennen oder mit 'sozialstrukturellem Wissen' vertraut sind - abgesehen davon, daß auch die Frage, was wichtige Denkmodelle sind, nicht immer unstreitig sein dürfte? Dagegen sind die anfänglich genannten Kompetenzbestimmungen '(kritische) Reflexions- und Kommunikationsfähigkeit' oder der 'Umgang mit Unbestimmtheit', was auch immer sie markieren, nicht spezifisch für psychologische Kompetenz.

Wenn man die Verbindung zwischen Theorie und Praxis nicht konzeptionell kappen will, müssen psychologische Basiskompetenzen so lange problematisch bleiben, wie sie nicht die geforderte individuelle Kompetenz der PsychologInnen auf die oben aufgeworfene Problematik und Umstrittenheit der Relevanz der Psychologie beziehen. Die Relevanzfrage als die Frage nach der wissenschaftlichen Begründung und der gesellschaftlichen Funktion psychologischer Praxis wird sonst nämlich auf das praktizierende Individuum und seine individuelle Kompetenz verkürzt, womit den Studierenden bzw. PraktikerInnen die ungelösten Probleme des Fachs in die Schuhe geschoben werden. Das Relevanzproblem wird, in die Form individueller Kompetenz transformiert, personalisiert - mit der Folge der Verschärfung der angeführten strukturellen Überforderung der PraktikerInnen, die sich mit nicht erfüllbaren Selbst- und Fremderwartungen konfrontiert sehen und entsprechend verunsichert werden. Nicht nur das Burnout-Phänomen, sondern auch die Wahrscheinlichkeit des berühmten "Praxisschocks" dürften in dem Maße zunehmen, wie sich (studentische) Kompetenzerwartungen, die im Sinne der beschriebenen Personalisierung des Relevanzproblems geweckt werden, an der außeruniversitären Realität struktureller Überforderungen als illusionär erweisen.

Ein weiterer Aspekt der individuellen Kompetenzzumutung wird deutlich, wenn man berücksichtigt, daß die psychosoziale Versorgung, in die psychologische Praxis weitgehend eingebunden ist, durch die Ambivalenz von Unterstützung und Kontrolle oder - um mit Habermas (1988, 531) zu sprechen - von "Freiheitsverbürgung und Freiheitsentzug" charakterisiert ist. Denn für die, die unter dem Druck einer nicht einzulösenden Fremd- und Selbsterwartung individueller psychologischer Kompetenz stehen, liegt bspw. eine Vermeidung von Konflikten mit Auftraggebern über den gemäß den Bedürfnissen des Klienten ggf. unangemessenen Auftrag durchaus nahe, so daß unter dieser Voraussetzung mit zunehmender Eingebundenheit der psychosozialen Berufe in staatliche Institutionen die Gefahr des Durchschlagens ordnungspolitischer

Gesichtspunkte im Gewande individueller Unterstützung wächst. (Dies mag aus einer Formulierung erhellen, mit der in einer Fachleute-Konferenz Maßnahmen gegenüber Schulkindern, die als unangepaßt galten, mit deren eigenem "Integrationsbedarf" begründet wurden [vgl. zur Analyse psychologisch-professioneller Sprachformen ["Psychoslang"] auch Ulmann, 1989].)

Ein zusätzliches Ausbildungsproblem besteht in dem die Alternative 'Spezialisierung vs. Überblick' im Hauptstudium komplizierenden Umstand, daß die psychologische Berufspraxis in den letzten Jahren erheblich diversifiziert wurde, PsychologInnen mit den verschiedensten Aufgaben in den verschiedensten Bereichen und Institutionen betraut werden, so daß sich auch diesbezüglich das Problem der Selektion des Studienangebots verschärft. Die Frage nach der inhaltlichen Relevanz der auszuwählenden psychologischen Ansätze, das durch die akademische Psychologie zum Bruch verschärfte Theorie-Praxis-Verhältnis, die Gesellschaftlichkeit psychischen Leidens, die Personalisierung des Relevanzproblems, die gesellschaftlich-politische Ambivalenz der psychosozialen Versorgung und die Diversifikation psychologischer Tätigkeit markieren nach dem Gesagten Grundprobleme psychologischer Ausbildung. Da es samt und sonders in Entwicklungsstand und Spezifik des Fachs begründete Probleme sind, können sie auch nicht einfach über die Organisation des Studiums gelöst werden. Die Frage ist eher, wie mit ihnen umzugehen ist. Hierzu will ich einige Überlegungen, beschränkt auf das Hauptstudium, vortragen. Diese Überlegungen beziehen sich einerseits auf die Frage, wie der verallgemeinerte Ausbildungsanspruch mit der Diversifikation der Praxis ins Verhältnis gesetzt werden kann, also ob und wie exemplarisches Lernen möglich ist, und zum anderen darauf, wie Praxisprobleme auf das Fach 'Psychologie' bezogen werden können. (Beide Fragestellungen implizieren übrigens eine Absage an jene Vorstellungen, die den Theorie-Praxis-Bruch gleichsam ontologisieren und die Studierenden schon in der Studienorganisation nach [zukünftigen) PraktikerInnen und TheoretikerInnen sortieren und auseinanderdividieren zu müssen meinen.)

Wenn es zutrifft, daß die genannten Probleme in Spezifik und Entwicklungsstand unserer Disziplin begründet sind und damit in der Ausbildung nicht voluntaristisch 'übersprungen' werden können, müssen sie als Probleme Gegenstand der Ausbildung im Hauptstudium sein. Das heißt, daß die Relation individuell möglicher Kompetenz der PsychologInnen zur Ausweisbarkeit der Relevanz des Faches Psychologie für die psychologische Praxis in ihren verschiedenen Dimensionen theoretisch zu thematisieren und praktisch zu erfahren sein muß. Ersteres bedeutet, praktische Probleme und Denkweisen der Praxis auf psychologische Theorien zu beziehen und ihr Verhältnis zu reflektieren, zweiteres, dem Hauptstudium insofern einen Forschungscharakter zu geben, als es möglichst projektförmig und praxisforschungs-bezogen zu organisieren ist.

Grundsätzlich meint Praxisforschung im psychosozialen Bereich, Praxisprobleme in empirische Forschungsfragen zu überführen (etwa Heiner, 1988), die von Evaluationsstudien (etwa

Nielsen et al., 1986) über weiter- und fortbildungsbezogene Modellversuche (etwa Filsinger & Kleiber, 1987) bis hin zu einzelfallbezogenen Mikroanalysen (etwa Markard & Holzkamp, 1988) reichen. Nach unseren Erfahrungen (ebd.) bieten gerade solche Mikroanalysen die Möglichkeit, mit PraktikerInnen zusammen ihre professionellen Bewältigungsstrategien aufzuschlüsseln und auf die verschiedenen Kompetenzerwartungen, -zumutungen und -konzeptualisierungen hin zu analysieren. An solchen Mikroanalysen können sich auch universitäre Ausbildungsprojekte orientieren (Fahl & Markard, i.Dr.). Unser Ausbildungsprojekt ("Arbeit und Persönlichkeitsentwicklung") ist darüber hinaus mit einem einschlägigen Forschungsprojekt "Analyse psychologischer Praxis" verbunden und soll demnächst in ein forschungsbezogenes Wahlpflichtfach "Praxistheorien" integriert werden. Um die in einem solchen Ausbildungsprojekt gegebenen Möglichkeiten und Schwierigkeiten zu skizzieren, seien zunächst einige Aspekte der genannten Mikroanalysen angeführt.

Gemäß der hier nicht weiter erläuterbaren kritisch-psychologischen Konzeption einer Psychologie vom Standpunkt des Subjekts (Holzkamp, i.Dr.) zur Herausarbeitung und Realisierung lebensweltlicher Handlungsmöglichkeiten stehen dabei die PraktikerInnen nicht auf der Gegenstandsseite. "Vielmehr ist es die subjektive Erfahrungsweise objektiver gesellschaftlicher Handlungsmöglichkeiten und -beschränkungen, die den 'Gegenstand' der Subjektwissenschaft ausmacht, wobei also die 'Subjekte' als Ursprung solcher Erfahrung nicht auf der Gegenstandsseite, sondern auf der Seite der 'Forschenden', d.h. des Wissenschaftssubjekts, stehen." (Holzkamp 1988a, 315)

Welche - gerade unter Ausbildungsgesichtspunkten relevanten - Welt- und Selbsterfahrungen in den genannten Mikroanalysen akzentuiert werden, ergibt sich, wenn man sich klarmacht, daß - auch wenn die theoretische Fundierung psychologischer Praxis weitgehend Desiderat ist - die PraktikerInnen gleichwohl auf der Grundlage von Theorien handeln, da theorieloses Handeln nicht möglich ist (Holzkamp, 1988 b). Diese Handlungs-Theorien sind allerdings erst zu explizieren - aus einem Konglomerat aus akademischen bzw. klinischen Theorien und Handlungsanweisungen, überindividuellem Handlungs- und Erfahrungswissen (sog. "Schienen", bei betreuten Mutter-Kind-Wohnmöglichkeiten ist die "Frauenhausschiene" der Ausschluß von Männern) und individuellen Erfahrungen und Vorstellungen. An diesem Praxiswissen ist wesentlich, daß es Erfahrungen mit jenen fachlichen und gesellschaftlichen Widersprüche enthalten muß, die sich bislang einer theoretisch ausgewiesenen praxisförderlichen Konzeptualisierung entziehen (ebd.). Andererseits ist wegen der Brisanz der damit verbundenen Probleme und Funktionalitäten davon auszugehen, daß die Darstellbarkeit dieses Wissens dynamischen Einschränkungen unterworfen ist, womit seine Darstellung gleichzeitig tendenziell auch eine Abwehr des Dargestellten mit sich bringt. (So ist kaum zu erwarten, daß die potentielle Fälschung von Testresultaten [durchaus zugunsten etwa eines Schülers] als [standes-ideologisch natürlich geleugneter] Realaspekt des sog. klinischen Urteils und Bestandteil von

Praxiswissen auch Bestandteil unbeschwerter Reporte dieses Praxiswissens ist [vgl. Markard, 1989].) Insofern setzt die Analyse von Praxiswissen eine vertrauensvolle Kooperation zwischen außerhalb und innerhalb der Universität Arbeitenden voraus, ein Erfordernis, das zuweilen schwer oder kaum zu realisieren ist - u.a. explizit wegen der Erfahrung, daß psychologische Forschung sich kaum um die Interessen der 'Beforschten' schert und letztere auf die Konsequenzen der sie betreffenden Forschung kaum Einfluß haben: Und als PsychologInnen wissen sie ja, wovon sie reden.

In dem an der angerissenen Forschungskonzeption orientierten Ausbildungsprojekt sind das Medium der studentischen Erfahrungsbildung und damit die Form der Organisierung der theoretisch zu analysierenden Empirie Praktika, die, soweit möglich, bei PraktikerInnen stattfinden, die im Forschungsprojekt mitarbeiten. Unter dieser Voraussetzung sind nämlich allen Beteiligten die grundsätzlichen Fragestellungen und Herangehensweisen schon vertraut, so daß die genannten Kooperationsprobleme weniger gravierend sind (und auch die unterschiedlichen Sichtweisen auf die im Laufe des Praktikums herausgehobenen Fragestellungen und Probleme eher miteinander konfrontiert werden können). Hier gleichwohl (bzw. unter weniger günstigen Bedingungen) bestehende Erkenntnisbeschränkungen können z.B. dadurch gemildert werden, daß die PraktikantInnen zunehmend eigenständig Aufgaben übernehmen und sich dann in Diskussionen mit den PraktikerInnen beurteilen und kritisieren lassen, wobei sich an diesen Kritiken - unterstützt durch im Praktikum systematisierte teilnehmende Beobachtung - die Dimensionen der Kritik und damit der Praxisvorstellungen herausarbeiten lassen sollen, so daß auch auf diese Weise die Studierenden von dem Erfahrungswissen der PraktikerInnen lernen können. Außerdem werden auch in dem Maße, in dem eigene Arbeitserfahrungen der PraktikantInnen zur Diskussion und Disposition stehen können, ausbildungsrelevante Praxisaspekte thematisiert. (Soweit möglich, wird die Zusammenarbeit übrigens durch Projekt-Lehraufträge an PraktikerInnen intensiviert.)

Entscheidend für die (im universitären Rahmen - z.T. wiederum zusammen mit den PraktikerInnen - unterstützten und systematisierten) Analysen ist es, daß die thematisierten Erfahrungen auf die institutionellen Settings, in denen sie stattfinden, und auf die den PraktikerInnen und PraktikantInnen zur Verfügung stehenden oder gestellten theoretischen Angebote im o.g. Sinne bezogen werden. Eine der Grundlagen für diese Analyse stellt das "Praxis-Portrait" (Markard & Holzkamp, 1989) dar, in dem in Auswertung eines einschlägigen Forschungsprojekts Dimensionen zur Aufschlüsselung des Zusammenhangs individueller und institutioneller Reproduktion in psychologischer Berufstätigkeit herausgearbeitet wurden.

Die Analyseresultate bestehen in der (hypothetischen) Formulierung von Prämissen-Gründe-Zusammenhängen (vgl. Markard, 1991). Diese Form des Analyseresultats trägt der subjektwissenschaftlichen Akzentuierung des Umstandes Rechnung, daß für das Individuum (also auch für in der Praxis berufstätige Psycholog-

Innen) seine Lebenswelt in sachlich-sozialen Weltgegebenheiten existiert, die in ihren darin enthaltenen Bedeutungszusammenhängen Handlungsmöglichkeiten repräsentieren. Diese Handlungsmöglichkeiten werden dann für das einzelne Individuum zu 'Prämissen', wenn es im Zuge gegebener Lebensproblematiken aus subjektiven Lösungsnotwendigkeiten heraus Handlungsintentionen entwickeln muß. Prämissen meinen also Handlungsmöglichkeiten, konkretisiert gemäß den individuellen Lebensinteressen. Davon hängt ab, was an den gegebenen Bedeutungskonstellationen das Individuum in welcher Weise zu Prämissen seines Handelns macht. Prämissen sind also nicht bloß Aspekte von Bedeutungskonstellationen, sondern - in der Aktualgenese von Interessen begründet - aus diesen 'herausgegliedert'. Entscheidend daran ist, daß mit dieser Begrifflichkeit der Zusammenhang menschlichen Handelns (hier: psychologischer Berufstätigkeit) mit den konkreten Lebensverhältnissen (hier: v.a. den institutionellen Gegebenheiten) <u>vom Standpunkt des Subjekts</u> aus faßbar werden soll. Inwie<u>weit</u> eine Analyse vom Standpunkt des Subjekts methodisch möglich wird, hängt in Ausbildungsprojekten, wie gesagt, auch von der Qualität der Kooperationsmöglichkeiten der Studierenden ab[2].

Auf dieser Grundlage läßt sich auch verdeutlichen, daß die aus diesen Analysen zu gewinnenden Aussagen nicht per se spezifisch nur für den <u>Arbeitsbereich</u> sind, in dem die betreffenden PraktikerInnen bzw. PraktikantInnen arbeiten. Das heißt: Der hypothetische <u>Geltungsbereich</u> der Prämissen-Gründe-Zusammenhänge bestimmt sich nach den darin thematisierten inhaltlichen Dimensionen, deren Spezifik <u>allein</u> für den betreffenden Arbeitsbereich fraglich ist. Aus diesem Grund ist es auch möglich, daß die Praktika der Projektstudierenden je nach Interesse und Kooperationsmöglichkeiten in <u>verschiedenen</u> psychologischen Tätigkeitsbereichen stattfinden. So mag die unsicherheitsreduzierende Funktion von Tests oder die situationsstrukturierende und statt klientInnen- psychologInnenzentrierte Funktion von GT-Techniken im schulpsychologischen Arbeitsbereich (vgl. Andersohn, 1991) analysiert werden - soweit aber diese Funktionen auf theoretische Konzeptionen und subjektive Handlungsnotwendigkeiten bei bestimmten Arbeitsanforderungen in bestimmten institutionellen Settings zu beziehen sind, ist zu erwarten, daß sie überall da gelten, wo diese Anforderungen (etwa große Problemvielfalt) und Settings (etwa Erfolgsdruck bei übergroßer Fallzahl) anzutreffen sind. (Ein Beispiel aus anderen Forschungszusammenhängen wäre auch jene Erklärung des Burnout-Phänomens, daß dieses mit der potentiellen Betroffenheit der PsychologInnen von den Problemen der

---

[2] Die für einen solchen Forschungsprozeß wünschenswerte Einbeziehung von KlientInnen steht bei uns noch sehr in den Anfängen (vgl. Andersohn, 1991); ein systemischer Ansatz in diese Richtung wird am Psychologischen Laboratorium der Universität Kopenhagen unter Leitung von Ole Dreier verfolgt.

KlientInnen zusammenhängt.)

Ausbildungsbezogen intendiert eine solche Konzeption praxisorientiertes, exemplarisches Lernen ohne 'vorzeitiges' spezialistisches Festgelegtwerden auf einen bestimmten Arbeitsbereich mit dem Ziel, die Studierenden darauf vorzubereiten, "sowohl den Zumutungen des Fachs, seine Krisenlasten auf die PraktikerInnen abzuwälzen, als auch dem Ansinnen von AuftraggeberInnen, PsychologInnen für ihre Versäumnisse einspringen zu lassen, als auch den Erwartungen von Betroffenen, ihre Lebensführung an die PsychologInnen delegieren zu können, argumentativ Widerstand entgegensetzen" zu können (Markard, i.Dr.).

Für die auf dieser Grundlage sich ergebenden Handlungsmöglichkeiten mag ein Fall stehen, in dem eine Schülerin wegen elektiven Mutismus in der Schule von der Lehrerin zu einer Erziehungsberatungsstelle geschickt wurde: Wegen des ein Jahr später beginnenden Englischunterrichts und der dabei als erforderlich angesehenen mündlichen Leistungen war die Lehrerin des Kindes von der Schulleiterin nämlich vor die Alternative gestellt worden: Reden oder Sonderschule. Hier konnte die psychologische Intervention in einer Erziehungsberatungsstelle erst erfolgreich abgeschlossen werden, als der Psychologe die Monate sich hinziehende Behandlung 'am Kind' durchbrach und sozusagen gegenüber der Schulleiterin intervenierte und diese aufforderte, ihren Druck auf die Lehrerin (und damit auf das Kind) aufzugeben.

Das 'Lehrziel' der Möglichkeit zur Aufschlüsselung der theoretisch-praktischen Widersprüche psychologischer Berufstätigkeit und der Funktion psychologischer Theorien darin impliziert allerdings auch die Demokratisierung universitärer Strukturen und eine Berufspolitik, die sich der Ideologie widerspruchsenthobenen psychologischen Expertentums zugunsten der Explikation des Zusammenhangs von Lebensverhältnissen und -problemen entschlägt und damit dem von uns als emanzipatorisch unterstellten Anliegen der Psychologie Rechnung trägt.

Literatur:

Andersohn, T. 1991. Die Bewältigung der Fremdanforderung an psychologisches Expertentum durch die Anwendung der "GT" -Techniken und deren Folgen am Beispiel der Arbeit einer Schulpsychologin - oder: Die PsychologInnenzentriertheit der "Klientenzentrierten Gesprächspsychotherapie". Unveröffentlichte Diplomarbeit am Psychologischen Institut der FU Berlin.

Bonß, W. & Hartmann, H. (Hrsg.) 1985. Entzauberte Wissenschaft. (Soziale Welt Sonderband 3). Göttingen.

Fahl, R. & Markard, M. (i.Dr.). Zur Forschungspraxis der Praxisforschung. Beitrag auf dem Kongreß der GkPP in Wien, März 1991 (erscheint im Kongreßbericht Ende 1991)

Filsinger, D. & Kleiber, D. 1987. Abschlußbericht des Modellversuchs "Fachkräfte für eine psychosoziale Versorgung". Berlin: Zentrale Universitätsdruckerei (der FU Berlin).

Graumann, C.F. 1991. Phänomenologie und Psychologie - ein problematisches Verhältnis. In: Herzog, M. & Graumann, C.F. (Hrsg.), Sinn und Erfahrung - Phänomenologische Methoden in den Humanwissenschaften. Heidelberg: Asanger, 22 - 42.

Habermas, J. 1988. Theorie kommunikativen Handelns. Bd. 2: Zur Kritik funktionalistischer Vernunft. Frankfurt/M.: Suhrkamp.

Haisch, J. 1983. Bedingungen der Anwendung sozialpsychologischen Wissens aus Fragestellungen der Praxis: Methodologische Regeln. In: Haisch, J. (Hrsg.) Angewandte Sozialpsychologie. Bedingungen, Möglichkeiten und Ergebnisse der praktischen Anwendung sozialpsychologischer Theorien. Bern, 11 - 22.

Heiner, M. (Hrsg.) 1988. Praxisforschung in der sozialen Arbeit. Freiburg.

Holzkamp, K. 1983. Grundlegung der Psychologie. Frankfurt/M.: Campus.

Holzkamp, K. 1988a. Die Entwicklung der Kritischen Psychologie zur Subjektwissenschaft. In: Rexilius, G. (Hrsg.), Psychologie als Gesellschaftswissenschaft. Opladen: Westdeutscher Verlag, 298 - 317.

Holzkamp, K. 1988b. Praxis: Funktionskritik eines Begriffs. In: Dehler, J. & Wetzel, K. (Hrsg.), Zum Verhältnis von Theorie und Praxis in der Psychologie, Marburg: va&g, 15 - 48.

Holzkamp, K. (i.Dr.). Was heißt "Psychologie vom Subjektstandstandpunkt"? - Überlegungen zu subjektwissenschaftlicher Theoriebildung. (Erscheint in: Forum Kritische Psychologie 28).

Jaeggi, E. 1989. Psychologen - die nichtidentifizierbaren Wesen. Unveröffentlichtes Manuskript, Institut für Psychologie, TU Berlin (zit. nach Legewie, 1990, Argumente für eine Erneuerung der Psychologie. In: Initiative für eine Erneuerung der Psychologie, 3 - 11, hier: 10).

Keupp, H. & Kardorff, E. 1980. Psychosoziale Basisqualifikationen. Mitteilungen der DGVT, 12, 649 - 672.

Kleiber, D. 1989. Forschungsstrategien für die psychosoziale Praxis. Strategien einer praxisdienlichen Forschung. In: Beerlage, I. & Fehre, E.-M. (Hrsg.), 193 - 203.

Kosik, K. 1967. Die Dialektik des Konkreten. Frankfurt/M: Suhrkamp.

Markard, M. 1989. Funktion(en) von Theorie für die Praxis. Forum Kritische Psychologie 24, 37 - 47.

Markard, M. 1991. Methodik subjektwissenschaftlicher Forschung. Jenseits des Streits um quantitative und qualitative Methoden. Hamburg: Argument.

Markard, M. (i.Dr.). Was heißt "Kompetenz" für psychologische Berufstätigkeit? (Erscheint in: Forum Kritische Psychologie 28).

Markard, M. & Holzkamp, K. 1988. Praxisportrait - ein Leitfaden für die Analyse psychologischer Berufstätigkeit. Forum Kritische Psychologie 23, 5 - 49.

Nielsen, H., Nielsen, K. & Müller, C.W. 1986. Sozialpädagogische Familienhilfe. Probleme, Prozesse und Langzeitwirkungen. Weinheim.

Rijsman, J. & Stroebe, W. 1989. Introduction: The two Social Psychologies or whatever happened to the crisis. European Journal of Social Psychology, 19, 339 - 343.

Ulmann, G. 1989. Gedanken beim Lesen von Praxisberichten - Menschen in Schubladen sperren zwecks Bearbeitung? Forum Kritische Psychologie 24, 111 - 132.

Zeitschrift für Sozialpsychologie. 1986. Thematischer Schwerpunkt: Wieweit können sozialpsychologische Theorien experimentell Überprüft werden? Band 17, H.4, 216 - 254.

Relevanz der Dokumentationsdienste für die Aus-, Fort- und Weiterbildung in Psychologie

Wissenschaftsgeschichtlicher Bezug und einführendes Beispiel

Jürgen Beling

Es wird wohl jeder, den man fragt, ob denn Literaturarbeit für die Fort- und Weiterbildung von Bedeutung sei, dies bejahen. Natürlich ist es gerade die berufliche Weiterbildung, bei der man zunehmend darauf angwiesen ist, von anderen Geschriebenes, Exzerpiertes, Zusammengefasstes zur Verfügung zu haben. Unser Wissenschaftssystem ist heutzutage eben davon geprägt, auf vielen Einzelleistungen zu basieren. Diese Tatsache zeigt sich in der exponentiell steigenden Zahl der Veröffentlicheungen, die das Wissen in immer kürzeren Zeitabständen sich verdoppeln läßt.

Es ist also eine triviale Feststellung, daß man den Strom des laufend produzierten Wissens wahrnehmen und aufnehmen muß, will man erfolgreiche Fort- und Weiterbildung betreiben.

Daß diese notwendige Rezeption des früheren Wissensstandes in der wissenschaftlichen Ausbildung heutzutage ernster genommen wird, spiegelt sich auch schon darin, daß es zunehmend wichtiger wird, den Umfang der Literatursuche in den Studienarbeiten und Veröffentlichungen anzugeben. So liest man häufiger nicht mehr nur "... beim Studium der Fachliteratur der letzten Jahre zeigt sich..." sondern zunehmend Hinweise der Art "... eine systematische Literatursuche unter Einbeziehung der Datenbanken xyz ...". Hier scheint ein Trend sichtbar zu werden, wie er sich im Zuge der Professionalisierung auch für andere Bereiche abgespielt hat. Man denke etwa an die Angaben zur statistischen Auswertung - heute gehört die Nennung des Verfahrens und eine Skizzierung der Basisdaten selbstverständlich zu einer Veröffentlichung; früher hieß es mitunter nur "... eine statistische Analyse hat gezeigt ..." - manchmal ist das heute noch der Stil in medizinischen Arbeiten. Wenn das also so ist - wie kann dann eine systematische Literaturarbeit im Rahmen der Aus- und Weiterbildung gestaltet werden?

Es reicht nicht mehr hin, sich mit den klassischen Methoden der persönlichen Kontakte und des Literaturstudiums aus Zeitschriften zu informieren. Die wissenschaftliche Gemeinschaft hat sich daher Werkzeuge geschaffen, die helfen sollen - wie aus Grafik 1 (nach de Solla-Price, 1966) hervorgeht:

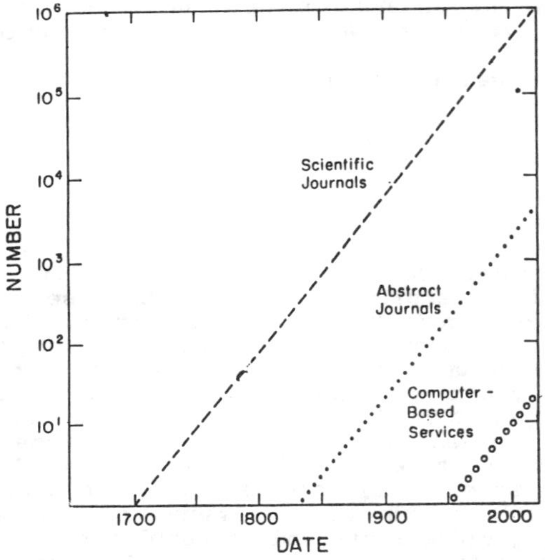

Abbildung 1
Zahlenmäßige Zunahme von Zeitschriften, Referatediensten, Datenbanken

Weniger um Referatedienste - obwohl diese wie etwa unser "Psychologischer Index" eine hervorragende Möglichkeit bieten, sich über neu erscheinende Lietratur zu informieren - geht es im folgenden, sondern um Datenbanken mit ihren Informationsmöglichkeiten. Benötigt man für die Arbeit mit Referatediensten - etwa den Psychological Abstracts, dem Psychologischen Index - nur einen gut beleuchteten Arbeitsplatz (beim Sommerwetter dieses Jahres vielleicht auch einen Liegestuhl im Garten), so ist die Nutzung von Datenbanken nicht so einfach, wir sind auf die Computertechnik angewiesen.

Wenn wir zunächst einmal das Wie dieses Zugriffes auf Datenbanken weglassen, so können wir uns mit einigen wenigen Schriften ein Bild zu machen versuchen, wie so ein Zugriff aussehen kann.

Um für das Thema der "Prävention von AIDS" Literatur nachgewiesen zu erhalten, haben wir uns mit dem Host-Computer (Host-Computer - sind die auf das Halten von Literaturdaten spezialisierten Computerzentren) des Deutschen Institutes für Medizinische Dokumentation und Information (DIMDI) verbunden. Nach dem Aufruf von CALL INDEX läuft (verkürzt) folgendes ab (siehe Abb. 2):

```
call index
GRIPS-Index

 1+ Sprechen Sie Deutsch?
 2  Do you speak English?

Bitte wählen Sie aus / Please select:

GRIPS-Index
Bitte wählen Sie einen der beiden Bereiche aus, den die
Datenbankgruppen abdecken sollen:

 1+ Medizinische Datenbanken
 2  Biologie/Toxikologie/Agrarw./Andere

Bitte wählen Sie aus:


GRIPS-Index: Datenbankauswahl über Suchformulierung
Bitte geben Sie ihr FIND-Kommando ein:
FIND

aids and all prevent?

GRIPS-Index: Datenbankauswahl über Suchformulierung
FIND AIDS AND ALL PREVENT? liefert folgendes Ergebnis:
 11 AX80 AIDSLINE             :    6.009 Zitate
 12 A184 AIDS                 :    2.312 Zitate
 13 EM74 EMBASE               :    2.172 Zitate
 14 BA70 BIOSIS PREV AB       :    1.011 Zitate
 15 IS74 SCISEARCH            :      920 Zitate
 16 SM78 SOMED                :      374 Zitate
 17 SA63 SOCIOLOGICAL ABSTR   :      234 Zitate
 18 SI45 SOLIS                :       28 Zitate
 19 PY81 PSYNDEX              :      277 Zitate
 20 BE73 BIOETHICSLINE        :       59 Zitate
 21 CA79 CATLINE              :      156 Zitate
 22 BH87 AIDS NEWSLETTER-BH   :      648 Zitate
 23 IN73 SOCIAL SCISEARCH     :      188 Zitate
 24 FI78 FORIS                :        0 Zitate
Wählen Sie eine Datenbank aus oder
1+neue Indes-Suche     2 GRIPS
```

Abbildung 2
Aufruf von CALL INDEX, "AIDS and all prevent?"

Bedenken Sie bitte, daß hier schon mittels der Boole'schen Funktion UND eingeschränkte Mengen vorliegen, die Literatur zu

AIDS (natürlich hauptsächlich medizinische) ist sehr viel umfangreicher. Wir entdecken auch die Datenbank PSYNDEX mit der deutschsprachigen psychologischen Literatur in den aufgezählten möglichen Datenbanken, und wählen diese im System an (siehe Abb. 3):

```
?
find pps=aids

1.00  NUMBER OF HITS IS  776
?
extract f=au;sample=776

DAMPLE=776 RECORDS PROCESSED
775 TERMS EXTRACTED
771 TERMS SELECTED
S=         HITS FREQ RELEV      TERN
  2.01     68   68   7          AU=BUNDESGESUNDHEITSAMT
  2.02     15   15   2          AU=WORLD HEALTH ORGANIZATION
  2.03     11   11   1          AU=KOCH MICHAEL G
  2.04     10   10   1          AU=JAEGER HANS
  2.05     25   12   1          AU=SIGUSCH VOLKMAR
  2.06      9    9   1          AU=WELTGESUNDHEITS-ORGANISATION
  2.07      7    7   1          AU=BECKER-KOLLE CHRISTEL
  2.08      7    7   1          AU=VELIMIROVIC BORIS
  2.09     13    8   1          AU=DUNDE SIEGFRIED R
  2.10      6    6   1          AU=FROESNER GERT G
  2.11      5    5   1          AU=GOEBEL FRANK D
  2.12      5    5   1          AU=JAEGER-COLLET BERNADETTE
  2.13      5    5   1          AU=L'AGE-STEHR JOHANNA
  2.14      5    5   1          AU=RUNKEL GUNTER
MORE
2.04!C
```

<u>Abbildung 3</u>
Aufruf von BASE PSYNDEX, Extrakt-Formulierungen zur Feststellung der häufigsten Autoren zu einem Thema

Das Stichwort AIDS liegt hier als Preprocessed Search vor und verzeichnet einen Tally (Häufigkeit) von 776 Literaturnachweisen. Einige wenige weitere Befehle zeigen uns, wer im deutschen Sprachraum über das Thema schreibt. Werden die beiden ersten Einträge nicht beachtet, so haben wir hiermit gleichzeitig die "Experten" aus diesem Bereich; ein ganz ähnliches Kommando für einen dieser Autoren angewendet, erbringt seine institutionelle Affiliation und mit Hilfe der Telefonauskunft auch den persönlichen Kontakt. Die wichtigsten Zeitschriften, in denen zum Thema veröffentlicht wird, lassen sich so gleichfalls feststellen. Ebenso die Dokumente selbst. Wir haben hiermit in einer Datenmenge von über 60 000 Dokumenten gesucht, die sich auf die psychologische Literatur aus den deutschsprachigen Ländern erstrecken. Der Auswertungsbeginn liegt bei 1977, also haben wir bald 25 Jahre psychologischer Veröffentlichungen im Zugriff.

Nachdem hiermit nun deutlich wurde, was möglich ist, sollen die Voraussetzungen zur Nutzung angesprochen werden. Das hat eine Seite, die Motivation, Einschätzung und Gewohnheit betrifft. Traditionell werden Datenbanken oder Dokumentationsdienste bei der Informationsbeschaffung als weniger wichtig eingestuft. Das wird auch in Abb. 4 deutlich, die eine Rangordnung der Einschätzung von Informationsquellen nach ihrer Wichtigkeit zeigt.

Wichtigkeit von Informationsquellen

Rangordnung:

Kollegengespräche
Fachbücher
Handbibliothek
Fachzeitschriften
Workshops
Tagung/Kongreß
Literaturkartei
Datendatei
Literaturverwaltungssystem
Referatedienste
Externe Datenbanken
IuD-Stelle (Betrieb)
IuD-Stelle (extern)

Befragung von ABO-Psychologen 1989

<u>Abbildung 4</u>
Informationsquellen von ABO-Psychologen

Diese (für eine Dokumentationsstelle wenig schmeichelhaften) Ergebnisse zeigen, daß die traditionelle Art und Weise der Informationsbeschaffung immer noch sehr hoch im Kurs steht. Wir wollen uns im folgenden dennoch um diejenigen kümmern, die moderne technische Verfahren einsetzen wollen.

Technische Voraussetzungen

Literatursuchen durchführen lassen

Eine andere Seite sind demnach dann technischen Voraussetzungen. Manchem liegt es nicht, sich mit der Computertechnik in Form eines PC's zu befassen, mancher hat nicht die Möglichkeit, mit so einem Gerät zu arbeiten. In diesem Fall kann man sich an eine Informationsvermittlungsstelle wenden, sehr häufig mittlerweile in Bibliotheken verfügbar. Auch die ZPID - die Abkürzung für "Zentralstelle für Psychologische Information und Dokumentation" - kann Suchen durchführen, vielen sind die Literaturanfragebögen der ZPID ja auch bekannt (siehe Abb. 5):

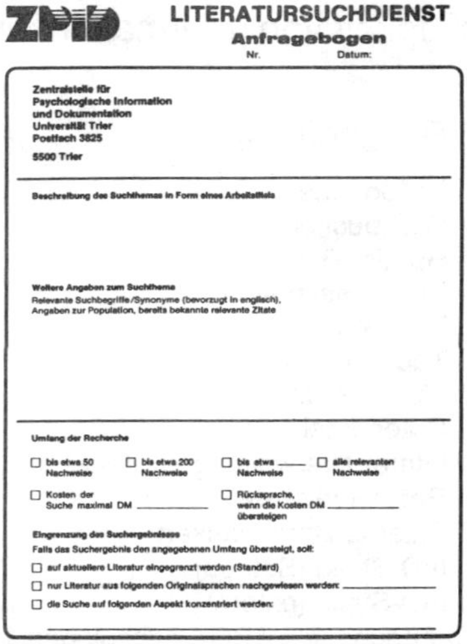
ZPID LITERATURSUCHDIENST
Anfragebogen
Nr. Datum:

Zentralstelle für
Psychologische Information
und Dokumentation
Universität Trier
Postfach 3825
5500 Trier

Beschreibung des Suchthemas in Form eines Arbeitstitels

Weitere Angaben zum Suchthema
Relevante Suchbegriffe/Synonyme (bevorzugt in englisch), Angaben zur Population, bereits bekannte relevante Zitate

Umfang der Recherche

☐ bis etwa 50 Nachweise ☐ bis etwa 200 Nachweise ☐ bis etwa ____ Nachweise ☐ alle relevanten Nachweise

☐ Kosten der Suche maximal DM ________ ☐ Rücksprache, wenn die Kosten DM ________ übersteigen

Eingrenzung des Suchergebnisses
Falls das Suchergebnis den angegebenen Umfang übersteigt, soll:
☐ auf aktuellere Literatur eingegrenzt werden (Standard)
☐ nur Literatur aus folgenden Originalsprachen nachgewiesen werden: ________
☐ die Suche auf folgenden Aspekt konzentriert werden:

<u>Abbildung 5</u>
Literaturanfragebogen der ZPID

Literatursuchen selber durchführen

Viele reizt es aber auch, selbst in Literaturdatenbanken zu suchen. Stichworte in diesem Zusammenhang sind PC, DFÜ und neuerdings CD ROM. Diese Abkürzungen bedeuten Personal Computer, Datenfernübertragung und Computer Digital Read Only Memory, besser bekannt in der Form der Audio-CD's, die technisch sehr ähnlich aufgebaut sind. Einen Einblick in die Verfügbarkeit solcher Geräte am Arbeitsplatz von ABO-Psychologen gilt Abb. 6:

Verfügbare Informationstechnik am Arbeitsplatz

Gerät	Prozentsatz
Personal Computer (PC)	64
Telefax	44
Telex	38
PC mit DFÜ	21
Teletex	17
BTX	18
Datenterminal mit DFÜ	3
CD ROM	1

Befragung von ABO-Psychologen, 1989

Abbildung 6
Informationstechnik am Arbeitsplatz von ABO Psychologen

Online-Verbindung

Viele wissenschaftliche Mitarbeiterinnen und Mitarbeiter haben eine spezifische Affinität zu diesen technischen Geräten. Für diese Personen stellen Online-Zugriffe auf psychologische Literaturdatenbanken kein großes Problem dar, läuft es doch vergleichbar mit der beliebten Nutzung von Electronic Mail ab.

Online-Verbindungen - die vorhin gezeigt Beispiele stammen aus solchen Zugriffen - erfordern neben dem PC mit einer Kommunikationssoftware ein Modem, ersichtlich in Abb. 7:

Zugriff auf PSYNDEX

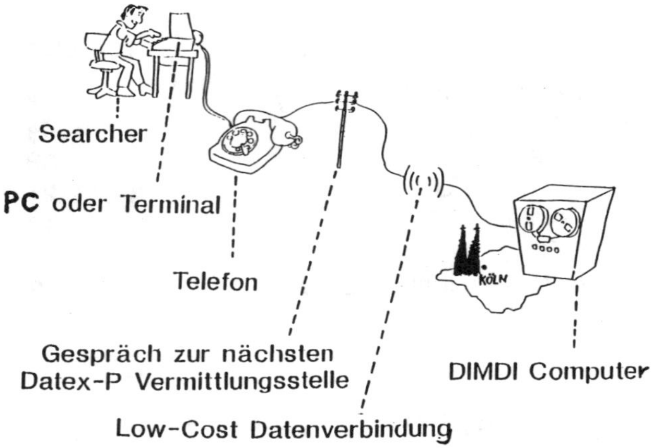

Abbildung 7
Schema eines Online Zugriffes

Dazu ist es erforderlich, einen Nutzungsvertrag mit dem DIMDI abzuschließen. Die Kenntnis der Retrievalsprache GRIPS, die mit knapp einem Dutzend Befehlen schon sehr stark nutzerorientiert ist, wird zunehmend weniger wichtig: Menügeführte Suchen erlauben auch Anfängern auf Anhieb erfolgreiche Suchen. Solche Menüführungen bieten mittlerweile viele Hosts.

Für besonders Interessierte sei gesagt, daß solche Interfaces zugänglich sind über einen Direktanschluß über das DATEX-P Netz, über eine MAILBOX (z.B. Geonet); Bildschirmtext läßt sich verwenden, auch ein CompuServe-Anschluß mit seiner sicher funktionierenden Software für diverse Zugänge ermöglicht den Zugriff auf z.B. PsycInfo. PSYNDEX wird auf diese Weise täglich einige Stunden abgesucht. In Abb. 8 sind einige Zugriffsdaten des letzten Jahre aufgeführt. 582 Stunden wurde online in PSYNDEX gesucht, 135 000 Nachweise erschienen Lesenden auf Bildschirmen oder in gedruckter Form.

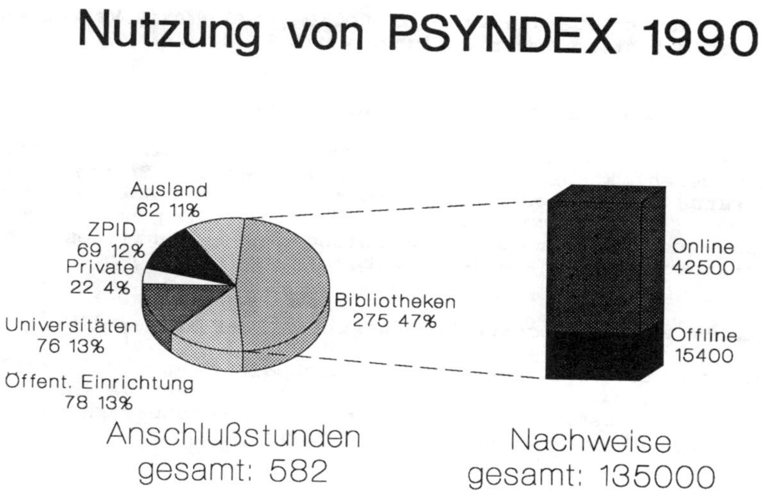

Abbildung 8
Nutzung der Datenbank PSYNDEX 1990

CD ROM

Ein zeitgemäßer Zugriff auf Datenbanken ist mit der CD ROM Technik möglich. Die außerordentlich hohe Informationsdichte dieses Mediums erlaubt es, ganze Datenbanken, die das zehnfache von PSYNDEX mit seinen 60.000 Dokumenten samt englischen und deutschen Kurzzusammenfassungen umfassen, auf einer Scheibe unterzubringen. Dabei handelt es sich hier um ein Publikationsmedium - diese Scheibe kostet in der Herstellung nur ein paar Mark, im Abonnement leider derzeit das tausenfache. Solche Preise spiegeln also mehr die Marketingerfordernisse als die tatsächlichen Kosten, was sich hoffentlich ändern wird.

Das Suchen in diesen CD ROM-Datenbanken ist einfach und schnell durchzuführen; ausführliche Hilfemöglichkeiten stehen zur Verfügung.

Einige Vorteile für Ausbildungszwecke

Individuelle Literaturzusammenstellungen

Es dürfte deutlich geworden sein, daß für Ausbildungszwecke die Erstellung von Literaturzusammenstellungen ein rasches, einfaches und verläßliches Verfahren darstellt. In der ZPID merken wir an der großen Zahl der Diplomanden und Doktoranden, die eine retrospektive Literaturanfrage stellen, daß dieses Verfahren zur Literatursichtung immer üblicher wird.

Einfache Auswertungen von Literaturnachweisen

Auch einfache Auswertungen von Literaturdaten sind möglich. Mit einem Befehl können z.B. die Häufigkeiten des Erscheinens von Literatur zum Stichwort "Cognition" im Titel der Dokumente in den Jahren 1966 bis zur Gegenwart in einem Diagramm ausgegeben werden, um die zunehmende Bedeutung dieses Begriffes für die Literaturproduktion in den letzten Jahren zu zeigen.

Vorteile von Datenbanksuchen im Kontext der Weiterbildung

Drei Aspekte im Kontext der berufsbegleitenden Weiterbildung möchte ich anführen. Es geht um die laufende aktive Information durch einen Host, um Möglichkeiten der Literaturversorgung und die Pflege eigener Literaturverwaltungssysteme.

SDI

Hinter dem Begriff "Selective Dissemination of Information" steht eine Möglichkeit des "Druckens in der Zukunft". So ist es möglich, durch einen speziell parametrisierten Druckauftrag an den Host-Computer zu verlangen, daß bei jedem Neuzugang von Daten, die in Form eines sogenannten meist monatlichen "Updates" erfolgen, diese Daten mit der abgespeicherten Suchanfrage abgeglichen und die zutreffenden Dokumente automatisch dem Anfragenden zu sehr moderaten Preisen zugestellt werden. Auf diese Weise ist eine laufende Information über neue Literatur gewährleistet. Dies ist sicherlich eine empfehlenswerte Methode, sich für ein Forschungsprojekt laufend auf dem aktuellen Stand der Forschung halten zu lassen; in den Verwaltungsarchiven der ZPID finden sich SDI's, die schon viele, viele Jahre laufen und immer wieder verlängert werden.

Literaturbestellung

Mitunter bestehen bei der aktuellen Weiterbildung Schwierigkeiten, sich mit der Originalliteratur zu versorgen. Diese üblicherweise von den Bibliotheken durchzuführende Aufgabe kann in manchen Praxisstellen schwer realisierbar sein, obwohl vermutlich bekannt ist, daß der Fernleihdienst auch über lokale Stadtbibliotheken für die Beschaffung wissenschaftlicher Literatur zuständig ist. Wenn Kosten nicht die primäre Rolle spielen, kann man sich mit dem ORDER-Kommando des DIMDI Orignalliteratur von diversen "Suppliern" zuschicken lassen, bei manchen geht dies auch in Stundenfristen mittels Telefax. Wir hoffen sehr, in naher Zukunft auch das "Sondersammelgebiet Psychologie" für diese Service-Leistung gewinnen zu können.

Wer lieber "zu Fuß geht" kann sich durch einen Host- und

Datenbankwechsel zum "Deutschen Bibliotheks Institut" auch in der ZDB-Datenbank ansehen, welche Bibliothek die gesuchte Zeitschrift abonniert hat.

Schnittstellen zu Literaturverwaltungssystemen

Nur ganz kurz kann ich hier auf die Möglichkeit eingehen, die die Übernahme von Literaturdaten auf den eigenen PC am Arbeitsplatz betreffen. Es ist natürlich möglich, die Ergebnisse von Literatursuchen mittels "Download" mitzuspeichern, um sie in Programmen wie etwa LARS, LIDOS, BIBLIST, LDB, ProCite zum Aufbau persönlicher Literaturdatenbanken zu verwenden. Die Schnittstellen sind hier leider nicht standardisiert, das DIMDI bietet jedoch einen Quasi-Standard an, der die Weiterverarbeitung erleichtert. An formalen Kriterien dieses Formates X kann erkannt werden, welche Daten zu einem Dokument, Feld, Teilfeld oder Unterteilfeld gehören. Dadurch können auch zahlreiche Zeichen bei der Übertragung weggelassen werden, was diese schneller macht. Manche der oben genannten Programme bieten fertige Import-Makros an, die zudem eigene Anpassungsprogrammierung überflüssig machen.

Bringt man nun die erforderlichen Programme zusammen, die für einen gut ausgerüsteten Arbeitsplatz zur systematische Literaturarbeit benötigt werden, so stellt sich neben die Textverarbeitung zum Schreiben das eben erwähnte Literaturverwaltungsprogramm, zur Recherche ist ein Datenübertragungsprogramm vonnöten; wünschbar ist sicher auch eine Einlesemöglichkeit in das Literaturverwaltungsprogramm mittels Scanner-Software und OCR (Optical Character Recognition). Der CD ROM-Spieler muß auch noch seinen Anschluß finden - die damit erreichte Komplexität der verschiedenen Programme macht es nahezu unumgänglich, mit fensterorientierten Zugriffen zu arbeiten, die auch die Schnittstellen- und Austauschproblematik von Daten zwischen Anwendungen vereinheitlichen.

Wenn für alle die genannten Anwendungen einmal solche auf grafischen Benutzeroberflächen basierende Programme zur Verfügung stehen ist auch die Chance größer, mit vernünftigen, die typografisch Mindestanforderungen einhaltenden Bildschirmdarstellungen die Zweifler zu bewegen, sich auch einmal oder vermehrt mit den hier skizzierten Zugriffsmöglichkeiten auf Literaturdaten für die Weiterbildungsaufgaben zu beschäftigen.

Literatur

Solla-Price, D.J. de (1961). Science since Babylon. New Haven: Yale University Press

Erfahrungen aus der postgradualen Weiterbildung von Diplom-Psychologen der Spezialisierungsrichtung Arbeits- und Ingenieurpsychologie

Anna-Marie Metz

In der ehemaligen DDR waren für Arbeits- und Ingenieurpsychologen zwei unterschiedliche postgraduale Studiengänge möglich:
die Weiterbildung zum "Fachpsychologen der Industrie" und die Weiterbildung zum "Fachpsychologen der Medizin/Arbeitshygiene".

1. Weiterbildung zum "Fachpsychologen der Industrie"

1986 installierte die Gesellschaft für Psychologie der DDR einen postgradualen Studiengang, der sich an den Aufgaben der in der Wirtschaft tätigen Psychologen orientierte. Diese Weiterbildung konnte in einem 2-jährigen Studiengang absolviert werden:
Im 1. Weiterbildungsjahr wurde ein 3-Wochen-Lehrgang im Direktstudium an der Sektion Psychologie der Humboldt-Universität angeboten, der der Vertiefung der allgemeinen Fachausbildung diente. In diesen Kurs waren integriert:

A. Allgemeine Psychologie
B. Persönlichkeits-, Sozial- und Entwicklungspsychologie
C. Methodik
D. Psychodiagnostik
E. Statistik

Des weiteren hatten die Teilnehmer sechs Tage aktive Fachweiterbildung im Rahmen von Veranstaltungen der Gesellschaft für Psychologie nachzuweisen. Der dritte Schwerpunkt war das vertiefende Selbststudium sowie eine themengebundene Hospitation in betrieblichen Einrichtungen, bei dort tätigen Psychologen.
Im 2. Weiterbildungsjahr wurde wiederum ein 3-Wochen-Lehrgang im Direktstudium angeboten, der der Vertiefung der speziellen Fachausbildung diente.

Er gliederte sich in einem Grundkurs für alle Teilnehmer und einen wahlobligatorischen Teil, der den Teilnehmern die Möglichkeit bot, zwei von sechs arbeits-, ingenieur- und sozialpsychologischen Spezialkursen zu belegen. Diese Weiterbildung war an der damaligen Sektion Arbeitswissenschaften/ Bereich Psychologie der Technischen Universität Dresden vorgesehen (für die Spezialisierungsrichtung Arbeits- und Ingenieurpsychologie) bzw. an der damaligen Sektion Sozialpsychologie der Friedrich-Schiller-Universität Jena (für die Spezialisierungsrichtung Sozialpsychologie).

In den Grundkurs der speziellen Fachausbildung waren integriert

+ Arbeitswissenschaftliche und betriebswirtschaftliche Grundlagen der Gestaltung automatisierter Produktionssysteme
+ Psychologische Gestaltungsaufgaben der Mensch-Maschine-Funktionsteilung
+ Sozialpsychologische Analyse und Gestaltung von Gruppen in der Industrie.

Die sechs Spezialkurse bezogen sich auf folgende Themen

1. Bewertungs- und Gestaltungsmethoden von automatisierten Fertigungssystemen
2. Psychologische Beiträge zur tätigkeitsbezogenen Qualifizierung
3. Psychologische Fragen der Berufsberatung
4. Theoretische Ansätze und ausgewählte Beispiele des sozialpsy-chologischen Verhaltenstrainings
5. Psychologische Arbeit mit speziellen Zielgruppen, insbesondere Führungskräften
6. Gruppendiagnostik und Gruppenentwicklung.

Auch in diesem 2. Weiterbildungsjahr waren 6 Tage aktive Fachweiterbildung, Hospitationen und Selbststudium gefordert. Außerdem hatte der Teilnehmer eine Belegarbeit aus seinem Einsatzgebiet anzufertigen und sie vor einem Fachgremium zu verteidigen.

Nach erfolgreichem Abschluß der Weiterbildung erhielt der Teilnehmer ein "Zeugnis über den Fachabschluß im postgradualem Studium für das Gebiet 'Arbeits-/Ingenieurpsychologie'" bzw. 'Sozialpsychologie' und hatte damit das Recht, ergänzend zu seiner Berufsbezeichnung den Titel "Fachpsychologe der Industrie" zu führen.

Die postgraduale Weiterbildung zum "Fachpsychologen der Industrie" hatte eine relativ geringe Akzeptanz. Das dürfte vor allem durch die insgesamt unbefriedigenden Tätigkeitsbedingungen der Arbeitspsychologen in der Industrie verursacht sein.

Dem erheblichen Bedarf an humaner Arbeitsgestaltung als wissenschaftlich begründeter Organisation-, Arbeitsinhalts- und Arbeitsbedingungsgestaltung standen eine Vielzahl restriktiver Eingriffe in die realen Gestaltungsmöglichkeiten des Psychologen gegenüber. Das führte zu einem ineffizienten Einsatz der psychologischen Fachkapazität, förderte die zunehmende Demotivation der Fachkollegen und führte letztlich zu erheblicher Fluktuation in die klarer umschriebenen Arbeitsgebiete der klinischen Psychologie und des betrieblichen Gesundheitsschutzes.

2. Weiterbildung zum "Fachpsychologen der Medizin/Arbeitshygiene"

2.1. Tätigkeitsanforderungen

In der ehemaligen DDR waren ca. 200 Psychologen im Bereich der

Arbeitsmedizin/des betrieblichen Gesundheitsschutzes tätig. Zu diesem Bereich gehörten Betriebspolikliniken, Arbeitshygienische Zentren verschiedener Industriezweige und Arbeitshygieneinspektionen in den Kreisen und Bezirken. Die Tätigkeitsfelder innerhalb der Arbeitsmedizin waren sowohl durch arbeitspsychologische wie auch klinisch-psychologische Inhalte geprägt. Bezogen auf dieses Profil "Klinische Arbeitspsychologie" gab es seit 1981 an der Akademie für Ärztliche Fortbildung einen 4- bis 5jährigen postgradualen Studiengang, der die Psychologen befähigen sollte, ihren fachspezifischen Beitrag zum medizinischen und sozialen Gesundheitsschutz der Beschäftigten zu leisten. Im Mittelpunkt stand die Beurteilung des Zusammenhangs zwischen Belastungen und Expositionen einerseits und deren Wirkung auf Gesundheit, Leistungsverhalten und Befinden der Beschäftigten andererseits. Im einzelnen war der psychologische Rat in folgenden Problembereichen gefragt:

- Analyse und Bewertung arbeitsbedingter psychischer Anforderungen,
- Vermeidung bzw. Verminderung psychischer Fehlbeanspruchungen durch Vorschläge zur Gestaltung menschengerechter Arbeit,
- Betreuung von Beschäftigten mit besonderen arbeitsbedingten psychischen (Fehl-)Belastungen,
- Frühdiagnostik von Wirkungen neurotoxischer Arbeitsexpositionen,
- Beiträge zur medizinischen Tauglichkeitsbeurteilung für Tätigkeiten mit besonderen (psychischen) Anforderungen,
- Beiträge zur beruflichen Rehabilitation,
- Beiträge zur medizinischen Beurteilung von Berufskrankheiten und anderen arbeitsbedingten Erkrankungen,
- Aufklärung und Einflußnahme auf (erhöhten) betrieblichen Krankenstand.

2.2. Inhalte der Weiterbildung

Neben einer breiten Einführung in alle Bereiche der Arbeitsmedizin einschließlich der rechtlichen Grundlagen in einem 14-tätigen Kurs wurden neun Bildungsschwerpunkte für Diplom-Psychologen konzipiert:

- Allgemeinpsychologische Grundlagen
- Arbeitspsychologische Grundlagen
- Klinisch-psychologische Grundlagen
- Psychologische Analyse und Bewertung von Arbeitstätigkeiten
- Psychologische Aufgaben in der arbeitsmedizinischen Vorsorge, Überwachung und Betreuung
- Psychologische Arbeitsgestaltung
- Sozialpsychologie

Dieses Weiterbildungsprogramm schloß damit eine Reihe von Bildungsinhalten ein, die auch im Lehrprogramm der postgradualen Weiterbildung der klinischen Psychologen enthalten waren. Die inhaltlichen Analogien bezogen sich auf die Komplexe (des klinisch orientierten Programms)

- Psychologische Diagnostik und Begutachtung
- Psychologische Beratung und Psychohygiene
- Rehabilitation und soziale Betreuung
- Medizinische Psychologie

Die Vermittlung der fachspezifischen Inhalte erfolgte in jeweils drei einwöchigen Lehrgängen sowie durch mehrtägige Hospitationen in arbeitsmedizinischen Einrichtungen, in denen erfahrene Psychologen als Mentoren tätig waren. Intensives Selbststudium ergänzte den Bildungsgang. Außerdem waren - zumeist in Verbindung mit den Hospitationen - psychodiagnostische Gutachten anzufertigen sowie arbeits- und organisationspsychologische Belegarbeiten (Untersuchungsberichte) vorzulegen. Der Studiengang schloß mit einem Prüfungskolloquium. Die erfolgreiche Absolvierung der Weiterbildung wurde durch ein Zeugnis der Akademie für Ärztliche Fortbildung zertifiziert und berechtigte zur Führung der ergänzenden Berufsbezeichnung "Fachpsychologe der Medizin/Arbeitshygiene".

2.3. Ansatz zur Evaluation des Postgradualstudiums

Das Weiterbildungsprogramm war auf die Einsatzgebiete einer "Klinischen Arbeitspsychologie" ausgerichtet. Auf dem Hintergrund einer schon in der DDR während der universitären Psychologie-Ausbildung geforderten Spezialisierung (hier: Arbeits- und Ingenieurpsychologie) waren die Absolventen auf derartige intradisziplinäre Anforderungen unzureichend vorbereitet. Insofern hatte die postgraduale Weiterbildung zum "Fachpsychologen der Medizin/ Arbeitshygiene" auch die Funktion, Teilbereiche der Klinischen und Sozialpsychologie zu vermitteln. Unter diesem Aspekt hatten die Teilnehmer des Studiengangs die Chance, Defizite der spezialisierten Hochschulausbildung wenigstens teilweise aufzuarbeiten und damit ihre Flexibilität im Beruf zu erhöhen. Unter den veränderten Bedingungen (Aufgabe der Spezialisierung während der universitären Bildung, Veränderung der Einsatzgebiete der bisher im betrieblichen Gesundheitsschutz beschäftigten Psychologen) ist zu fragen, welche Inhalte des postgradualen Studiengangs von den Teilnehmern heute für nützlich gehalten würden.

Zu Beginn des Jahres 1991 wurden deshalb ca. 30 Kollegen schriftlich und mündlich befragt, welche Komplexe der Weiterbildung sie in ihrer gegenwärtigen Tätigkeit verwenden können. Die heutigen Einsatzgebiete sind vielfältig; sie reichen von der Tätigkeit in Unfallversicherungen, im TÜV, im Sozialamt bis zur freien Mitarbeiterschaft in Forschungs- und Lehreinrichtungen sowie Beratungsdiensten. In Abhängigkeit davon beurteilen die Kollegen heute die Inhalte durchaus unterschiedlich. Ungeachtet dessen werden für künftige postgraduale Weiterbildungsprogramme fast übereinstimmend als unverzichtbar genannt:

- Arbeitsmedizinische Grundkenntnisse
- Belastungs-/Beanspruchungs-/Streßbeurteilungsverfahren (einschließlich arbeitsanalytischer Methoden)
- Ansätze zur Streßbewältigung (bis zur Krisenintervention)
- Psychodiagnostische Vertiefungen sowie kritische Sichtung von psychoprophylaktischen und psychopathologischen Spezialmethoden
- Organisationspsychologische Konzepte
- Techniken und Konzepte zur Arbeit mit Gruppen/zu sozialpsychologisch fundiertem Verhaltenstraining

Durchgehend positiv werden die relativ großen Handlungsspielräume bezüglich der Gestaltung der Hospitationen und der gutachterlichen Stellungnahmen bewertet.

Auf der anderen Seite stehen die Inhalte, die die Kollegen in ihrer jetzigen Tätigkeit vermissen: Zuvorderst genannt werden Rechts- und Gesetzeskenntnisse, die für die psychologische Tätigkeit unter den veränderten Bedingungen unabdingbar notwendig sind. An zweiter Stelle werden detallierte Kenntnisse in der Suchtberatung (im Rahmen betrieblicher Prävention) als Defizit benannt. Die für viele Kollegen in der ehemaligen DDR unsicheren Berufs-perspektiven artikulieren sich z. Z. in dem Wunsch nach breiterer klinischer Ausbildung.

Die individuelle Sicht der Kollegen auf die Nützlichkeit und Verwendbarkeit ihrer im Postgradualstudium erworbenen Kenntnisse sollte meines Erachtens auch auf dem Hintergrund des Arbeitssicherheitsgesetztes (ASiG) vom 12. 12. 1973 diskutiert werden. Die im § 6 formulierten Aufgaben der Fachkräfte für Arbeitssicherheit enthalten eine Vielzahl "Arbeitspsychologie-relevanter" Inhalte, u. a.:

- Gestaltung der Arbeitsplätze, des Arbeitsablaufs, der Arbeitsumgebung, des Arbeitsrhythmus, der Pausenregelung
- Akzeptanz von Körperschutzmitteln und Ursachenanalyse arbeitsbedingter Erkrankungen
- Initiierung von Maßnahmen zur Verhütung arbeitsbedingter Erkrankungen
- Einwirkung auf sicherheitsgerechtes Verhalten der Beschäftigten

Wenn die Psychologen als Sicherheitsfachkräfte auch - leider - im ASiG nicht ausdrücklich genannt sind, so bezieht der Kommentar zum § 7 des ASiG (Aufgaben der Sicherheitsfachkräfte) unsere Berufsgruppe jedoch explizit in den Kreis derjenigen ein, die anstelle von Sicherheitsingenieuren bestellt werden können. Ebenso sind im Anhang zur "Konzeption der Anpassungsfortbildung von Betriebsräten und Fachkräften für Arbeitssicherheit der ehemaligen DDR" (Bekanntmachung des BMA vom 15. 10. 1990) die Fachwissenschaftler der Arbeitshygiene - darunter die Diplom-Psychologen - als Adressaten für diese Fortbildung benannt. Es gibt meines Erachtens gute Gründe, in die Diskussion künftiger postgradualer Studiengänge für Arbeitspsychologen die Erfahrungen der Kollegen aus den ostdeutschen Ländern einzubeziehen und so die Entwicklung einer "Klinischen Arbeitspsychologie" zu fördern.

Aus- und Weiterbildung von Psychologen im Bereich der ambulanten und stationären Behandlung Alkoholkranker in der ehemaligen DDR

Johannes Roth

1. Gesellschaftlicher Hintergrund der Aus- und Weiterbildung

Wer zur Aus- und Weiterbildung von Psychologen im Bereich der ambulanten und stationären Behandlung Alkoholkranker in der ehemaligen DDR sprechen will, kommt nicht umhin, das damalige gesellschaftliche Umfeld, die ideologischen Widersprüche und die ökonomischen Probleme dieses Landes zu beleuchten, auf deren Hintergrund sich die Aus- und Weiterbildungstätigkeit vollziehen mußte.

Bei einer Analyse dieser Zusammenhänge werden zumindest zwei gravierende Widersprüche deutlich, die sich auf die Aus- und Weiterbildungstätigkeit von Psychologen und bei der Herausbildung des Berufsbildes eines (psychologischen) Suchtkrankentherapeuten ungünstig und letzlich hemmend ausgewirkt haben:

(1)
Der Widerspruch von ideologisch bedingter Ignorierung des Suchtmittelmißbrauchs einerseits und andererseits des anwachsenden Versorgungsdruckes durch die steigende Zahl von behandlungsbedürftigen Suchtkranken.

Die offizielle staatliche Doktrin zum Suchtmittelmißbrauch in der ehemaligen DDR bestand darin, Alkoholismus als "Überreste der früheren kapitalistischen Gesellschaft" aufzufassen.

Alkoholismus wurde als "dem Sozialismus wesensfremd" bezeichnet und seine Wurzeln in die "vorsozialistische Vergangenheit" projiziert. Nach dem Prinzip "daß nicht sein kann, was nicht sein darf" gab es für die Partei- und Staatsführung der DDR kein gesellschaftsrelevantes Alkoholismusproblem. Mit dieser Leugnung enthob man sich gleichzeitig der Notwendigkeit, nach gesellschaftlichen Mitbedingungen und Ursachen für den kontinuierlich steigenden Alkoholkonsum zu suchen.

Es wurde ignoriert und der Bevölkerung vorenthalten, daß die DDR im Alkohol-pro-Kopf-Verbrauch von Bier seit 1980 und bei Spirituosen seit 1985 an 2. Stelle und seit 1987 die problematische und fragwürdige Spitzenposition der Welt erreicht hatte (Winter, 1991).

Der steigende Versorgungsdruck "von unten", also aus der täglichen Praxis des Gesundheitswesens, führte zur Zuspitzung dieses ersten Widerspruchs und hatte zur Folge, daß Bemühungen zur Verbesserung der Versorgungsstrukturen Suchtkranker nicht untersagt, teils stillschweigend geduldet, latent gefördert oder gar im Einzelfall auch aktiv unterstützt wurden.

Nachdem die gravierende Alkoholmißbrauchproblematik in der Gesellschaft ein solches Ausmaß erreicht hatte, daß diese nicht mehr total zu leugnen war, wurde diese partiell und in bagatellisierender Form formal anerkannt und auf bestimmte gesellschaftliche Randgruppen projiziert, so z.B. auf sog. Kriminelle und/oder asozial lebende Personengruppen. Hinter der in den letzten Jahren immer häufiger zu hörenden Leerformel, die Behandlung des Alkoholismus sei eine "gesamtgesellschaftliche Aufgabe", versteckte sich letztlich nur ein Abschieben persönlicher und gesellschaftlicher Verantwortung auf ein anonymes Ganzes.

(2)
Der Widerspruch von steigendem Versorgungsdruck, unzureichenden Versorgungsstrukturen und mangelnder Qualifikation zur Suchtkrankenbehandlung.

Während sich der erstgenannte Widerspruch aus dem ideologisch bedingten Abwehrverhalten der Partei- und Staatsführung ergab, resultierte der zweite Widerspruch aus den damals nur unzureichend vorhandenen <u>Versorgungsstrukturen</u> für eine fachgerechte Suchtkrankenbehandlung und aus der unzureichenden bzw. sogar fehlenden fachlichen <u>Qualifikation</u> der Mitarbeiter für dieses neue Arbeitsgebiet.

Als Ende der 70er, Anfang der der 80er Jahre die Zahl behandlungsbedürftiger Alkoholkranker so gestiegen war, daß diese nicht mehr übersehen werden konnte, wurden Möglichkeiten im Rahmen des staatlichen Gesundheitswesens eröffnet, Suchtkliniken und später ambulante Beratungsstellen in den Städten und Kreisen einzurichten. Damit drängte sich immer mehr die Frage nach Qualifizierungsmöglichkeiten für die Mitarbeiter in der Suchtkrankenhilfe auf. Winter (1988, S. 42) schilderte die damalige Situation folgendermaßen: "Bisher wird Suchttherapie in der DDR fast ausnahmslos von "Autodidakten" betrieben. Eine systematische Vorbereitung und Ausbildung hierzu gab es bisher nicht. Kein Arzt und kein anderer Hochschulkader, keine Krankenschwester, kein Fürsorger und anderer Hochschulkader erhielt im Rahmen seiner Ausbildung ausreichende Grundlagen, um mit Suchtkranken arbeiten zu können! Weder die Ausbildungspläne unserer Hochschulen noch die unserer Fachschulen und auch nicht die Ausbildung zu Fachärzten und anderen Fachkadern konnte bisher dieses Wissen vermitteln. Vermittelt wurden lockere Einzelfakten aus verschiedenen Wissensgebieten und Fachrichtungen, die sich nicht zu einem Ganzen fügen wollten".

Entsprechend dieser recht treffenden Problem- und Situationsschilderung mußte zu diesem Zeitpunkt nach geeigneten Lösungsmöglichkeiten für eine fachgerechte Qualifizierung in der Suchttherapie gesucht werden.

Das Ministerium für Gesundheitswesen der ehemaligen DDR stand bis zur gesellschaftlichen Wende der Etablierung eines Berufsbildes des Suchtkrankentherapeuten leider ablehnend gegenüber und zeigte keine Bereitschaft, die erarbeiteten Ausbildungsprogramme zu unterstützen. Damit gingen jahrelange Bemühungen von engagierten Suchtfachleuten, die in der

Arbeitsgruppe "Suchtkrankheiten" der Gesellschaft für Neurologie und Psychiatrie der DDR aktiv wirksam waren und sich besonders um Aus- und Weiterbildungsfragen bemüht haben, fehl (Winter, 1988, 1991; Winter & Stoiber, 1990; Stoiber, 1991).

Die unter den damaligen gesellschaftlichen Bedingungen einzig mögliche Lösung des Widerspruchs bestand darin, die Aus-, Weiter- und Fortbildung von Suchtkrankentherapeuten in bereits bestehende Weiterbildungsinstitutionen bzw. -programme zu integrieren und diese entsprechend aufzubauen. Dazu boten sich die "Akademie für Ärztliche Fortbildung der DDR", die Bezirksakademien des Gesundheits- und Sozialwesens, die psychologischen und ärztlichen Fachgesellschaften ("Gesellschaft für Psychologie der DDR", "Gesellschaft für Ärztliche Psychotherapie" und die "Gesellschaft für Neurologie und Psychiatrie") und die ihnen angeschlossenen "Thematischen Arbeitsgruppen" (TAG) an.

Gleichsam unter dem "Schutz- und Deckmantel" dieser Institionen gelang es über fast zwei Jahrzehnte hinweg, verschiedene Berufsgruppen, insbesondere Psychologen, Fürsorger und Ärzte, für eine fundierte Suchtkrankentherapie zu qualifizieren.

2. Möglichkeiten der Aus- und Weiterbildung für Suchttherapeuten

Mit der Gründung der Arbeitsgruppe "Verhaltenstherapie bei Alkoholismus" durch Stoiber im Jahre 1979 wurde ein entscheidender Schritt getan, um interessierten Mitarbeitern der Suchtkrankenhilfe einen fachlichen Erfahrungsaustausch sowie Aus- und Weiterbildungsmöglichkeiten anzubieten (Winter & Stoiber, 1990). Diese Arbeitsgruppe war der "Gesellschaft für Psychologie der DDR" und der "Gesellschaft für Ärztliche Psychotherapie" zugeordnet und vereinte Psychologen, Ärzte und die in der Suchtkrankenarbeit tätigen Fürsorger. Obwohl sich diese Arbeitsgruppe die Weiterbildung in Verhaltenstherapie bei Alkoholkranken zur Hauptzielstellung gemacht hatte, wurden die therapeutischen und praktischen Weiterbildungsinhalte im Laufe der Zeit sehr breit gefächert und an der Entwicklung schulübergreifender methodischer Konzepte der Alkoholismustherapie gearbeitet: kognitive Verhaltenstherapie bei Alkoholismus, Selbstsicherheits- und Ablehnungstraining für Alkoholabhängige, theoretische Probleme der Diagnostik von Suchterkrankungen, Entwicklung differentialdiagnostischer Methoden zur Diagnostik des Trinkverhaltens (u.a. FTA; Roth, 1987), Persönlichkeits- und Leistungsdiagnostik Alkoholkranker, die Problematik der "Theorie der Sucht", Auseinandersetzung mit Konzepten des sog. kontrollierten Trinkens, Epidemiologie des Alkoholismus, Rechtsfragen bei Suchterkrankungen u.a. "Die Arbeitsgemeinschaft machte sich zum Ziel, alle in der DDR vorhandenen Aktivitäten in der Behandlung Alkohol- und Medikamentenabhängiger zu koordinieren und zentrale Empfehlungen und Hinweise zur Prophylaxe, Diagnostik und Therapie Suchtkranker zu erarbeiten". (Stoiber, 1991, S. 91).

Seit über zehn Jahren stellten diese mehrtägigen Arbeitstagungen gleichsam das Zentrum der theoretischen und praktischen Aus-, Weiter- und Fortbildung der Suchtkrankentherapeuten in der ehemaligen DDR dar.

Diese Arbeitsgruppe der Suchttherapeuten wurde zeitlich parallel sinnvoll ergänzt und begleitet durch die "Neubrandenburger Fortbildungswochen" der Sektion bzw. thematischen Arbeitsgruppe "Verhaltenstherapie", die die theoretische und praktische Ausbildung in verhaltenstherapeutischen Methoden zum Ziel hatte und sich in einer speziellen Arbeitsgruppe der Verhaltenstherapie des Alkoholismus widmete.

Die seit 1979 unter der Leitung von Winter und Engel durchgeführte "Dresdner Klubgespräche", die im Laufe der Jahre einen Symposiumscharakter annahmen, führten für mehrere Tage die Suchtfachleute, Gesundheitspolitiker und Betroffenen zu einem für die ehemalige DDR zentralen Erfahrungs- und wissenschaftlichen Meinungsaustausch zusammen. Diese Veranstaltung, die seit diesem Jahr unter dem Namen "Sächsisches Suchtsymposium" fortgeführt wird, trug wesentlich zur Fort- und Weiterbildung von Psychologen und anderer Berufsgruppen der Suchtkrankenbehandlung bei.

Seit 1987 führte die 1984 gegründete Arbeitsgruppe "Suchtkrankheiten" der Gesellschaft für Neurologie und Psychiatrie der DDR jährlich eine weitere zentrale, mehrtägige Fortbildungsveranstaltung für Suchttherapeuten aller Berufsgruppen durch. Diese Arbeitsgruppe war der Vorläufer der nach der gesellschaftlichen Wende gegründeten "Gesellschaft gegen Alkohol- und Drogengefahren" (GAD), die in den fünf neuen Bundesländern in der Zwischenzeit aktive Landesgruppen gebildet und sich intensiv der Aus- und Weiterbildungstätigkeit von Suchttherapeuten gewidmet hat (v. Keyerlingj, 1991).

Speziell für die Berufsgruppe der Klinischen Psychologen bestand seit 1987 die von Roth geleitete Arbeitsgruppe "Klinisch-psychologische Diagnostik süchtigen Verhaltens" der Gesellschaft für Psychologie der DDR. Ziel der Arbeitsgruppe war der wissenschaftliche Austausch über neuere Entwicklungen in der klinisch-psychologischen Diagnostik der Alkohol- und Medikamentenabhängigkeit, die ihnen zugrunde liegenden theoretischen Konzepte, die Darstellung eigener wissenschaftlicher Arbeiten (u.a. Dissertationen) auf den Gebieten der Persönlichkeits- und Leistungsdiagnostik Alkoholabhängiger und der Versuch, gemeinsam an der Entwicklung neuer diagnostischer Instrumentarien zu arbeiten. Diese Arbeitsgruppe führte in der Regel zweimal jährlich eintägige Veranstaltungen durch und stellte ein wesentliches Element in der Weiterbildung auf dem Gebiet der Psychodiagnostik von Suchterkrankungen dar.

Im Rahmen des postgradualen Studiums "Klinische Psychologie" an der Akademie für Ärztliche Fortbildung, die nach 4jähriger, erfolgreicher Ausbildung zur Anerkennung als "Fachpsychologe der Medizin" führte, stellten von Anfang an Ausführungen zur Diagnostik und Therapie der Suchterkrankungen Themenschwerpunkte dar. In dem Aufbaukurs dieses Studiengangs wurden Vorträge über

Trends in der Theorieentwicklung und über Konzepte der Psycho- und Soziotherapie von Suchterkrankungen gehalten und in den Seminaren praxisrelevante Probleme der Diagnostik und Therapie bearbeitet.

Neben dieser Form der Weiter- und Fortbildung stellte aber die Teilnahme an den Suchttherapeutenlehrgängen, die für die Nordbezirke der ehemaligen DDR in Ueckermünde unter Leitung von Winter und im Süden der DDR unter Leitung von Baron durchgeführt wurden, den eigentlichen Kern der Ausbildung zum Suchttherapeuten dar. Träger dieser Ausbildung waren die Bezirksakademien des Gesundheits- und Sozialwesens der ehemaligen Bezirke Neubrandenburg und Karl-Marx-Stadt (jetzt Chemnitz).

Seit 1984 wurde für Mitarbeiter in ambulanten Beratungs- und stationären Behandlungseinrichtungen, unabhängig davon, ob sie dort als Arzt, Psychologe oder Fürsorger tätig waren, im ehemaligen Bezirksfachkrankenhaus, jetzt Landeskrankenhaus für Neurologie und Psychiatrie Ueckermünde (Mecklenburg-Vorpommern), eine 6-wöchige Ausbildung für Suchtkrankentherapeuten durchgeführt, die sich über zwei Jahre erstreckte.
Eine ähnlich geartete Ausbildung, gestuft in jeweils einen Grund- und einen Aufbaukurs, wurde seit 1987 im Bezirksfachkrankenhaus für Neurologie und Psychiatrie Rodewisch (Sachsen) angeboten.
Zu den Ausbildungsinhalten gehörten die theoretischen Grundlagen der Genese, die medizinische und psychologische Diagnostik, die Prävention und die Therapie von Suchterkrankungen, insbesondere der Alkohol- und Medikamentenabhängigkeit, die Auseinandersetzung mit den komplexen somato-psycho-sozialen Folgen der Suchterkrankung für den Betroffenen und seine familiär-soziale Umwelt, die Problematik der Rückfallgenese und Rückfallprophylaxe, der Aufbau komplexer Betreuungsnetze mit zunehmender Bedeutung des Selbsthilfepotentials Suchtkranker und arbeits-, sozialversicherungs- und verkehrsrechtliche Prbleme bei Suchterkrankenungen.

Im Laufe der Jahre kam es zu einer Verkürzung der reinen Wissensvermittlung zugunsten des Ausbaus praktischer, übender Anteile, da auf die in der Zwischenzeit in der DDR erschienenen Publikationen zur Suchtproblematik verwiesen werden konnte (Schmitz, Döttger & Ernst, 1986; Szewczyk, 1986; Baron & Engel, 1987 a, b, c, 1988; Winter, Stoiber & Engel 1987; Nickel und Morozow, 1989; Windischmann, 1989).

Diese Ausbildungsangebote wurden von den Suchttherapeuten der ehemaligen DDR interessiert angenommen, und es kann davon ausgegangen werden, daß weit über 200 Suchttherapeuten, die gegenwärtig in den ambulanten und stationären Suchttherapieeinrichtungen tätig sind, diese Ausbildung absolviert haben. Der bewußte Verzicht auf eine Beschränkung der Teilnehmerkreise auf bestimmte Berufsgruppen, z.B. nur Psycholgen oder Ärzte, führte aber gelegentlich zu dem Nachteil, daß die Teilnehmer, je nach theoretischer und praktischer Vorbildung, z.T. über- bzw. unterfordert waren, ermöglichte aber andererseits einen berufsgruppenübergreifenden, gemeinsamen Lernprozeß der unterschiedlichen Berufsgruppen und ein Partizipieren an spezifischen Problemen, Möglichkeiten und Grenzen der jeweils anderen Berufsgruppe und deren Behandlungskonzepten.

Bei der Herausarbeitung der Ausbildungsinhalte in der Suchtkrankenbehandlung für Psychologen ist aber zu betonen, daß diese Aus- und Weiterbildungen eingebettet waren in eine mehrjährige psychotherapeutische Ausbildung in ausgewählten psychotherapeutischen Richtungen, wie der Einzel- und Gesprächsgruppenpsychotherapie, der Verhaltenstherapie, der dynamischen Einzel- und Gruppenpsychotherapie und tiefenpsychologischer Methoden (u.a. Katathymes Bilderleben). Dadurch war es den Klinischen Psychologen möglich, die so gewonnenen therapeutischen Kompetenzen auf die Probleme der Behandlung Suchtkranker zu übertragen und psychotherapeutisch und konzeptionell gut fundierte Behandlungsprogramme für die Suchtkrankenbehandlung aufzubauen, wie wir sie gegenwärtig in vielen ambulanten und stationären Beratungs- und Behandlungseinrichtungen der neuen Bundesländer vorfinden.

3. Fazit

Wenn wir die in den letzten 10 bis 15 Jahren geleistete Arbeit in der Aus- und Weiterbildung der (psychologischen) Suchttherapeuten zusammenfassend bewerten wollen, dann ergibt sich ein zwiespältiges Bild:

(1)
Zum einen müssen wir feststellen, daß es keine Ausbildungsinstitutionen für Psychologen in der Suchtkrankentherapie, keine einheitlichen Lehrprogramme und damit auch keinen staatlich anerkannten Abschluß als "Suchttherapeut" gab.

(2)
Andererseits war es aber den interessierten und engagierten Fachkollegen gleichsam nach dem "Puzzleprinzip" möglich, sich im Rahmen der hier (sicher nicht vollständig) skizzierten Aus-, Weiter- und Fortbildungsmöglichkeiten ein fundiertes theoretisches Wissen und therapeutische Kompetenzen zu erwerben. Dieser Weg war in den Anfängen der 70er und 80er Jahre für den einzelnen Psychologen sicherlich oft beschwerlich, zumal er auch gegen den Willen der Leitung der eigenen Arbeitsstelle durchgesetzt werden mußte.
Die beschriebenen Möglichkeiten und Wege in der Aus-, Weiter- und Fortbildung haben dazu geführt, daß in den neuen Bundesländern eine relativ große Zahl von gut ausgebildeten Suchtkrankentherapeuten mit einem differenzierten theoretischen Wissen und psychotherapeutischen Können arbeiten, die nun selbst z.T. wieder in der Aus- und Weiterbildung tätig sind.

Dennoch dürfen wir die Augen nicht davor verschließen, daß wir gerade für die große Zahl der ehemaligen Fürsorger, aber auch für eine große Zahl von Ärzten einen erheblichen Nachholbedarf in der suchtspezifischen Aus- und Weiterbildung haben.
Gegenwärtig und in der Zukunft wird sich die Aus-, Weiter- und

Fortbildung in der Suchtkrankenhilfe verstärkt auf die für uns neue Problematik des Mißbrauchs illegaler Drogen und neuer Formen nichtstoffgebundener Süchte konzentrieren müssen. Damit stehen wir als Psychologen vor neuen Aufgaben und Problemen, denen wir uns in der Aus-, Weiter- und Fortbildung stellen müssen.

Literatur

Baron, W. & Engel, H. (Hrsg.), (1987 a, b, c, 1988): Grundwissen des Suchttherapeuten. Teil I, II, III, IV. Dresden (Manuskriptdruck).

Keyserlingk, H.v. (1991): Von der Arbeitsgemeinschaft Suchtkrankheiten zur Gesellschaft gegen Alkohol- und Drogengefahren (GAD). Sucht, 37, 90-92.

Nickel, B. & Morozov, G.V. (1989): Alkoholbedingte Krankheiten. Grundlagen und Klinik. Berlin: Verlag Volk u. Gesundheit.

Roth, J. (1987): Fragebogen zur Klassifikation des Trinkverhaltens Alkoholabhängiger (FTA). Berlin: Psychodiagnostisches Zentrum.

Schmitz, K.; Föttger, S. & Ernst, K. (1986): Betreuung Alkoholkranker. Berlin: Verlag Volk und Gesundheit.

Stoiber, I. (1991): Suchttherapie und Möglichkeiten der Therapeuten in der DDR. Sucht, 37, 86-89.

Szewczyk, H. (1986): Der Alkoholiker: Alkoholmißbrauch und Alkoholkriminalität. Berlin: Verlag Volk u. Gesundheit.

Windischmann, H. (1989): Ein Gläschen in Ehren ... Berlin: Verlag Volk u. Gesundheit.

Winter, E. (1988): Gedanken zur Notwendigkeit eines Betreuungsnetzes für Alkohol- u. andere Suchtkranke u. zur Ausbildung von Suchttherapeuten - Einstimmung in eine Diskussion über Notwendigkeiten u. Möglichkeiten. In v. Keyserlingk, V. Kliestein & J. Rogge, Diagnostik u. Therapie Suchtkranker (S. 36-50) Berlin: Verlag Volk u. Gesundheit.

Winter, E. (1991): Alkoholismus im Sozialismus der DDR - Versuch eines Rückblickes. Sucht, 37, 71-85.

Winter, E. & Stoiber, I. (1990): Zehn Jahre "Arbeitsgruppe Verhaltenstherapie bei Alkohol- u. Medikamentenabhängigkeit". In I. Stoiber (Hrsg.) Tagungsmaterial zum zehnjährigen Bestehen der Arbeitsgruppe Verhaltenstherapie bei Alkohol- und Medikamentenabhängigkeit (S. 4-24).

Wirter, E.; Stoiber, I. & Engel, H. (1987): Schicksal, Abhängigkeit?. Berlin: Deutscher Verlag d. Wissenschaften.

Psychologiestudium als ganzheitliches Lernfeld für künftige Psychologen

Claudia König

Anstoß für meine Überlegungen waren sowohl Bemühungen zur Verbesserung der Qualität eigener Lehrveranstaltungen, Diskussionen mit ähnlich denkenden Kolleginnen und Kollegen in Ost und West und - nicht zuletzt - Erlebnisse mit einer studentischen Arbeitsgruppe, der auch Mitarbeiter unseres Lehrkörpers angehörten. Die Gruppe hatte sich im Bereich Psychologie der Technischen Universität Dresden in der "Wende"zeit konstituiert. Ihr Ziel war es, Unzufriedenheit mit dem Studium schöpferisch zu bearbeiten. Sie wollte Ursachen finden und konstruktive Lösungsvorschläge erarbeiten. Studenten und Lehrende wurden befragt.

Studenten im 8. Semester erlebten sich in Anbetracht der bevorstehenden Praxis als hilflos und fachlich inkompetent. Sie fühlten sich theoretisch beschlagen, aber "Expertensysteme" seien keine Psychologen. Die Psychologie sei für sie ein Fremdkörper geblieben, ein großes Wissensgebiet. Sie hätten ein kognitives Studium kognitiver Theorien absolviert, aber Psychologie nicht wirklich begriffen, erfahren. Mit Wissen überfrachtet, fehle ihnen letztlich die Orientierung. Dazu hätten mehr Möglichkeiten geboten werden müssen, sich eigene Abbilder zu schaffen, mit denen man sich im System der Fakten besser bewegen könnte. Viele Themen seien 'abgearbeitet' worden - ohne Gelegenheit, einen eigenen Zugang zu finden. Es wäre wohl etwas verkehrt, wenn im heißersehnten Studium die Beschäftigung mit etwas erfolgte, was nicht interessiert, aber die Freizeit zum Studium der Psychologie genutzt werden müsse. Alles in allem fühlten sich die Studenten eher als Psycho-Techniker, denn als Psycho-Denkende und könnten das vermittelte Wissen wenig anwenden.

Ein Teil der Lehrenden unterstützte die Arbeit der Gruppe und setzte sich mit den angesprochenen Problemen auseinander. Andere warteten auf eine inhaltliche Lösung in Form der neuen Studienpläne. Wieder andere meinten, die Überlegungen und Forderungen der Studenten seien illusorisch. Der Lehrende wisse schon, was für die Studenten gut sei. Er produziere ein Ausbildungsangebot, von dem er überzeugt sei, daß dies dem Bild einer Wissenschaft und den Bewährungsbedingungen nach Abschluß des Studiums entspräche. Für Studenten sei es dann ein Copingproblem, wie sie damit klar kämen.

Wenn Lehre nicht nutzlos sein soll, gilt es, die Aussagen der Studenten ernst zu nehmen und als Fragen zu akzeptieren. Einige der angerissenen Probleme mögen spezifisch ostdeutschen Nährboden besitzen, in Form von hierarchischen, autoritären Strukturen, genau vorgeschriebenen Lehrplänen, "one-best-way"-Mentalität u. a. Andererseits läßt sich in Diskussionen mit westdeutschen Kolleginnen und Kollegen ebenfalls immer wieder die von KAMINSKI (1974) bereits geäußerte Ansicht wiederfinden, daß viele Studenten aufgrund mangelnden Praxisbezugs Teile des Studiums als nutzlos erleben. Sie haben Schwierigkeiten, Aufgabenstellungen der Lebenswirklichkeit mit psychologischem Wissen zu strukturieren. Lebenserfahrung und -praxis können nicht mit der wissenschaftlich-psychologischen Ausbildung verbunden werden. MANN und THOMAS weisen darauf hin, "daß generell die Lehr-Lernsituation an den Hochschulen alles andere als erfreulich ist. ... Manche Situationen werden als menschlich unangenehm empfunden, aber es wird immerhin etwas gelernt. Andere Situationen mögen von den Beteiligten als angenehm erlebt werden, aber sie bleiben für den Lernprozeß folgenlos. Schlimmstenfalls sind Lehr-Lernsituationen unerfreulich, weil sie unangenehm sind und noch nicht einmal etwas gelernt wird" (1988, S. 46). Psychologie-Lehrende sollte diese Situation besonders herausfordern: In diesem Fach steht und fällt die Glaubwürdigkeit des Gelehrten - der Psychologie - mit der inhaltsgetreuen Vermittlung. Es ist psychologisches Grundwissen, daß überzeugend, begreifbar und anwendbar eigentlich nur das ist, was durch die praktizierte Lebensweise verdeutlicht wird. "Kenntnisse und Gedanken, denen sich das Denken bemächtigt hat, die jedoch nicht zum Gut des Menschen werden, bleiben tot" (LEONTJEW 1987, S. 225). Soll nicht 'totes' Wissen vermittelt werden, müssen Lehrende sich fragen und fragen lassen, ob die psychologischen Kenntnisse und Gedanken, die sie lehren, ihr Gut geworden sind. Bekanntermaßen gelingt es schwer, Psychologie ganzheitlich und erfahrbar zu lehren. Um so wichtiger ist es, die Widersprüche zwischen psychologischen Theorien und eigener Anwendung dieser Theorien immer wieder neu zu bedenken. Aus meiner kritischen Betrachtung von Lehrveranstaltungen möchte ich einige Punkte auswählen:

Die folgenden Gedanken gründen auf ein Erlebnis, das sowohl alltäglich wie symptomatisch, paradox und doch theorieträchtig ist. In einer Vorlesung zum Thema "Gedächtnis" wurden den Studenten systematisch Grundlagen dargeboten. Als ich in einem Seminar darauf zurückgreifen wollte, war kaum etwas behalten worden. Deshalb suchte ich nach Wegen, dieses Wissen so anzubieten, daß es im Kenntnissystem der Studenten auch wirklich eingeordnet werden kann. Den 'Schlüssel' dazu fand ich in LEONTJEWs Aneignungstheorie: Er unterscheidet bei der Aneignung gesellschaftlicher Erfahrung in 'Aneignung von Bedeutungen' und 'Aneignung von Sinn'. Die Bedeutung ist jene Form, in der der einzelne Mensch sich die verallgemeinerte und widergespiegelte menschliche Erfahrung zu eigen macht" (1987, S. 258). "Die eigentlich psychologische und für mich wesentliche Tatsache ist die, daß ich mir eine Bedeutung zu eigen mache und auch, inwieweit ich sie mir zu eigen mache und was sie für mich, für meine Persönlichkeit wird. ... Das hängt ab, welchen Sinn diese Bedeutung für mich hat" (S. 260). Demnach führte die o. g. Art der Vermittlung eher nur zur Aneignung von Bedeutungen. Um Sinn anzueignen, müßte das Wissen anhand eigener Erfahrungen verlebendigt werden.

Ich versuchte dies mit der Themenstellung: "Meine Erinnerungen an das vergangene Seminar" (Woran kann ich mich erinnern?, Warum erinnere ich mich wohl gerade daran?, Was beeinflußt mein Erinnern?).

Als Struktur wählte ich Zweiergruppen, in denen die Studenten ihre Erinnerungen zusammentrugen. Diese Ergebnisse wurden dann in der Gesamtgruppe besprochen. Obwohl die Studenten erst meinten, sie könnten sich an nichts mehr erinnern, bekamen wir ein nahezu vollständiges Bild vom letzten Seminar. Unterschiede und Gemeinsamkeiten im Erinnerten wurden deutlich. Die Gedächtnisprozesse - Rekonstruieren, Wiedererkennen usw. waren begriffen sowie die Einflußfaktoren auf Gedächtnisprozesse selbst erfahren worden. Einzelne Studenten erinnerten und vergaßen in Abhängigkeit von Interesse, Befindlichkeit, Kenntnissen usw. bestimmte Dinge unterschiedlich. Ebenso war für den einzelnen begreifbar, wo es sich um blockierten Abruf oder um unwiederbringliches Vergessen gehandelt haben könnte.
Letzteres war eben nicht einmal durch den Prozeß des Wiedererkennens hervorzuholen.

Deutlich wird bei dieser Art der Aneignung zweierlei:
Zum einen gingen wir so an das Thema heran, daß die Zusammenhänge erfahren werden konnten. Es wurde nicht methodisch seziert, was keiner allein wieder zusammenfügt. Die Beziehungen blieben deutlich und erlebbar; erlebbar auch, daß das Ganze mehr ist als seine Teile und dies das Eigentliche, Wesentliche ist. Wir sind m. E. in der Lehre von Psychologie in der Gefahr, zu wenig mit dem Eigentlichen, mit den Zusammenhängen zu arbeiten. Damit werden wir aber der Wirklichkeit letztlich nicht gerecht.
In anderen Fachgebieten als der Psychologie würde das vielleicht schneller auffallen. Kein Mensch käme z. B. auf die Idee, er werde der Musik Mozarts gerecht, indem er analysierte, wieviel Mal die einzelnen Töne 'fis', 'a', 'cis' usw. in einer Sinfonie vorhanden, wie sie verteilt sind, um dann zu schlußfolgern, welche Schattierungen von Gefühlen sie beim Menschen wohl auslösen mögen. In der Psychologie tun wir so etwas ähnliches mehr oder weniger oft.

Zum anderen konnten die Studenten eigene Erfahrungen einbeziehen und erleben, wie diese beim Lernen eine Rolle spielen und ge-nutzt werden können.

Sicher geht die systematische Vermittlung, ohne eigene Erfahrungen einzubeziehen, schneller. Der Effekt des Lernens ist jedoch - wie beschrieben - ein anderer, denn Lernen ist Entwicklung aufgrund eigener Erfahrungen; Einordnen von Wissen in das eigene Kenntnissystem. Bei der Fülle der inzwischen angebotenen wissenschaftlichen Informationen steht heutzutage das Stoff-Zeit-Problem immer und dies wird in Zukunft nicht besser, im Gegenteil. Wir müssen auswählen:

Lernqualität oder Lernquantität? Kriterium der Auswahl sollte m. E. nicht sein, was schaffe ich in möglichst kurzer Zeit. Das entspräche lediglich dem 'Aneignen von Bedeutungen' bzw. dem 'Wissen-schütten'. Kriterium sollte vielmehr sein, wie vermittle ich mit dem, was ich auswähle, gleichzeitig tiefere

Zusammenhänge und persönliche Zugänge zu weiterem Lernen, und dies wäre 'Aneignung von Sinn'. Ein weiteres Problem besteht darin, daß Studenten und Praktiker immer wieder kritisieren, daß der Praxisbezug des Studiums nicht ausreiche. Dabei steht oft das Inhaltliche - das WAS des Lernens - im Vordergrund. Nach KANT werden Theorien aus der Praxis mit einem "Akt der Urteils-kraft" abgeleitet. Weitere Erkundungen der Praxis erfolgen von der Theorie aus. Dies sind die Beziehungen zwischen Theorie und Praxis. Mein Eindruck ist, wir haben immer wieder neu mit der altbekannten Gefahr zu kämpfen, daß sich Theorien verselbständigen können und vergessen dies zuweilen (vgl. auch DÖRNER 1989).

Wenn unser Lehren dem universitären Anspruch gerecht werden soll, der als eine wesentliche Funktion die Berufsvorbereitungsieht, dann muß neben dem, was aus der Sicht des Faches und seiner Forschung wichtig ist, stärker auch das, was für den Berufsalltag wichtig ist, in den Blickpunkt rücken. Schließlich vertreten wir in der Arbeitspsychologie die Auffassung, daß Qualifikationserfordernisse aus Anforderungen der Arbeitstätigkeit abgeleitet werden. Das mag bei der Offenheit der Berufsfelder von Psychologen schwierig sein, aber nicht unmöglich. Praxisnähe oder -ferne entscheidet sich m. E. nicht nur am Inhalt des Gelehrten, sondern auch an der Art und Weise des Lehrens. Das theoretisch fundierte Verständnis der Realität dient doch vor allem dazu, dieselbe geistig zu beherrschen. Also müssen Möglichkeiten geschaffen werden, solche Fähigkeiten zu erwerben. Darüber hinaus sollen Absolventen in der Lage sein, künftig aufkommende Theorien für ihr berufliches Arbeitsfeld zu beurteilen und deren Bedeutung für berufliche Entscheidungen einzuordnen. Die Befähigung dazu können sie vor allem durch die Art und Weise des Lehrens gewinnen. Es gilt deutlicher aufzuzeigen, daß im Zweifelsfalle nichts so praktisch ist, wie eine gute Theorie. Lösungsansätze von dieser abzuleiten, ermöglicht effizienteres Arbeiten als "wildes Probieren" (vgl. auch DÖRNER 1989). Dies müssen Studenten erfahren können. Es bedeutet für Lehrende, Lernen durch Fehler zu ermöglichen, "wildes Probieren" zuzulassen, damit die Wirkungen erlebt werden. So lassen sich auch Widersprüche zwischen Alltagstheorien und wissenschaftlichen Theorien produktiv nutzen. Wenn Lebenswirklichkeit unter verschiedenen Fragestellungen nicht ausreichend mit Alltagswissen strukturiert werden kann, wird zwangsläufig der Bedarf an psychologischem Wissen geweckt. Die Chance, es dann durch eigene Erfahrung zu begreifen und im Kenntnissystem an der richtigen Stelle sinnvoll einzuordnen, ist größer. Außerdem sinkt die Gefahr, von Theorien erschlagen zu werden. Damit wird deutlich, daß sich - bei gleichrangiger Beachtung der Art und Weise des Lehrens - die Gefahr, Inhalte zu entwerten und ihrem Sinn nach zu entleeren, verringert. Genügend psychologische Praxis liegt bereits in Lehrveranstaltungen, wo Studenten auch beruflich benötigte Fähigkeiten entwickeln könnten, wenn wir unsere eigenen Theorien umsetzen. Wir lehren z. B., daß der Mensch eine biopsycho-soziale Einheit sei - und wir vergessen oft, daß er das auch als Student in unseren Vorlesungen, Seminaren und Praktika ist. Dementspräche nämlich ein mehrdimensionaler, ganzheitlicher Lehr-Lernprozeß, der Möglichkeiten sachlichen, sozialen und ichbezogenen Lernens vereint. Stattdessen zer-stückeln wir, bieten gar Extraveranstaltungen an, z. B. 'Selbstmanagement' zum ichbezogenen Lernen, aber kognitiv. Natürlich bietet die universitäre Ausbildung die einzigartige Gelegenheit, Grundlagenwissen in umfangreicher und geschlossener Form anzubieten bzw. aufzunehmen. Nur mache ich - wie auch andere - immer wieder die Erfahrung, daß bei den Studenten nur ein Bruchteil davon ankommt. Das kann nicht Sinn der Sache sein, ist aber nicht verwunderlich, denn Aneignung geschieht durch Auseinandersetzung, durch Aktivität. So sollte das Menschenbild des sowohl rationalen als auch sozial-interaktiven und nach Selbstverwirklichung strebenden Menschen in Lehrveranstaltungen auch erfahren werden können, wenn es z. B. in der Tätigkeitstheorie gelehrt wird. Das bedeutet zwangsläufig, auf die Dominanz der Sachwissensvermittlung zu verzichten, die dem nur-rationalen Menschenbild verhaftet ist und auch nicht mit der allgemein verbreiteten Referat-Vergabe-Praxis aufgehoben wird. Mit dem guten Vorsatz, die Aktivität der Studenten zu verstärken, werden Referate vergeben. Der Effekt ist, daß wieder einer bestens Bescheid weiß - er hat sich ja vorbereitet. Er redet und ist aktiv, die anderen genauso viel oder wenig wie vorher. Im Zweifelsfall hält der Dozent dann doch den besseren Vortrag. Werden Referatvorlagen hingegen als Arbeitspapiere in kleineren Gruppen diskutiert, sind alle aktiv. "Fragen an den Gegenstand und das Gespräch in der Gruppe" sind "ein unverzichtbarer Bestandteil wissenschaftlicher Auseinandersetzung. Seminare, in denen es nicht zu einem echten Austausch unter den Teilnehmern kommt, behindern nicht nur den Lernprozeß im Sinne einer erfolgreichen Verarbeitung des Gehörten, sie verfehlen auch den eigentlichen Wissenschaftsprozeß, der notwendig eine Verbindung von Erkenntnis und Kommunikation ist." (MANN und THOMAS 1988, S. 51). Die verschiedenen Fragen und Aspekte können anschließend in der Gesamtgruppe zusammengefaßt werden. Damit wäre gleichzeitig das Interesse und die Neugier geweckt, was denn die jeweils anderen dazu meinen oder erarbeitet haben. "Der tatsächliche Bewußtseinsgegenstand des Subjektes ist davon abhängig, worin die Aktivität des Subjektes besteht, worin seine Tätigkeit besteht." (LEONTJEW 1987, S. 231). Der vorgeschlagene Weg führt eher zum Bewußtwerden des Problemcharakters psychologischer Sachverhalte, der eigenen Meinung zum Problem und der eigenen Entscheidungs- und Handlungsmöglichkeiten. Wenn es stimmt, daß nach Feststellung der EG-Kommission (1989) die Humanressourcen der Kern des künftigen Wachstums und der Innovationskapazität in der gesellschaftlichen Entwicklung sind, dann müssen wir diese auch im Studium mehr berücksichtigen. Dies bedeutet, den Studenten genügend Raum zu geben, daß sie ihre Interaktions-, Entscheidungs- und Urteilsfähigkeiten maßgeblich bilden, hohe Selbständigkeit und Flexibilität entwickeln können. Komplexere, problemorientierte, teamartige Formen der Zusammenarbeit nur als Inhalte eines sozialpsychologischen Verhaltenstrainings zu betrachten, hieße eindeutig Chancen zu verschenken, das Studium durch eigene Aktivität zu bereichern. Bedenkt man zudem, daß z. B. Methoden der Gesprächsführung und des Problemlösens, wie auch des Lernens insgesamt, nur dann nach einem Training beibehalten werden, wenn sich ihre Wirksamkeit unter Praxisbedingungen bewährt, sind sie in psychologischen Lehrveranstaltungen anzuwenden. Wir müssen die Praxis nicht suchen! - Der Überzeugungswert von Methoden, die wir lehren, aber selbst nicht anwenden, ist gering. Wer Psychologie studiert, hat ein sachliches Recht darauf, in Lehrveran-staltungen zu erleben, was es bedeutet, psychologisch günstige Bedingungen für eigenes Lernen vorzufinden. Zudem benötigt die Entwicklung von o. g. Fähigkeiten, Einstellungen und Haltungen Zeit und kann und muß in einem Training nur angestoßen werden. Gerade hier setzt im übrigen auch die Kritik der Praktiker an, daß Absolventen viel wissen, aber wenig befähigt wurden (vgl. auch den Beitrag von HEINRICH in diesem Kongreßband). Diese Gedanken aufgreifend, setzte ich z. B. im vergangenen Semester in meinem Praktikum "Zur psychologischen Methodik der Ver-haltensanalyse" gezielt Brainstorming und Gruppenarbeit ein. Bei der Reflektion über die Methoden stellten die Studenten fest, daß sie wertvolle Erfahrungen im Umgang mit Methoden, Gruppe und sich selbst gewonnen haben. Kommunikations-, Führungs- und Steuerungsfähigkeiten wurden ebenso gefördert wie Problembewußtsein und aktives Suchen von Antworten. Initiative der Studenten für eine freiheitliche Mitgestaltung, Gruppenplanung, Partizipation zu fördern, besteht m. E. noch darin, mehr Verantwortung zu delegieren, dies auch bewußt zu machen; mehr Freiheitsgrade einzuräumen, eigene Anliegen in der gegebenen Aufgabenstellung unterzubringen und Gruppenarbeit sowie das Untersuchungsfeld selbst zu organisieren. Dies entspricht auch Aussagen der Arbeitspsychologie, daß Persönlichkeitsförderlichkeit vor allem bei Freiheitsgraden für eigene Zielstellungen gegeben ist. Darüber hinaus haben die Studenten die Möglichkeit, aus eigener Problembearbeitung sinnvoll zu erfahren, was der jeweils nächste Schritt sein kann. Der Lehrende ist dann mehr Beratender, Lernprozesse Unterstützender, an verschiedensten Stellen mit Sachinformationen zur Seite Stehender. Durch das erlebbare Modell, wie Lehrende - neben der sachlichen Vermittlung - im Lernprozeß mit Aktivitäten, Bedürfnissen und Erwartungen der Studenten umgehen, werden bei ihnen soziale Lernprozesse ausgelöst. Reflektieren Lehrende darüber auch und beziehen dies in die Lehrtätigkeit ein, geben sie den Studenten eine weitere Chance zum ganzheitlichen Lernen von Psychologie.

Literatur:

Commission of the European Communities/Directorate-general science, technology and society (1989). European Priorities (FAST II Programme), Brüssel: European Communities

DECKER, F. (1984). Grundlagen und neue Ansätze in der Weiterbildung. München, Wien: Hanser

DÖRNER, D. (1989). Die Logik des Mißlingens. Hamburg: Rowohlt

EYFERTH, K. (1985). Zwei- oder dreiphasiges Psychologiestudium? Psychologische Rundschau 36 (1), 28-34

HACKER, W. (1986). Arbeitspsychologie. Berlin: VEB Dt. Verl. d. Wissenschaften

HABERMAS, J. (1986). Die Idee der Universität - Lernprozesse. Ztschr. f. Pädagogik 32 (5), 703-718

HEINRICH, C. (1992).

KAMINSKI, G. (1974). Studieren als Handeln und als Trauern. Psychologische Beiträge 16, 310-337

KANT, I. (1793). Kleinere Schriften zur Geschichtsphilosophie, Ethik und Politik. Hg. v.Vorländer, K., Leipzig

LEONTJEW, A.N. (1987). Tätigkeit, Bewußtsein, Persönlichkeit. Beiträge zur Psychologie. Bd. 1, Berlin: Volk und Wissen, Volkseigener Verlag

MANN, R. und THOMAS, K. (1988). TZI an der Hochschule. Themenzentrierte Interaktion (2) 1, 46-51

SCHULTE, D. und KÜNZEL, R. (1986). Studium und Beruf: Berufsvorbereitung im Urteil von Berufsanfängern und Dozenten der Klinischen Psychologie. Psychologische Rundschau 37, 61-74

dies. (1987). Berufsvorbereitung im Studium? - Eine Antwort auf Peter Viebahns Kritik. Psychologische Rundschau 38, 40f

Unterlagen der Untersuchung der Studenten des WB Psychologie, TU Dresden. (1989). unveröffentlicht

VIEBAHN, P. (1987). Urteile über das Studium und ihre Konsequenzen. Psychologische Rundschau 38, 38f

Aspekte der Aus- und Weiterbildung von Psychologen im Bereich der Rehabilitation von Herz- Kreislauf-Erkrankungen

Dietmar Ohm

1 Einleitung

In den "alten" Ländern Deutschlands sterben jährlich mehr als 350.000 Menschen an Herz-Kreislauf-Erkrankungen. Diese Krankheiten stehen in der Rangreihe der Todesursachen seit Jahren an erster Stelle, wobei eine Tendenz zu einem immer niedrigeren Erstmanifestationsalter festzustellen ist (Langosch, 1988).

Die kardiologische Rehabilitation in der heutigen Form setzte sich in Deutschland erst in den 70er Jahren durch. Bis dahin herrschte die Praxis vor, den Koronarkranken lange Bettruhe zu verordnen und auch langfristig die Vermeidung von körperlichen und geistigen Anstrengungen zu empfehlen. Behandlungsformen, die an einem derartigen Defizit-Modell orientiert waren, wurden den Bedürfnissen der erkrankten Menschen jedoch nicht gerecht, sondern lösten oft zusätzlich psychische und körperliche Probleme (Inaktivierungsatrophie) aus (Lehr & Thomae, 1980).

Vor etwa 20 Jahren wurde in der Bundesrepublik mit dem sogenannten "Hamburger-Modell" (s. Abb. 1) durch die Rentenversicherungsträger die Möglichkeit eröffnet, Herzinfarktpatienten unmittelbar nach der Akutbehandlung und erfolgter Frühmobilisierung in eine zweite Rehabilitationsphase, die "Anschlußheilbehandlung" (AHB), zu überführen. Meist in einer Zeitspanne von etwa zwei Wochen nach Entlassung aus der Akutklinik werden die Patienten in speziellen Rehabilitationskliniken vier bis sechs Wochen lang medizinisch, bewegungstherapeutisch und psychologisch betreut. Daran schließt dann mit der Beteiligung an ambulanten Koronargruppen die dritte Phase der Rehabilitation an. Dieses System, das etwa 80% der Herzinfarktpatienten zumindest bis Phase zwei durchlaufen, ist in der Welt einzigartig. Es hat das Ziel, den Patienten in körperlicher, psychosozialer und gesellschaftlicher Hinsicht bestmöglich wiederherzustellen.

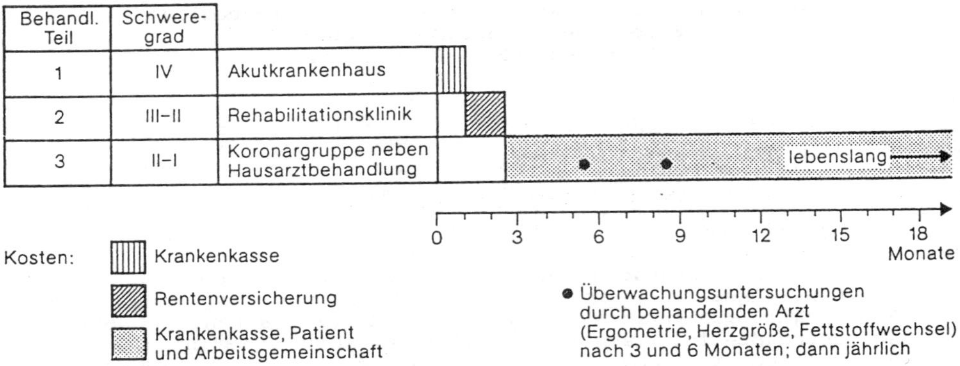

Abb. 1: Organisationsplan für die Behandlung des Herzinfarktes (Hamburger Modell).

Bereits diese Zielbestimmung macht die Bedeutung psychologischer Betreuung in der kardiologischen Rehabilitation deutlich. Zusätzlich wird die Notwendigkeit psychologischer Arbeit durch die Tatsache unterstrichen, daß neben den "klassischen" Risikofaktoren (Rauchen, Hypercholesterinämie, Bluthochdruck etc.) auch psychosoziale Faktoren pathogenetisch für das Entstehen einer koronaren Herzkrankheit verantwortlich sind (Speidel, 1990). Die Aufgaben der psychosozialen Rehabilitation faßt Mittag (1991, S. 77) wie folgt zusammen:

- "Unterstützung bei der Bewältigung der durch die Erkrankung bedingten psychischen Belastung und Förderung der Krankheitsverarbeitung,
- Aufdecken der psychosomatischen Vorgeschichte und Abbau von Risikofaktoren,
- Erhöhung der Widerstandskraft gegen psychosozialen Streß,
- Möglichkeiten, bisher verdrängte und nicht gelebte Wünsche nach Geborgenheit, Hingabe und Muße zuzulassen und eine psychosoziale Neuorientierung vorzunehmen,
- Vorbereitung auf die Rückkehr in Familie, Beruf und Gesellschaft."

2 Die Situation der Klinischen Psychologie in der kardiologischen Rehabilitation

In den meisten der etwa fünfzig Rehabilitationskliniken in den "alten" Ländern Deutschlands arbeiten jeweils ein bis zwei Diplompsychologen. Da die kardiologische Rehabilitation auf noch keine lange Tradition zurückblicken kann, ist es nicht verwunderlich, daß sich die Rehabilitationspsychologie in diesem Bereich immer noch in einem Pionierstadium befindet. Oft wurden die psychologischen Dienste notgedrungen von Berufsanfängern aufgebaut, so daß Anfangsprobleme und Unsicherheiten unvermeidlich waren. Besonders in den letzten Jahren sind jedoch in Praxis, Forschung und Konzeptbildung erhebliche Fortschritte zu verzeichnen (im Überblick etwa Ohm, 1987; Mittag, 1987; Langosch, 1988). Der Forschungsstand kann im Rahmen dieser Arbeit nicht dargestellt werden. Aber es soll beispielhaft auf einige Besonderheiten in der psychologischen Arbeit mit Koronarpatienten hingewiesen werden, um die Notwendigkeit einer spezifischen Weiterbildung von klinischen Psychologen in diesem Bereich zu verdeutlichen:

- Herkömmliche psychotherapeutische Methoden - inbesondere tiefenpsychologische Verfahren - haben sich in der Arbeit mit Koronarpatienten als problematisch und wenig erfolgversprechend erwiesen. Die für viele Koronarpatienten kennzeichnende Abwehr psychischer Konflikte, überhöhte Kontrollbedürfnisse sowie eine ausgeprägte Verleugnungs- und Bagatellisierungstendenz erfordern in der psychologischen Einzel- und Gruppenbetreuung spezifische Behandlungsmodifikationen (Goldschmidt, 1980; Mittag & Ohm, 1987).

- Forschungsergebnisse belegen bei Koronarpatienten in Hinblick auf eine Erhöhung des Rehabilitationserfolges und der Verbesserung der längerfristigen Prognose den Wert von Entspannungstraining (Ohm, 1988). Andererseits sind insbesondere in Hinblick auf die Progressive Relaxation Modifikationen erforderlich, um Gefährdungen durch Selbstüberforderung zu vermeiden. Durch ein differentielles, an individuellen Besonderheiten orientiertes Vorgehen kann die Effektivität der Entspannungstherapie gesteigert und Abbruchraten können reduziert werden (Ohm, 1990, 1991).

- Im Rahmen der kardiologischen Rehabilitation ist das Risikoverhalten Rauchen nicht nur unter allgemein präventiven Gesichtspunkten von Bedeutung. Bei Patienten, die beispielsweise bereits wiederholt Herzinfarkte erlitten haben oder an anderen schweren Gefäßerkrankungen leiden, ist das Rauchen nicht selten direkt lebensbedrohend und kann die Wirksamkeit der medizinischen Behandlung drastisch beeinträchtigen. Aus diesen Gründen werden neben weitverbreiteten Vorgehensweisen wie Informationsgruppen, ärztlichen und psychologischen Beratungsgesprächen sowie verhaltenstherapeutischen Verfahren auch relativ zeitaufwendige Einzelbehandlungen mit Hilfe von Hypnosetherapie durchgeführt (Ohm & Mittag, 1990).

3 Stand der Weiterbildung von Psychologen in der kardiologischen Rehabilitation

Wenn man die bisherigen Weiterbildungsangebote für den Bereich der kardiologischen Rehabilitation betrachtet, wird deutlich, daß kein systematisiertes Angebot, sondern lediglich fakultative Ansätze vorhanden sind.

Der Arbeitskreis "Klinische Psychologen in Rehabilitationskliniken" in der Sektion Klinische Psychologie des Berufsverbandes Deutscher Psychologen bietet im Rahmen seiner Jahrestagungen in Bad Wildungen Fortbildungsmöglichkeiten. (Anläßlich der Jahrestagung 1991 fand beispielsweise eine Podiumsdiskussion zu dem Thema: "Vergißt die Universität die Ausbildung stätionärpsychologischer Rehabilitation?" statt.) Der Arbeitskreis beschäftigt sich jedoch mit dem gesamten Gebiet praxisorientierter Rehabilitationspsychologie, so daß spezifische Fortbildungsangebote für den kardiologischen Bereich die Ausnahme sind.

Der Verband deutscher Rentenversicherungsträger (VdR) bietet ebenfalls Fortbildungen an, die sich teilweise mit der kardiologischen Rehabilitation befassen. Diese Fortbildungsangebote sind jedoch aus grundsätzlichen Erwägungen des VdR nicht berufsgruppenspezifisch konzipiert, so daß Diplompsychologen hier keine im engeren Sinne fachpsychologischen Fortbildungsmöglichkeiten finden.

Innerhalb der Deutschen Gesellschaft für kardiologische Prävention und Rehabilitation (DGPR) haben sich Diplompsychologen vor einigen Jahren zu einem Arbeitskreis Klinischer Psychologen zusammengeschlossen. Dieser Arbeitskreis organisierte beispielsweise im Rahmen der Jahrestagungen 1989 und 1990 Satellitensymposien mit psychologischer Thematik. Das Thema des Symposiums (Leitung: A. Boll-Klatt) lautete während der Jahrestagung 1989: "Entspannungstraining in der kardiologischen Rehabilitation." Die Vorträge wurden in dem Tagungsbericht veröffentlicht (Huhmann, 1989). Das psychologische Symposium (Leitung: Eisenriegler, E. & Jokiel, R.) anläßlich der Jahrestagung 1990 hatte das Thema: "Psychologische Diagnostik bei kardialen Beschwerden."

Im Rahmen von Kongressen sind in den letzten Jahren von Mitgliedern des Arbeitskreises der DGPR Symposien und kongressbegleitende Fortbildungen zu kardiologischer Thematik organisiert sowie Vorträge gehalten worden. Anläßlich des 3. Kongresses der Deutschen Gesellschaft für Verhaltensmedizin und Verhaltensmodifikation 1991 in Trier fand beispielsweise ein Symposium mit dem Thema "Herzoperation und Bypass" statt (Leitung: H.G. Budde, M. Keck & W. Langosch). Als kongressbegleitende Fortbildung boten H. G. Budde und W. Langosch einen Kurs "Ansätze der Psychokardiologie" während des 1.

Deutschen Psychologentages in Dresden an.

4 Anforderungsprofil für Klinische Psychologen in der kardiologischen Rehabilitation

Trotz einiger erfreulicher Initiativen ist die Situation in Hinblick auf Weiterbildungsangebote und Qualitätssicherung vor allem auch deshalb unbefriedigend, da bisher kein Konzept zu einem Anforderungsprofil für Klinische Psychologen in der kardiologischen Rehabilitation vorlag. Eine systematisierte Weiterbildung ist jedoch nur auf der Grundlage einer Bestimmung der notwendigen Qualifikationsanforderungen möglich. Aus diesem Grunde hat sich die Arbeitsgruppe Klinische Psychologie in der DGPR die Aufgabe gestellt, ein entsprechendes Anforderungsprofil zu erstellen. Die Grundlage bildet hierbei die Arbeit von Budde und Langosch (1991). Bisher ist allerdings erst ein Entwurf erarbeitet worden, der dem Vorstand der DGPR zur Beschlußfassung vorliegt. Dieses Papier kann im Rahmen dieser Arbeit nicht ausführlich dargestellt werden. Es sollen aber im Interesse eines allgemeinen Überblicks stichwortartig wesentliche Punkte des Entwurfes vorgestellt werden:

Arbeit im interdisziplinären Team

Die Arbeit im interdisziplinären Team setzt voraus:

- kardiologisches Basiswissen,
- praktische Kenntnisse und Fertigkeiten in Klinischer Psychologie und deren Umsetzung,
- Fähigkeit, psychologische Sachverhalte und Funktionszusammenhänge den Mitgliedern des therapeutischen Teams zu vermitteln.

Psychologische Diagnostik

Die Psychodiagnostik sollte als Status- und Verlaufsdiagnostik konzipiert werden.

Krankheitsverarbeitung:
Mit Hilfe von Interviews, Fragebögen und auch fremdanamnestisch gewonnenen Informationen werden Angaben über die Krankheitsverarbeitung in kognitiver, verhaltensmäßiger und affektiver Hinsicht erhoben.

Soziale Ressourcen und Belastungen:
Der Schwerpunkt der Beurteilungen in Hinblick auf psychosoziale Schutzfakoren oder Risikokonstellationen liegt auf den Bereichen Familie, Beruf und der übrigen Sozialfeldern.

Intellektuelle Kapazitäten und Potentiale:
Eine umfassende eignungsdiagnostische Beurteilung kann vor allem bei den Patienten angezeigt sein, denen aus kardiologischer Sicht

eine qualifizierte berufliche Um- oder Neuorientiertung empfohlen wird.

Erfassung rehabilitationsrelevanter Persönlichkeitsdimensionen:
Zur Abschätzung relevanter Persönlichkeitsdimensionen können neben psychologischen Interviews Persönlichkeitstests zur Anwendung kommen.

Abschätzung von Typ A - Verhaltensweisen bzw. der Leistungsorientierung:
Erfassung von Kontrollambitioniertheit, Typ A - Verhaltensmuster und Neigung zur Selbstüberforderung mit Hilfe von Interviews und Fragebögen.

Erfassung von Angst, Stimmung, Befinden und Bewältigungsbemühungen:
Zur Erfassung dieser psychologischen Variablen werden Interviews sowie Fragebögen eingesetzt und u.U. fremdanamnestische Informationen eingeholt.

Psychophysiologische Belastbarkeitsdiagnostik

Die Abklärung der psychophysiologischen Belastbarkeit in Ergänzung zur kardialen Funktionsdiagnostik kann vor allem bei Patienten mit deutlich eingeschränkter kardialer Leistungsfähigkeit notwendig sein, die im Beruf intensiven konzentrativen und/oder emotionalen Belastungen ausgesetzt sind. Die Ergebnisse der psychophysiologischen Belastbarkeitsdiagnostik können der Beurteilung der Arbeitsfähigkeit dienen.

Psychologische Beratung und Psychotherapie

Die psychologische Betreuung sollte möglichst in Anlehnung an das "Liaison-Modell" erfolgen, bei dem Arzt, Pflegepersonal und Psychologe auf einer Station in enger Abstimmung miteinander zusammenarbeiten.

Psychologische Einzelbehandlung:
Die Einzelbehandlung erfolgt entsprechend den Ergebnissen der Psychodiagnostik - auf der Grundlage eines anerkannten psychotherapeutischen Verfahrens und angemessener klinischer Erfahrung - als:

- Krisenintervention,
- supportive Psychotherapie,
- psychologische Beratung und Entscheidungshilfe,
- Kurztherapie zur umschriebenen Einstellungs- und Verhaltensänderung.

Gruppenentspannungstraining:
Insbesondere werden Autogenes Training und Progressive Relaxation angeboten. Bei der Leitung der Gruppen sind jedoch Besonderheiten von Koronarpatienten (z.B. Neigung zur Selbstüberforderung,

Perfektionsstreben) zu berücksichtigen, weshalb der Psychologe über spezifische Erfahrungen und notwendige didaktische Kompetenzen verfügen sollte.

Streßbewältigungstraining:
Ziel des Gruppentrainings ist das Erlernen gesundheitlich günstiger Formen des Umgangs mit Alltagsbelastungen. Außerdem soll die Aufmerksamkeit für belastungsabhängige Befindensänderungen erhöht und die Bedeutsamkeit eines angemessenen Verhältnisses von An- und Entspannungsphasen im Alltag herausgestellt werden.

Raucherentwöhnungstraining:
Zur Erreichung von Nikotinabstinenz kann ein halbstandardisiertes Kleingruppenprogramm dienen. Neben der Teilnahme an der Rauchergruppe ist jedoch in Einzelfällen auch eine zusätzliche Einzeltherapie zur Raucherentwöhnung notwendig.

Gewichtsreduktionsgruppe:
Ziel der Gewichtsreduktionsgruppe ist die Vermittlung von Fertigkeiten zur Sicherung der Gewichtsabnahme und zur Prophylaxe einer erneuten übermäßigen Gewichtszunahme.

Themenzentrierte Gruppengespräche:
Die interdisziplinär durchgeführten Gruppengespräche zur Gesundheitsbildung dienen dem Ziel, sowohl Informationen zu vermitteln als auch Angst und Unsicherheit abzubauen. Außerdem soll die Motivation für einen gesundheitsförderlichen Lebensstil erhöht werden.

Biofeedback:
Biofeedback-Verfahren können ergänzend eingesetzt werden, um ausgewählte physiologische Funktionssysteme gezielt zu beeinflussen. Außerdem kann mit Hilfe dieser Verfahren die Entspannungsfähigkeit bei Patienten gefördert werden, die im Gruppenentspannungstraining schwer beeinflußbare Übungsprobleme aufweisen.

In Hinblick auf das vorgestellte "Anforderungsprofil" ist zu beachten, daß die aufgezeigten Arbeitsfelder bisher in kaum einer Klinik umfassend realisiert werden. Wenn man sich vor Augen hält, daß in den meisten Rehabilitationskliniken mit etwa 200 Betten nur ein bis zwei Diplom-Psychologen tätig sind, ist das "Anforderungsprofil" auch als ein Appell an die Klinikträger für einen Stellenausbau zu verstehen. Das Papier beschreibt somit nicht nur die heutige Situation, sondern weist auf Weiterentwicklungsmöglichkeiten der psychologischen Arbeit in der kardiologischen Rehabilitation hin.

5 Schlußbemerkung

Zusammenfassend läßt sich feststellen, daß die Möglichkeiten der

Weiterbildung für Diplom-Psychologen in der kardiologischen Rehabilitation bisher unzureichend sind. Ein wesentlicher Mangel besteht darin, daß bisher keine an einem Konzept orientierte, systematisierte Weiterbildung angeboten wird. Diese Situation beeinträchtigt nicht nur die Weiterbildungsmöglichkeiten von Berufsanfängern, sondern stellt auch ein Problem für die Qualitätssicherung der psychologischen Betreuung in der kardiologischen Rehabilitation dar.

In diesem Zusammenhang ist die Initiative der Arbeitsgruppe Klinische Psychologie in der Deutschen Gesellschaft für Kardiologische Prävention und Rehabilitation zu begrüßen, die sich um die Erstellung eines "Anforderungsprofils für Psychologen in der kardiologischen Rehabilitation" bemüht. Dieses Anforderungsprofil könnte künftig als Orientierung für notwendige Fortbildungsangebote dienen.

Das wünschenswerte - wenn auch nur selten in allen Aspekten erreichbare - Qualifikationsprofil eines Diplompsychologen in der kardiologischen Rehabilitation kann m.E. durch folgende Punkte charakterisiert werden:

- Im Rahmen der universitären Ausbildung zum Diplompsychologen erworbene Kenntnisse in Klinischer Psychologie und Rehabilitationspsychologie

- Praktikum in einer kardiologischen Rehabilitationsklinik

- Berufsbegleitende Weiterbildung zum "Klinischen Psychologen/Psychotherapeuten im BDP"

- Berufsbegleitende Weiterbildung in Hinblick auf spezifische Anforderungen in der kardiologischen Rehabilitation entsprechend dem "Anforderungsprofil" der DGPR.

Es gilt aber nicht nur, außerhalb der Universitäten Weiterbildungsmöglichkeiten zu schaffen. Vielmehr ist zu prüfen, ob die Universitäten etwa durch intensivierte Lehrangebote im Bereich "Rehabilitationspsychologie" die Berufsanfänger besser auf künftige berufliche Anforderungen vorbereiten können. Hierbei könnte es von Vorteil sein, erfahrene Berufspraktiker in die universitäre Ausbildung miteinzubeziehen. Ebenso könnte die aufzubauende berufsbegleitende Weiterbildung von Psychologen in der kardiologischen Rehabilitation sowohl in fachlicher wie personeller Hinsicht von der Unterstützung durch universitäre Einrichtungen profitieren.

Literatur

Budde, H.G., Langosch, W. (1991). Kapitel zur Psychologie. In: Verband Deutscher Rentenversicherungsträger (hrsg.). Abschlußbericht der Kommission zur Weiterentwicklung der Rehabilitation in der gesetzlichen Rentenversicherung. Arbeitsbereich III "Rehabilitationskonzepte". Band III. Frankfurt a.M.: VDR, 241 - 347.

Goldschmidt, O. (1980): Überlegungen zur Frage der Behandelbarkeit der Herzinfarktpatienten. Psyche, 6, 563-573. Huhmann, W. (Hrsg.) (1989): Diagnostik in der Kardiologischen Rehabilitation. Konstanz: Schnetztor-Verlag.

Huhmann, W. (Hrsg.) (1989). Diagnostik in der Kardiologischen Rehabilitation. Konstanz: Schnetztor-Verlag.

Krasemann, E.O. (1979): Die Organisation von ambulanten Koronargruppen. Sandorama, 3, 2-11.

Langosch, W. (1988): Herz- und Kreislaufkrankheiten. In: Koch, U., Lucius-Hoene, G., Stegie, R. (Hrsg.) Handbuch der Rehabilitationspsychologie. Berlin: Springer.

Lehr, U. & Thomae, H. (1980): Psychologische Grundlagen der Rehabilitation Herz-Kreislaufkranker. Angiocardiology, 2, 293-319.

Mittag, O. (1987): Die Bedeutung psychosomatischer Konzepte für die Rehabilitation von Patienten nach Herzinfarkt. Psychotherapie, Psychosomatik, Medizinische Psychologie 37, 401-406.

Mittag, O. (1991): Patientenschulung in der kardiologischen Rehabilitation. Prävention und Rehabilitation, 3 (2), 77-83.

Mittag, O. & Ohm, D. (1987): Themenzentrierte Gruppenarbeit in der Rehabilitation nach Herzinfarkt. In: Esser, P. (Hrsg.) Psychologische Gruppenarbeit im Rahmen der Rehabilitation von Herzpatienten. Stuttgart, Enke.

Ohm, D. (1987): Entspannungstraining und Hypnose bei Patienten mit koronarer Herzkrankheit in der stationären Rehabilitation. Regensburg: S. Roderer.

Ohm, D. (1988): Entspannungstraining bei Koronarpatienten - eine Effektstudie an 420 Patienten. Zeitschrift für Allgemeinmedizin, 64, 1014-1019.

Ohm, D. (1990): Entspannungstraining und begleitende Hypnosetherapie bei Koronarpatienten mit hohen internalen Kontrollüberzeugungen. Zeitschrift für Klinische Psychologie, 19(3), 256-267.

Ohm, D. (1991): Entspannungsverfahren in der kardiologischen Rehabilitation. Praxis der Klinischen Verhaltensmedizin und Rehabilitation. (im Druck).

Ohm, D. & Mittag, O. (1990): Raucherentwöhnung durch Hypnose: wenn andere Methoden versagen. Herz + Gefäße, 10, 20-25.

Speidel, H., Grätz, S., Strauss, B. (1990): Stress: ein behandelbarer kardiovaskulärer Risikofaktor? Schweizer Rundschau der Medizin, (Praxis) 79 (39), 1115-1119.

Aus-, Fort- und Weiterbildüngsmodelle in Kinder-, Jugendlichen- und Familientherapie

- Realitäten, Ursachen und Perspektiven -

Frank Baumgärtel

Vorbemerkungen

Dieser Beitrag wurde speziell für den Kongreß und den Zusammenhang der Arbeitsgruppe konzipiert. Deshalb wird auf den im wissenschaftlichen Arbeiten üblichen Beleg von Thesen mit Literaturzitaten weitgehend verzichtet. Der Bericht basiert nur auf Daten aus den alten Bundeslänern. Über die neuen Bundesländer hat FROHBURG (1990) summarisch berichtet.

Familientherapie als separate, eigenständige Therapieform wird nicht berücksichtigt, da sie vermutlich kaum Zukunft hat wegen ihrer mangelnden wissenschaftlichen Fundierung resp. fehlender Effektivitätsuntersuchungen und der erheblichen Kosten (Heekerenz, 1991).

1. Zur Lage

Wie wenig das Gebiet der Kinder- und Jugendlichentherapie im Bewußtsein der Öffentlichkeit verankert ist, zeigt das gerade vorgelegte Forschungsgutachten (Mayer et al., 1991): nur zwei Bemerkungen sind dort auf die Kinder- und Jugendlichentherapie bezogen, diese nicht einmal auf alle Formen, sondern allein auf die analytischen Kinder- und Jugendlichentherapeuten, deren Grundqualifikationen nicht einmal der Psychologe ist. Es sind auch keine Aussagen zu den empirischen Überprüfungen der verschiedenen therapeutischen Ansätze gemacht, obwohl diese vorliegen.

1.1 Zur Ausbildungssituation

An den Psychologischen Instituten der deutschen Universitäten gibt es nur einen Lehrstuhl für dieses Gebiet. Die Vertretung des Gebietes wird häufig gekoppelt mit den Lehrstühlen für Entwicklungspsychologie oder Pädagogische Psychologie. Am häufigsten finden sich Lehrveranstaltungen, die lediglich durch Praktiker in Form von Lehraufträgen gestaltet werden. Die entsprechende Praxisintegration wird gelegentlich durch angegliederte Beratungsstellen (meist als 'An-Institut' oder als Privatverein der universitären Mitarbeiter ohne formale Anbindung an die Universität) oder in Form von Pflichtpraktika an den Arbeitsstätten der Lehrbeauftragten realisiert. Nur an sieben

Universitäten werden Lehrveranstaltungen speziell zu diesem Gebiet angeboten, der Umfang - meist unter Einschluß von Veranstaltungen zur Kinderdiagnostik - bewegt sich zwischen 2 SWS/Jahr und 24 SWS im Hauptstudium.

1.2 Zur Fort- und Weiterbildungssituation

Es dominieren drei Bereiche, die ganz verschiedenen intervenierenden Bedingungen gehorchen:

1.2 A Die Bundeskonferenz für Erziehungsberatung (BUKO)

Sie ist eine Dachorganisation privater Vereine auf Landesebene, die ein Zusammenschluß von Mitarbeitern öffentlicher und privater Erziehungs-, Ehe- und Lebensberatungsstellen sind. Durch die historische Entwicklung, die Anerkennung durch die Kultusminister der Länder und die Förderung durch Bundesministerien genießt diese Organisation das Ansehen einer öffentlichen Institution, ohne es zu sein. Die Fort- und Weiterbildung der BUKO unterliegt bestimmten ideologischen Zwängen, die durch die heterogene Zusammensetzung der Mitglieder und deren de facto rechtlich sehr unterschiedliche Absicherung, für die es viele sachliche Gründe gibt, bedingt sind. Historisch haben sich die Arbeitsfelder ungeachtet der vorhandenen Grundqualifikationen der Mitarbeiter stark verwischt, die nicht differenzierten Fortbildungsangebote für die Mitarbeiter haben ein übriges getan, so daß sich der Teamgedanke verändert hat zu einer annähernd undifferenzierten globalen Beratungs-(Therapie-)praxis. Demzufolge gibt es für den betrachteten Bereich (mit wenigen Ausnahmen, z.B. für die Sekretärinnen) auch keine für die Berufsgruppen spezifischen Fortbildungsangebote.
Das Angebot der BUKO beschränkt sich auf zwei Formen: Es wird durch ein Teilcurriculum "Eklektische Spieltherapie" (anderenorts auch als empirische, klientenzentrierte oder personenzentrierte Kindertherapie bezeichnet) mit einer kurzen Kursfolge von 3-5 Kursen in zwei Jahren, angeboten. Die Nachfrage ist wechselnd. Es besteht nicht das Ziel einer spezifischen Weiterbildung. Sonst werden nur Einzelkurse zu Anwendungsfeldern und Einzeltechniken angeboten.

1.2 B Der Berufsverband Deutscher Psychologen (BDP)

Die Entwicklung der Fort- und Weiterbildung ist auch hier eher von berufspolitischen Faktoren beeinflußt, als aus der fachlichen Notwendigkeit heraus: Mit der berufspolitisch wichtigen These der 70er Jahre, daß das Diplom in Psychologie berufsspezifizierend sei, war die Entscheidung verbunden, für spezifische Arbeitsfelder auch nur Fortbildung anzubieten. Die empirische Spieltherapie und die integrierte Kinderpsychotherapie waren die beiden Formen, die Kursfolgen (Fortbildungsreihen) regelmäßig

durchführten. Darüberhinaus gab es Einzelkurse zu Spezialfragen oder bestimmten Patientengruppen.
Immerhin legte die Sektion Klinische Psychologie bereits 1980 einen "Konzeptentwurf zur Fort- und Weiterbildung im Bereich von Kinder-, Jugendlichen- und Familienpsychotherapie" vor, der 1981 vor der Mitgliederversammlung verabschiedet wurde. Dieser Entwurf war auch mit Grundlage für das später entwickelte Weiterbildungsmodell der Föderation Deutscher Psychologenverbände zum Klinischen Psychologen-/Psychotherapeuten, ohne daß dort der Bereich Kinder- und Jugendlichenpsychotherapie extra erwähnt wurde. Bis heute existiert auch noch keine akkreditierte Weiterbildung für diesen Bereich.

1.2 C Private Institute und Therapieverbände

Beschränkte sich das Angebot vor 1985 weitgehend auf Einzelkurse zu spezifischen Problemen (meist angelehnt an Konzepte der Erziehungsberatung), so ist seit 1985 verstärkt zu beobachten, daß für das Feld der Kinder- und Jugendlichenpsychotherapie Systematisierungsversuche unternommen werden. Die meisten Angebote lehnen sich dabei an einzelne Erwachsenentherapieverfahren an, beschränken sich aber auf Einzelkurse und kurze Kursfolgen (Gestalttherapie, Psychodrama u.a.). 1988 veröffentlichte die GwG erstmals ein Curriculum, das (auf der Basis der Erwachsenentherapie, und diese auch als Grundcurriculum voraussetzend) Weiterbildungsmöglichkeiten für psychologische Laien ('abgeschlossene Berufsausbildung in einem psychosozialen Beruf') und für eine Auswahl von Berufen mit Fachhochschul- und Hochschulabschluß vorsieht. Dabei wird noch sehr feinsinnig zwischen 'personenzentrierter pädagogischer und psychotherapeutischer Arbeit und personenzentrierter Psychotherapie begrifflich wie auch in der Weiterbildungsdauer und den damit verbundenen Kosten unterschieden. Daß sich der Verein bewußt ist, hier eine Verschleierungstaktik verfolgt zu haben, die aus der heterogenen Mitgliederstruktur resultiert, wird daran deutlich, daß nunmehr im gerüchtedominierten Vorfeld eines Psychotherapiegesetzes für die Grundberufe des Arztes und des Psychologen eine weitere Aufstockung vorgenommen wird, damit die Weiterbildung in Inhalt und Dauer eine größere Anerkennungschance hat. Aus der bisherigen wissenschaftlichen Entwicklung dieser Therapieschule ist ein solcher Schritt nicht abzuleiten. Auch wird immer noch keine Differenzierung zwischen Medizinern und Psychologen vorgenommen, obwohl sich, was in vertraulichen Gesprächen bestätigt wird, herausgestellt hat, daß Absolventen des Medizinstudiums auch für diese, recht einfach strukturierte Therapieform, viel zu wenig Vorkenntnisse aus ihrem Grundstudium mitbringen (es sind hier Ausbildungsdefizite von mehreren hundert Stunden gegenüber den Psychologen im Gespräch).

Andere Therapieschulen (z.B. die in der DGVT vertretenen) haben bis dato kein Konzept für das Berufsfeld der Kinder- und Jugendlichenpsychotherapie vorgelegt. Seit 1987 existiert ein einziges Curriculum zur Weiterbildung in der Kinder-,

Jugendlichen- und Familienpsychotherapie, das als integriertes Konzept sich einerseits aus den wissenschaftlichen Erkenntnissen der Psychologie, andererseits aus der eklektischen Praxis ableitet und nicht einseitig dem Theoriegerüst einer Therapieschule verbunden ist (vgl. GIKFP, 1987). Die Nachfrage ist bei allen diesen Trägern im Vergleich zur Erwachsenentherapie relativ gering.

1.3 Zur Berufssituation

Die Zahl derjenigen, die zum überwiegenden Teil Psychotherapie für Kinder und Jugendliche anbieten, ist nicht bekannt. Aus den zugänglichen Veröffentlichungen läßt sich sumarisch feststellen, daß es im ärztlichen Bereich nur eine verschwindend geringe Zahl ausgebildeter Kinder- und Jugendlichenpsychotherapeuten gibt, daß in der Gruppe der analytischen Kinder- und Jugendpsychotherapeuten nur sehr wenige über die Grundqualifikationen des Psychologen verfügen (was u.a. zu teilweise grotesk langen Weiterbildungszeiten führt).
Die Zahl derjenigen, die Kinder- und Jugendlichenpsychotherapie mit anbieten, ist sehr groß. Dies läßt sich z.B. aus den Veröffentlichungen der BUKO ablesen. Im lokalen Hamburger Bereich weisen 17,7 % der erfaßten klinisch arbeitenden Psychologen die Kinderpsychotherapie als Angebot aus.
Einer demnächst erscheinenden Veröffentlichung (BAUMGÄRTEL, 1992) sind die beiden nachfolgenden Abbildungen entnommen. Es handelt sich um eine bundesweite Umfrage unter Mitgliedern des BDP:

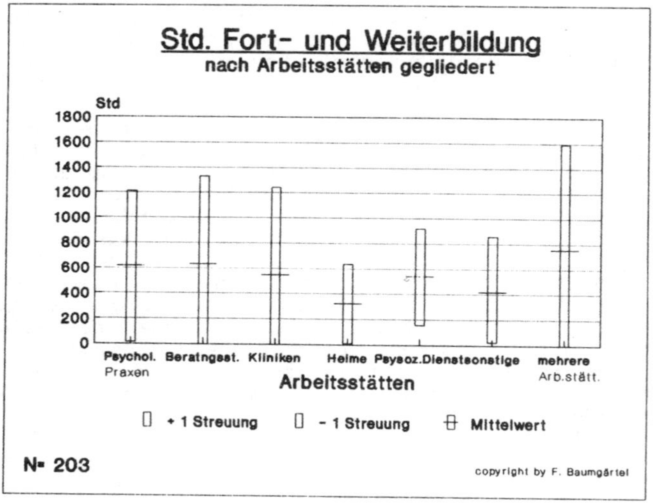

Abb. 1

Nach Arbeitsstätten differenziert sehen wir die durchschnittliche Stundenzahl, die Psychologen aufwenden, um sich fort- und weiterzubilden. Die individuellen Zahlen liegen sehr weit auseinander (50 - mehr als 3.000 Stunden), zeigen aber, daß im Mittel eine beträchtliche Qualifikation existiert. Es gibt auch Hinweise, daß das Arbeitsfeld mit seinen Anforderungen entscheidend prägt: so ist die Arbeit im Heim in der Regel so strukturiert, daß kaum Zeit für Psychotherapie bleibt, daß allenfalls begleitende therapieartige Tätigkeiten realisiert werden können. Ist darüber hinaus der Träger auch kaum bereit die Mitarbeiter hierfür finanziell zu unterstützen, bedarf es einer hohen Motivation, die zusätzlichen Belastungen freiwillig auf sich zunehmen. Darüber hinaus mag auch eine Rolle spielen, daß die Psychologen für die geforderten Tätigkeiten im Heim durch ihren Grundberuf gut vorbereitet sind.

Anders sieht es bei den Psychologen aus, die Teilzeitarbeit an verschiedenen Arbeitsplätzen ausüben müssen, weil das Arbeitsplatzangebot für Vollzeitjobs sehr gering ist: Diese Arbeitsstellen werden (ungeachtet der Entlohnung) überwiegend mit extrem hohen Anforderungen ausgeschrieben. So werden fast immer zwei bis drei schulenabhängige Fort- oder Weiterbildungszertifikate verlangt, die Stelle bekommt meist der Bewerber, der die unterschiedlichsten Scheine vorweist. Dies ist eine rein marktwirtschaftliche Pervertierung, da, wie bereits beschrieben, kaum öffentlich kontrollierte Fort- und Weiterbildungen existieren, und auch von der wissenschaftlichen Fundierung die zur Zeit existierende Aufsplitterung in mehr als hundert "Therapieschulen" nicht zu begründen ist, zu schweigen davon, daß für die meisten Arbeitsfelder keine Indikationsstudien existieren, die die Inflation der Scheine auch nur im mindesten rechtfertigen würde. Als besonders problematisch ist anzumerken, daß die Berufsgruppe mit mehreren Teilzeitarbeitsplätzen überwiegend aus Frauen besteht. Zusätzlich zur allgemeinen Belastung dieser Arbeitsform kommt noch der implizite Zwang zu überdurchschnittlichen Aufwendungen für die Fort- und Weiterbildung.

Die Abb. 2 zeigt nun die inhaltlichen Schwerpunkte der Fort- und Weiterbildung:

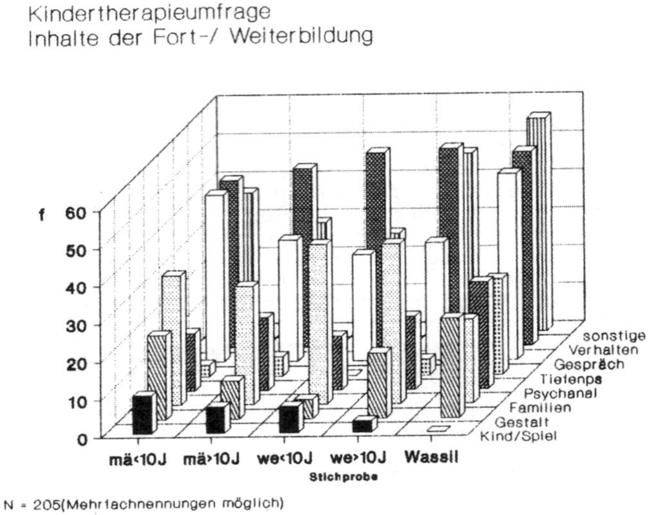

Abb. 2

Die untersuchte Stichprobe wurde zum einen nach Geschlecht, zum anderen nach der Dauer der Berufspraxis geteilt. Zum Vergleich wurde noch eine von Wasilewski (1989) untersuchte repräsentative bundesweite Stichprobe herangezogen. Im Unterschied zu der vorliegenden Untersuchung wurde dort nicht nach dem Schwerpunkt Kinderpsychotherapie differenziert.

Die Graphik zeigt zwei bemerkenswerte Ergebnisse: zum einen existiert die spezifische Fort- und Weiterbildung für Kinder- und Jugendliche kaum. Dies mag ein Beispiel des fast fehlenden Angebots in der Vergangenheit sein, zum anderen tendieren Frauen eher zur Familientherapie als die Männer (unabhängig von der Dauer der Berufspraxis).

2. Ursachen

Fragen wir uns nun, welche Ursachen für die vielfältigen Merkwürdigkeiten in der beruflichen Situation der Kinder-, Jugendlichen- und Familientherapeuten vorliegen, so stoßen wir auf ein ganzes Spektrum:

(1)
In der öffentlichen Diskussion um das Psychotherapeutengesetz wird eine der wichtigsten Ursachen nicht genannt, obgleich sie in der vertraulichen Diskussion eine nicht geringe Rolle spielt: die Faktizität oder schlicht Marktmacht, die entsteht durch die

historische Entwicklung und gesetzliche Teillösungen: die Medizin als einziger Heilberuf hat eine starke Marktstellung, die ihr zum einen Ressourcen zufallen läßt, um neue Arbeitsfelder schnell zu erschließen und zu besetzen. Die gesetzlichen Regelungen, die ein Reflex auf diese Tatsache sind und keineswegs impliziten logischen oder ethischen Regeln gehorchen, führen zu einer weiteren Zementierung dieser Tendenz. Ein zusätzlicher wichtiger Faktor ist der Erkenntnisgewinn und die praktische Prüfung, die allein im Arbeitsfeld geleistet werden kann.
Tritt historisch ein neuer Berufsstand auf, fehlen ihm meist diese wichtigen Ressourcen. Der marktwirtschaftliche Mechanismus einer Abspaltung neuer Berufe durch neue Arbeitsfelder wird durch gesetzliche Strukturmaßnahmen meist blockiert. Dies ist im Grundheitswesen mannigfaltig nachweisbar. Ein besonders eklatantes Beispiel liefert das Fach Psychiatrie, die zeitweilig kaum noch überschneidende Paradigmen mit der Medizin hatte. Allein der gesetzlich fixierte Arztberuf verhinderte eine Abspaltung. Dies gilt in besonderem Maße für den Bereich der Kinder und Juegendlichen: In diesem Felde fehlte von jeher die schmale Brücke einer organischen Grundlage für Verhaltensstörungen fast völlig. Ungeachtet dessen verblieb das Fach weiterhin in der Medizin und führende Vertreter (z.B. LEMPP) versuchen diese Tatsache aktiv zu verschleiern, indem sie Nebenargumente wie das gewachsene Vertrauen in einen historisch lange existierenden Beruf als zentrale Legitimation herausstellen.

(2)
Der historischen Dynamik gehorcht auch eine andere Ursache: Die Psychoanalyse war die erste Therapieform mit größerer Breitenwirkung und schneller gesetzlicher Anerkennung (wenngleich auch zuerst unter dem Deckmantel ärztlicher und damit legitimierter Heiltätigkeit). Von ihr getragene oder in ihr begründete Therapieformen erwarben dadurch auch eine große Marktmacht, ohne sich selbst legitimieren zu müssen. Obgleich historisch in der Psychoanalyse die Kindertherapie lange Zeit als eine beargwöhnte und bestenfalls als "Laienanalyse" zu verstehende Therapieform galt, die deshalb auch von den so definierten Laien (das waren summarisch Nichtärzte im Verständnis der Analyse) betrieben werden konnte, war sie lange Zeit (bis in die siebziger Jahre in Deutschland) die einzige kassenrechtlich anerkannte Kindertherapieform. Bedingt durch die aus den historischen Analysen des analytischen Weltbildes bekannten impliziten Theorien, daß Kinder bestenfalls etwas für Pädagogen oder Frauen seien, kamen die führenden Vertreter auch aus diesen Gruppen und bis heute wird die analytische Kindertherapie kaum von Ärzten, sondern fast ausschließlich von "Laien" betrieben.

(3)
Eine weitere, historisch zu verstehende Ursache liegt darin, daß die Kindertherapie als "Ableger" der Erwachsenentherapien entwickelt wurden, indem man immer prüfte, inwieweit es notwendig war, von der in der Erwachsenentherapie üblichen Praxis

abzuweichen. Hieran ist sicher auch der Faktor mitbeteiligt, daß in der Medizin und auf der Basis des medizinischen Menschenbildes, keine Erkenntnisse zur psychischen Entwicklung des Kindes und Jugendlichen existieren, so daß erst fachübergreifende Erkenntnisse der Psychologie importiert werden mußten, was naturgemäß spärlich und mit großem time lag erfolgte. Auch die später entwickelten Ableger der Psychosomatik wurden im Bereich der Kinder fast ausschließlich auf der Psychologie begründet.

(4)
Wie bereits ausgeführt ist zur Durchsetzung eines Berufes die Praxis von großer Bedeutung. Für das Arbeitsfeld Kinder- und Jugendlichentherapie gab es zwei Möglichkeiten zur Praxis: zum einen die körperliche Erkrankung des Kindes, dann führte der Weg über den Hausarzt zur medizinischen Klinik mit ihrer interventiven Legitimation, die zwanglos auch auf den Sektor der Psychointervention übertragen wurde. Zum anderen führten Abweichungen vom erwarteten Verhalten (meist erst bei der Begegnung mit dem formalen Bildungswesen öffentlicher Gegenstand) zu Hilfsangeboten, die, nicht zur Intervention berechtigt, nur Beratung anbieten durften. Daß die Psychologie als relativ junges und öffentlich allein akademisch anerkanntes Fach die absolut meisten und durch die wissenschaftliche Fundierung relevanteren Erkenntnisse beisteuern konnte, blieb von sehr beschränkter Wirkung, da ihr die Möglichkeiten zur praktischen Prüfung (bis in jüngste Zeit, s. 1.1) weitgehend versagt blieben.

(5)
Da sich unabhängig von der dominanten Marktmacht in den Nischen eine Vielzahl von Interventionen im Feld zwischen pädagogischem Lernen und psychotherapeutischem Neu- oder Umlernen entwickelte, blieb als Weg vielfach der Eklektizismus. Dieser dominiert auch heute noch, obgleich eine wissenschaftliche Fundierung aus den Erkenntnissen der Grundlagenwissenschaft Psychologie möglich ist (tatsächlich ist bisher nur ein Buch erschienen, daß konsequent die Kindertherapie aus der Psychologie ableitet).

3. Schlußfolgerungen

a)
In Erkenntnis der geschilderten Defizite hat der BDP im Herbst 1990 "Leitlinien zur psychotherapeutischen Versorgung von Kindern, Jugendlichen und Familien" verabschiedet, die Auswirkungen sowohl auf die universitäre Ausbildung, wie auf die Fort- und Weiterbildung haben, die aber auch von einer zukünftigen gesetzlichen Regelung berücksichtigt werden müssen. Im vorliegenden Zusammenhang sind die folgenden Kernsätze von Bedeutung:

> "4. Kinderpsychotherapie ist der integrale Bestandteil der Klinischen Psychologie.

5. Die Ausübung von Kinderpsychotherapie setzt die wissenschaftliche Ausbildung in Psychologie voraus. Notwendige Kenntnisse und das Anwendungswissen in der Gesamtheit werden nur im akademischen Studium zum Diplom-Psychologen erworben.
6. Nur der Diplom-Psychologe bietet die Voraussetzung dafür, in einer postgraduierten Weiterbildung Kompetenz zur eigenverantwortlichen Ausübung der Psychotherapie mit Kindern, Jugendlichen und Familien als Heilkunde zu erwerben.
7. Diese Psychotherapie von Kindern, Jugendlichen und Familien unterscheidet sich grundlegend von der Arbeit nach medizinischen, heil- und sozialpädagogischen sowie anderen Ansätzen.
8. Die wechselseitige Abhängigkeit körperlicher, geistiger, seelischer und sozialer Entwicklungsprozesse setzt die gegenseitige Konsultation der in der Heilkunde tätigen Diplom-Psychologen und Ärzte voraus."

b)
Die Universitäten müssen Kinderpsychotherapie als eigenständigen Bereich mit Anbindung an Klinische Psychologie und unter Einbezug des Grundlagenfaches Entwicklungspsychologie ausweisen.

c)
Die Curricularisierung als eigenständiges Teilfach in der Psychologie und als integrierter Ansatz auf grundwissenschaftlicher Basis in der Weiterbildung muß vorangetrieben werden.

d)
In den psychologischen Fachbereichen müssen eigenständige klinische Forschungs- und Versorgungseinrichtungen geschaffen werden, (ohne Zweifel billiger wäre die Ausgliederung der Kinderpsychiatrien aus der Medizin, aber daß in diesem Bereich weder Kosten- noch logische Argumente gelten, hat die Entwicklung der Medizinischen Psychologie und ihre Anbindung an die Medizin mit allen Folgekonflikten gezeigt), um in Zukunft eine stärkere Umsetzung psychologischer Erkenntnisse unmittelbar in die Praxis und die Ablösung weitgehend eklektischen Vorgehens durch ein fundiertes, integriertes Kinderpsychotherapiekonzept voranzutreiben.

Literatur

Ausschuß der Sektion Klinische Psychologie für Psychologische Behandlung von Kindern, Jugendlichen, Familien und Bezugspersonen. (1980). Rahmenrichtlinien zur Fortbildung in Psychologischer Behandlung von Kindern, Jugendlichen, Familien und Bezugspersonen (KJFB). Bonn: BDP.

Baumgärtel, F. (in Druck): Zur beruflichen Situation von Kinder- und Familienpsychotherapeuten. Bonn: DPV.

BDP (1990): Leitsätze der psychotherapeutischen Versorgung von Kindern, Jugendlichen und Familien. Bonn: BDP.

Frohburg, Inge (1990): Auskünfte über die Psychotherapie in der DDR. GwG-Zeitschrift 79, 6, 105-111.

Gesellschaft für Integrierte Kinder- u. Familienpsychotherapie (Ed.) (1987): Fort- u. Weiterbildung in Integrierter Kinder- und Familienpsychotherapie. Hamburg: Lehr- und Fortbildungsinstitut der GIKFP.

GwG (1988): Richtlinien und Durchführungsbestimmungen für die Weiterbildungen: Personenzentrierte pädagogische und psychotherapeutische Arbeit mit Kindern und Jugendlichen. Köln: GwG.

Heekerenz, H.P. (1991): Familientherapie auf dem Prüfstand. Acta Paedopsychiatrica, 54, H1, 58-67.

Meyer, A.E.; Richter, R.; Grawe, K.; Schulenberg, J.-M.G. & Schulte, B. (1991): Forschungsgutachten zu Fragen des Psychotherapeutengesetzes. Hamburg: Universitätskrankenhaus Eppendorf.

Wasilewski, R. (1989): Kosten der Psychotherapie bei Klinischen Psychologen. Nürnberg: Institut der Freien Berufe.

Anwendungs- und forschungsorientierte Aus- und Weiterbildung in Autogenem Training

Ein Beispiel für den Erwerb psychologischer Basiskompetenzen

Günter Krampen

Eine Verstärkung der Anwendungsorientierung in der Hauptdiplomausbildung von Psychologen wird (nahezu) allerorten gefordert. Ebenso wie in der postgradualen Fort- und Weiterbildung wird dabei primär an den Erwerb von Handlungskompetenzen in unterschiedlichsten psychologischen Interventionsmethoden, allenfalls sekundär an den Erwerb von psychodiagnostischen Kompetenzen und zumeist überhaupt nicht an den Erwerb von Forschungskompetenzen gedacht. Dahinter verbirgt sich ein Verständnis, nach dem Diagnostik und Forschungsmethoden hinreichend im Studium verankert seien, daß es aber an Lehrveranstaltungen zu Interventionsmethoden mangele, die mit Anwendung von Psychologie und psychologischer Praxis gleichgesetzt werden.
Angewandte Psychologie umfaßt nun aber nicht nur den Bereich der psychologischen Intervention, sondern auch die Bereiche der Diagnostik und der (angewandten) Forschung. Genauso wie eine reine Ausbildung in Diagnostik und Forschungsmethoden in der Gefahr ist, inhaltsarm, handlungsfern und abstrakt zu bleiben, bleibt eine allein auf Interventionsmethoden orientierte Aus- und Weiterbildung wissenschaftlich unfundiert, gerät in die Gefahr der Anwendung idiosynkratischer Beliebigkeiten und ist damit lediglich durch das Kriterium der Konkretheit im Handeln, das aber selbst fraglich - da wissenschaftlich nicht abgesichert, nicht "hinterfragt" - bleibt, bestimmt. Überdies ist zu betonen, daß eine an konkreten Beispielen und - vor allem auch - an Selbsterfahrungen ausgerichtete Aus- und Weiterbildung in diagnostischen und evaluativen Ansätzen sowie Forschungsmethoden ebenfalls das Niveau abstrakter Wissensvermittlung (etwa über Testtheorie und Methodologie) verläßt und für den Auszubildenden anschaulich, persönlich relevant und damit konkret wird.

Exemplarisch für die Aus- und Weiterbildung im Autogenen Training (AT) wird im folgenden die a priori gegebene Vernetzung von Interventionsmethodik, Forschungsmethodik sowie Diagnostik und Evaluation im Rahmen der Aufgabenstellungen der Angewandten Psychologie erläutert. Die AT-Ausbildung wird damit als eine Möglichkeit (unter anderen) für den Erwerb psychologischer Basiskompetenzen in allen Bereichen der Angewandten Psychologie verstanden. Ein entsprechendes Ausbildungskonzept, das neben Selbsterfahrungen mit der Methode, theoretischer Grundlagenarbeit und Anwendungen der Methode auch die interventionsorientierte Diagnostik und Evaluation sowie die angewandte Forschung beinhaltet, wird beschrieben.

1. Zur Vernetzung anwendungs- und forschungsorientierter Aus- und Weiterbildung von Psychologen

Bereits in einem sehr einfachen Ablaufschema für problembezogenes psychologisches Denken und Handeln (vgl. Schneewind, 1973; siehe Abbildung 1) wird die Integration psychologischer Interventionen - seien sie präventiv oder korrektiv-therapeutisch ausgerichtet - in die klassischen Aufgabenstellungen der Psychologie deutlich.

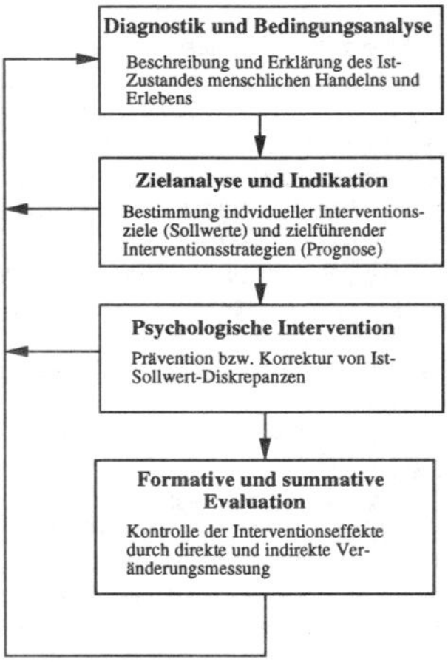

Abbildung 1
Allgemeines Ablaufschema für problembezogenes psychologisches Denken und Handeln (leicht modifiziert nach Schneewind, 1973, S. 239)

Abb. 1

Interventionen basieren

(1.) stets auf einer Beschreibung und Erklärung des menschlichen Handelns und Erlebens (Diagnostik und Bedingungsanalyse des Ist-Zustandes), implizieren
(2.) Bestimmungen individueller Interventionsziele (Sollwerte) und zielführender Interventionsstrategien (Zielanalyse und Indikationsstellung) und bedürfen
(3.) der Effektkontrolle im Sinne der formativen (interventionsbegleitenden) und summativen Evaluation.

Die alleinige Konzentration auf die Aufgabenstellung der Intervention und die Vernachlässigung der anderen, durchaus auch

konkreten und handlungsnahen psychologischen Aufgabenstellungen der Beschreibung, Erklärung, Normanalyse, Prognose und erneuten Beschreibung (= Effektkontrolle) führt in einen Interventionsaktionismus, der weder wissenschaftlichen Kriterien noch dem Kriterium der Plausibilität des Handelns genügen kann. Psychodiagnostik und Evaluation, theoriegeleitete Explikation und Prognose (Indikation) sowie Zielanalysen und -bestimmungen sind somit integrative Teilbereiche der psychologischen Interventionspraxis (vgl. hierzu auch Kaminski, 1970) und als solche auch in der Aus- und Weiterbildung von Psychologen zu behandeln.
Die Vermittlung (in Aus- und Weiterbildung) und die Anwendung psychologischer Interventionsmethoden ohne Berücksichtigung dieser diagnostischen, explikativen, prognostischen, normativen und evaluativen Aufgabenstellungen ist nicht nur als Interventionsaktionismus zu kennzeichnen, sondern widerspricht auch den ethischen Grundsätzen psychologischer Berufstätigkeit (vgl. hierzu Berufsverband Deutscher Psychologen, 1980). "Im Blindflug" wird dabei nämlich ohne Abklärung der Symptomatik, der Ätiologie, der Interventionsziele und der Indikations- sowie Kontraindikationsstellung eine verfügbare Interventionstechnologie appliziert, deren Effekte nicht oder allenfalls nach dem Zufallsprinzip überprüft werden. Im Vordergrund des Interventionsaktionismus steht damit im Grunde nicht der Klient, sondern vielmehr das (Wenige), was der Psychologe an "Psychotechnik" "kann", wobei zudem auch noch häufig in "Guruartiger" Manier allein auf die positive Wirkung und Ausstrahlung der eigenen Person gesetzt wird.

Die Vermittlung und Anwendung psychologischer Interventionsmethoden muß also stets **alle** Aufgabenstellungen der Psychologie - die Beschreibung, Erklärung, Vorhersage und Modifikation menschlichen Verhaltens und Erlebens sowie die damit verbundenen normativen Fragen - berücksichtigen. Geschieht dies in systematischer und standardisierter Form, so resultieren automatisch Datensätze, die als Einzelfallstudien oder - zusammengefaßt - als Stichproben der angewandten Forschung zur Verfügung stehen. Angewandte Forschung tut gerade bei der empirischen Fundierung und Weiterentwicklung psychologischer Interventionsverfahren not. Nach wie vor mangelt es an Studien, die jenseits der theoretischen Grundlegung und der laborexperimentellen Absicherung den spezifischen Wert solcher Interventionsmethoden in konkreten Anwendungsfeldern der Psychologie untersuchen. Hier sind die im Studium erworbenen spezifischen Forschungskompetenzen von Psychologen gefordert.

Zu bedenken ist, daß die Psychologieausbildung in der Bundesrepublik Deutschland nicht primär auf die Anwendung psychologischen Wissens in bestimmten Arbeitsbereichen ausgerichtet ist, sondern auf die Vermittlung von psychologischem Grundwissen, von (exemplarischem) Spezialwissen in einigen Vertiefungsbereichen und - dies vor allem - auf den Erwerb von Methoden, Fähigkeiten und Fertigkeiten, psychologische Untersuchungsbefunde kritisch zu analysieren und selbst zu produzieren (vgl. hierzu auch Krampen, 1982).

Psychologe in der Praxis zu sein, heißt dann aber auch, dieses Wissen in aktiver Forschungsarbeit anzuwenden, also diese Spezialistenrolle bewußt zu übernehmen. Die forschungsbezogene Tätigkeit von Psychologen darf nicht mit der Diplomarbeit beendet sein, sondern sollte geradezu umgekehrt mit ihr beginnen, da Forschungskompetenzen ganz zentrale Lerninhalte des Studiums sind. Damit soll nicht behauptet werden, daß Psychologen nur forschen sollten; Forschungsaktivitäten, die in enger Beziehung zum Tätigkeitsfeld und den darin notwendigen psychologischen Arbeiten stehen, sollten jedoch verstärkt hinzutreten und einen wesentlichen Teil der beruflichen Identität und Tätigkeit ausmachen. Dies ist für die Weiterentwicklung der Psychologie, ihre Anwendungsbezogenheit und die Entwicklung psychologischer Praxisfelder von zentraler Bedeutung. Anwendungsbezogenes Wissen basiert im wesentlichen auf angewandter Forschung, für die die in den verschiedenen Anwendungsbereichen der Psychologie tätigen Psychologen qualifiziert sind. Da dies im besonderen für die Fundierung und empirische Prüfung psychologischer Interventionsmethoden gilt, sind sowohl typische Fragestellungen als auch in Anwendungskontexten praktikable Forschungsmethoden in der Aus- und Weiterbildung zu vermitteln. Eine erlebnis- und handlungsnahe - somit konkrete - Möglichkeit dafür ist mit der Selbsterfahrung bei der Vermittlung psychologischer Interventionsmethoden (wie etwa dem Autogenen Training) und der darauf aufbauenden, angeleiteten Forschungsarbeit gegeben. Damit soll bei Psychologen eine beruflichen Identität gefördert werden, nach der (angewandte) Forschung - ebenso wie die psychodiagnostischen, evaluativen, explikativen, prognostischen und normativen Aufgabenstellungen - ein integraler Bestandteil der psychologischen Berufspraxis ist.

2. Aus- und Weiterbildung in Autogenem Training als Beispiel

Die Aus- und Weiterbildung in der Grundstufe des Autogenen Trainings ist für die Integration aller Aufgabenstellungen der Psychologie und der angewandten Forschung als Beispiel besonders geeignet, da diese Interventionsmethodik (1.) für die Auszubildenden verhaltens- und erlebnisnah ist, (2.) eine breite Anwendungspalette in ambulanten und stationären Kontexten aufweist, (3) sowohl über präventive als auch über therapeutisch-korrektive Indikationsstellung verfügt sowie (4.) als ein Basispsychotherapeutikum Grundlage einer Fülle elaborierter psychotherapeutischer Ansätze und Bestandteil einer Reihe kombinierter Therapieprogramme ist. Als günstig für die Aus- und Weiterbildung in psychotherapeutischen Methoden erweist sich auch, daß das Autogene Training sowohl zu tiefenpsychologischen und übenden Ansätzen als auch zu gesprächspsychotherapeutischen und verhaltensmodifikatorischen Methoden Bezüge aufweist sowie alle wesentlichen therapieunspezifischen Wirkfaktoren (wie etwa Klientenerwartungen, Qualität der Klient-Therapeut-Beziehung, Gruppenfaktoren etc.) impliziert (vgl. etwa Garcia, 1983;

Krampen, 1992). Damit wird einer Fixierung des Psychologen auf eine ausgewählte psychotherapeutische Richtung mit den zumeist gegebenen Indikationsbeschränkungen zugunsten einer pluralistischen, jedoch nicht notwendiger Weise eklektizistischen Orientierung vorgebeugt (vgl. hierzu auch Bastine, 1990; Krampen, 1980, 1992). Die Aus- und Weiterbildung im Autogenen Training profitiert schließlich u.a. auch von der historischen Leistung von Schultz (1932), in den 20er Jahren dieses Jahrhunderts erstmalig eine psychologische Interventionsmethodik vorgestellt zu haben, die (a) neben korrektiv-therapeutischen explizit präventive Ziele aufweist, (b) auf den heterosuggestiven Zugang zugunsten der Betonung der Aktivität und Selbststeuerung des Klienten/Kursteilnehmers verzichtet (und damit die Klient-Therapeut-Beziehung neu definiert) sowie (c) sowohl in Einzelsitzungen als auch - und dies im besonderen - in Gruppen angewendet werden kann. Dies ist nicht nur von psychotherapiehistorischem Interesse, sondern qualifiziert das Autogene Training durch diese Rahmenbedingungen (vom Auszubildenden aktiv selbst gesteuerte Selbsterfahrungen in einer psychologischen Interventionsmethode unter präventiven Aspekten, die in der Gruppe und in Einzelanwendungen realisiert werden) besonders für die Aus- und Weiterbildung.

Basis der seit mehreren Jahren realisierten Aus- und Weiterbildung von Psychologen in der Grundstufe des Autogenen Trainings ist die oben skizzierte Vernetzung von Interventionsmethodik, Forschungsmethodik sowie Diagnostik und Evaluation im Rahmen der Aufgabenstellungen der psychologischen Praxis. Den Ausgangspunkt bilden dabei Selbsterfahrungen der Kursteilnehmer, die sich nicht nur auf die Interventionsmethode - das Autogene Training - sondern auf all diese Elemente beziehen. Mit der Abfolge von fünf curricularen Elementen wird eine schrittweise Annäherung an die selbständige Kursleitung, die alle Aufgabenstellung der Psychologie und auch die angewandte Forschung umfaßt, vollzogen. In Abbildung 2 ist der Ablauf der Aus- und Weiterbildung zur Grundstufe des Autogenen Trainings mit seinen fünf Bestandteilen schematisch dargestellt.

Das erste Element der Aus- und Weiterbildung (siehe I. Kurs A in Abb. 2) besteht aus einem regulären Einführungskurs zur Grundstufe des Autogenen Trainings, der in acht Doppelstunden (im wöchentlichen Abstand) mit maximal 15 Teilnehmern durchgeführt wird. Dazu gehören Selbsterfahrungen der Teilnehmer in (1) der interventionsorientierten Diagnostik, (2) der damit verbundenen Bedingungs- und Zielanalyse sowie Indikation, (3) der Prozeß- und kurzfristigen Produktevaluation sowie (4) der angewandten Forschung zum Autogenen Training.

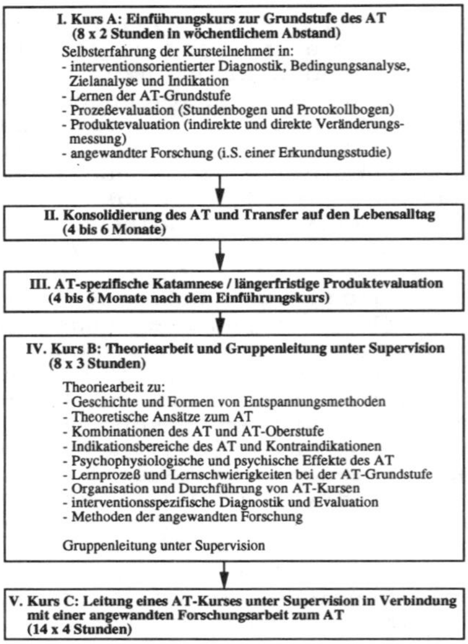

Abbildung 2
Ablauf der Aus- und Weiterbildung zur Grundstufe des Autogenen Trainings

Abb. 2

Für die standardisierte, jedoch in hohem Maße interventionsbezogene Psychodiagnostik und Evaluation wird das speziell für Einführungskurse zum Autogenen Training entwickelte "Diagnostische und Evaluative Instrumentarium zum Autogenen Training" (AT-EVA; Krampen, 1991a) verwendet. AT-EVA umfaßt neben einem interventionsspezifischen und indikationsorientierten Anamnesebogen (AT-ANAM) eine änderungssensitive Symptomliste für das Autogene Training (AT-SYM), Instrumente zur Prozeßevaluation in den Gruppensitzungen (AT-STB) und der AT-Übungen außerhalb der Gruppe (AT-PROTO) sowie zur direkten (VFE) und indirekten Veränderungmessung (AT-SYM; siehe hierzu Krampen, 1991a). Im Zusammenhang mit Gruppen- und ggfs. auch Einzelgesprächen werden auf der Basis dieser diagnostischen und prozeß-evaluativen Daten die Aufgabenstellungen der Bedingungsanalyse, Zielanalyse, Indikationsstellung und Intervention realisiert. In den Einführungskurs integriert wird zudem eine wissenschaftliche Untersuchung (i.S. einer Erkundungsstudie), für deren Themen noch Beispiele gegeben werden (s.u.). Das erste Elemente der Aus- und Weiterbildung zum Autogenen Training unterscheidet sich somit kaum von einem Einführungskurs wie er etwa in der offenen Erwachsenenbildung durchgeführt wird. Als Lektüre wird lediglich ein Übungsheft zum Autogenen Training (Krampen, 1991b) empfohlen, das weitgehend dem AT-Standardvorgehen folgt.

Das zweite Element der Aus- und Weiterbildung zum Autogenen Training (siehe II. in Abb. 2) bezieht sich auf die Konsolidierung des Gelernten und den Transfer der AT-Übungen auf den Lebensalltag. Die Ausbildungsteilnehmer lernen hier persönlich die Schwiergkeiten kennen, die bei vielen Kursteilnehmern nicht nur bei der Realisierung der häuslichen AT-Übungen während der Kurslaufzeit sondern insbesondere in der Zeit nach Kursabschluß bestehen. Minimal ist dafür eine Zeitspanne von drei bis vier Monaten (ohne Betreuung, aber mit Kontaktmöglichkeit) anzusetzen.

Vier bis sechs Monate nach Abschluß des Einführungskurses wird eine AT-spezifische Katamnese durchgeführt (siehe III. in Abb. 2), die der längerfristigen Produktevaluation dient und ggfs. um Datenerhebungen erweitert wird, die sich auf die in die Ausbildung integrierte wissenschaftliche Untersuchung beziehen. Routinemäßig kann dafür der Katamnesebogen AT-KATAM aus AT-EVA (Krampen, 1991a), der mit der aktuellen Übungshäufigkeit, den subjektiven Formelwirkungen, den Einstellungen zum AT und dem aktuellen Befinden zentrale katamnestische Variablen erfaßt, verwendet werden.

Im Anschluß an die Katamnese findet Kurs B (siehe IV. in Abb. 2) statt, für den bei maximal 15 Teilnehmern acht Sitzungen zu jeweils drei Stunden anzusetzen sind. Kurs B integriert die Vermittlung von Grundwissen über das Autogene Training und erste Erfahrungen der Teilnehmer bei der Leitung einer AT-Gruppe unter Supervision. Der Ablauf der Sitzungen umfaßt in der Regel nach (1.) einer ersten AT-Übung in der Gruppe, die - einschließlich des folgenden Gruppengesprächs - von einem Teilnehmer geleitet wird, (2.) die Rückmeldung an den Übungsleiter durch die Gruppe, (3.) die Beschäftigung mit einem theoretischen Aspekt des Autogenen Trainings (in Form eines Referats), (4.) (nach einer kurzen Pause) eine zweite AT-Übung, die von einem anderen Teilnehmer geleitet wird, (5.) die Rückmeldung an den Übungsleiter und (6.) die Beschäftigung mit einem weiteren theoretischen Aspekt des Autogenen Trainings. Die Themen, die bei der Vermittlung des Grundwissens über das Autogene Training auf jeden Fall abgehandelt werden sollten, sind in Abb. 2 (unter IV.) stichwortartig aufgeführt. In dem Lehr- und Übungsbuch zum Autogenen Training (Krampen, 1992) finden sich Überblicksdarstellungen für alle Themenbereiche und Hinweise auf Vertiefungsliteratur, die in den Referaten behandelt und in der Gruppe diskutiert werden sollten. Zentraler Bestandteil von Kurs B ist zu den geeigneten Zeitpunkten die Rückgabe aller diagnostischen und evaluativen Daten (aus Kurs A und der Katamnese) an die Teilnehmer. Durch die idiographische Auswertung werden Reflexionen des eigenen, nur relativ kurze Zeit zurückliegenden Lernprozesses beim Erwerb des Autogenen Trainings möglich, die die interventionsspezifische Diagnostik und Evaluation für die Teilnehmer erlebnisnah, konkret und persönlich relevant machen. Ähnliches gilt für die Präsentation der Ergebnisse der den Kurs A begleitenden wissenschaftlichen Untersuchung. Die Darstellung der Fragestellung, des methodischen Zugangs und der Ergebnisse sollte thematisch integriert sein, um die theoretische und praktische Relevanz solcher angewandter Forschungsarbeiten zu verdeutlichen.

Den Abschluß der Aus- und Weiterbildung zum Autogenen Training bildet Kurs C (V. in Abb. 2), der in Kleingruppen mit fünf bis sechs Teilnehmern durchgeführt werden sollte. Neben der selbständigen Leitung eines Einführungskurses zur AT-Grundstufe mit regelmäßigen Vor- und Nachbesprechungen (also unter Supervision) wird dabei eine angewandte Forschungsarbeit zum Autogenen Training durchgeführt, die an den in der Erkundungsstudie (Kurs A) gewonnenen Erkenntnissen ansetzen und etwa die externe Validität der Ergebnisse in konkreten Anwendungsbereichen des Autogenen Trainings überprüfen kann. Dazu bieten sich etwa zeitverschobene Kontrollgruppen-Versuchspläne oder auch quasi-experimentelle Untersuchungsanlagen, die auch unter institutionellen und organisatorischen Restriktionen praktikabel sind, an. Exemplarisch für solche angewandte Forschungsarbeiten, die im Rahmen entsprechender Aus- und Weiterbildungskurse zum Autogenen Training bislang durchgeführt wurden, seien Untersuchungen zur indikativen Bedeutung generalisierter Kontrollüberzeugungen für das AT (Krampen & Ohm, 1985; Krampen, 1991c, S. 68ff.), zur Entwicklung interventionsspezifischer diagnostischer und evaluativer Verfahren für AT-Kurse (Krampen, 1991b), zum empirischen Vergleich eines massierten (Vermittlung der Grundstufen-Formeln in drei Sitzungen) versus verteilten Vorgehens (pro Sitzung Einführung einer AT-Formel) sowie zu den Effekten kurzer AT-Kurse und zur Optimierung des Lernprozesses durch Protokollbogen für die häuslichen Übungen bei solchen Kursen (Krampen, Main & Waelbroeck, 1991) genannt.

3. Schlußbemerkungen

In dem skizzierten Modell zur Aus- und Weiterbildung in der Grundstufe des Autogenen Trainings stehen - neben der Vermittlung von Wissen über die Interventionsmethodik, ihre Indikationen und Kontraindikationen sowie Effekte - Selbsterfahrungen der Teilnehmer im Vordergrund, die sich nicht alleine auf die Interventionsmethode, sondern vor allem auch auf die damit verbundene interventionsspezifische Diagnostik, Evaluation, Indikationsstelung, Bedingungs- und Zielanalyse sowie die Aufgabenstellung der angewandten Forschung beziehen. Die damit bislang gemachten Erfahrungen sind positiv, was sich nicht zuletzt in einigen Beiträgen zur weiteren (angewandten) Erforschung des Autogenen Trainings, seiner Kombination mit anderen psychotherapeutischen Zugängen und Varianten zeigt. Die Integration von Anwendungs- und Forschungsorientierung erweist sich so sowohl für die Aus- und Weiterbildung von Psychologen als auch für die Anwendung von Interventionsmethoden in der psychologischen Praxis von Nutzen und ist damit ein Beispiel für die Vermittlung von Basiskompetenzen in der Angewandten Psychologie. Ohne dabei etwa den Kriterien eines tiefenpsychologisch orientierten "Therapeuten für Autogenes Training" der "Österreichischen Gesellschaft für Autogenes Training und Psychotherpie" (ÖGATAP; vgl. hierzu Roßmanith, 1990), die neben Kompetenzen bei der Durchführung der analytischen Oberstufe auch (therapieschulen-spezifische) tiefenpsychologische und psychoanalytische Kenntnisse umfassen, oder der Weiterbildungskonzeption des AK Autogenes Training Progressive Rolaxation der Sektion Klinische Psychologie des BDP zu entsprechen, führt die dargestellte Aus- und Weiterbildung zu einem fundierten Grundwissen und entsprechenden Kompetenzen für die Durchführung von Einführungskursen zur Grundstufe des Autogenen Trainings in unterschiedlichsten (ambulanten und stationären) Anwendungskontexten und bannt durch die Integration aller wichtigen Aufgabenbereiche der Psychologie die Gefahr des Interventionsaktionismus. Als Zeitrahmen für die gesamte Aus- und Weiterbildung ist minimal ein Jahr anzusetzen. In wesentlich kürzeren Ausbildungszeiten (etwa der "Vermittlung" des Autogenen Trainings an ein oder zwei Wochenenden) sind sowohl die Möglichkeiten für Selbsterfahrungen (Lernen, Konsolidierung und Transfer der Methode, interventionsspezifische Diagnostik und Evaluation, Bedingungs- und Zielanalyse, Indikation, Gruppenleitung) als auch die für die Planung, Auswertung und Diskussion von angewandten Forschungsarbeiten in einem Maße eingeschränkt, die zu ihrer Disqualifikation führen müssen.

Literatur

Bastine, R. (1990). Die Überwindung psychotherapeutischen Schulendenkens: Hindernisse und Hoffnungen. In H. Lang (Hrsg.), Wirkfaktoren der Psychotherapie (S. 209-218). Berlin: Springer

Berufsverband Deutscher Psychologen (Hrsg.) (1980). Ethischer Rahmen psychologischer Berufstätigkeit. Report Psychologie, 5(4), 14-17

Garcia, J. (1983). Autogenes Training und Biokybernetik. Stuttgart: Hippokrates

Kaminski, G. (1970). Verhaltenstheorie und Verhaltensmodifikation. Stuttgart: Klett

Krampen, G. (1980). Instrumentelle Überzeugungen und Werthaltungen in der Psychotherapie. In W. Schulz & M. Hautzinger (Hrsg.), Klinische Psychologie und Psychotherapie (Bd. 1, S. 115-128). München: Steinbauer & Rau

Krampen, G. (1982). Optimierung psychologischer Praxis in der Heimerziehung durch Forschung. Psychologie in Erziehung und Unterricht, 29, 229-238

Krampen, G. (1991a). Diagnostisches und Evaluatives Instrumentarium zum Autogenen Training (AT-EVA). Göttingen: Hogrefe

Krampen, G. (1991b). Übungsheft zum Autogenen Training. Stuttgart: Verlag für Angewandte Psychologie Hogrefe

Krampen, G. (1991c). Fragebogen zu Kompetenz- und Kontrollüberzeugungen (FKK). Göttingen: Hogrefe

Krampen, G. (1992). Einführungskurse zum Autogenen Training: Ein Lehr- und Übungsbuch für die psychosoziale Praxis. Stuttgart: Verlag für Angewandte Psychologie Hogrefe

Krampen, G. & Ohm, D. (1985). Zur indikativen Bedeutung von Kontrollüberzeugungen für das autogene Training. In F.-J. Hehl, V. Ebel & W. Ruch (Hrsg.), Diagnostik psychischer und psychophysiologischer Störungen (S. 231-252). Bonn: Deutscher Psychologen Verlag

Krampen, G., Main, C. & Waelbroeck, O. (1991). Optimierung des Lernprozesses beim Autogenen Training bei kurzer Kurslaufzeit durch Übungsprotokolle. Zeitschrift für Klinische Psychologie, Psychopathologie und Psychotherapie, 39, 33-45

Roßmanith, S. (1990). Die tiefenpsychologische Konzeption des Autogenen Trainings in Vermittlung und Ausbildung. In G. Gerber & F. Sedlak (Hrsg.), Autogenes Training - mehr als Entspannung (S. 84-99). München: Reinhardt

Schneewind, K.A. (1973). Zum Selbstverständnis der Psychologie als anwendungsorientierter Wissenschaft vom menschlichen Handeln und Erleben. Psychologische Rundschau, 14, 227-247.

Schultz, J.H. (1932/1987, 18.Aufl.). Das autogene Training. Stuttgart: Thieme.

Psychologie für Nicht-Psychologen: Markt der 1000 Möglichkeiten?

Hermann Zayer

1. Einleitung

In zahlreichen öffentlichen und privaten Einrichtungen, Institutionen und Verbänden sind Diplom-Psychologen mit der Vermittlung psychologischen Wissens, mit Schulung, Training und Beratung beschäftigt. Ein Schlaglicht auf den Umfang dieser beruflichen Aktivitäten sollen einige Beispiele aus der jüngsten Zeit werfen:

Im Septemberheft 1991 von PSYCHOLOGIE HEUTE sind ca. 60 Annoncen enthalten, die Angebote für Aus- und Weiterbildungsveranstaltungen offerieren. In einer Annonce sind 17 verschiedene Kurse und Seminare aufgeführt. Das Spektrum reicht von den Seminaren zur Berufskunde für Diplom-Psychologen, die von der Deutschen Psychologen Akademie anerkannt sind, bis zur Ausbildung zum psychologischen Astrologen. Im Anzeigentext eines Münchener Instituts steht u.a.: "Durch Einsicht in die eigene psychische Struktur (Horoskop) und in die Gesetze des Lebens eröffnen sich dem einzelnen Möglichkeiten zur eigenen Schicksalsgestaltung" (PSYCHOLOGIE HEUTE, 9/1991, S. 76). Ohne eine Wertung über die Qualität einer solchen Ausbildung - schon aufgrund mangelnder Kenntnis des Ausbildungsprogramms - vornehmen zu können, stellt sich die Frage, ob ein solcher Kurs dem derzeit gültigen Kernbestand der wissenschaftlichen Psychologie entspricht.

In der August-Ausgabe 1991 des REPORT PSYCHOLOGIE, Zeitschrift des Berufsverbandes Deutscher Psychologen, sind sechs Weiterbildungsangebote neben dem umfangreichen Programm der Deutschen Psychologenakademie annonciert. Im REPORT PSYCHOLOGIE steht der Hinweis:

> "Die hier abgedruckten Fort- und Weiterbildungsangebote werden bezüglich ihrer Qualität keiner Prüfung unterzogen, wie dies bei den Fort- und Weiterbildungsangeboten der Deutschen Psychologen Akademie der Fall ist. Ihre Veröffentlichung ist gebührenpflichtig" (REPORT PSYCHOLOGIE, 8/1991, S. 53).

Ein solcher Hinweis findet sich sinngemäß auch in PSYCHOLOGIE HEUTE, allerdings ohne den Hinweis auf die DPA. Die Volkshochschule der Stadt Frankfurt am Main bietet unter der Überschrift 'Psychologie' im Lehrplan Herbst 1991 ca. 1600 Unterrichtsstunden an, die ebenfalls ein weites Spektrum psychologischer Tätigkeiten betreffen.

Diese exemplarische Momentaufnahme dient nur der

Illustrierung eines 'Marktes der 1000 Möglichkeiten', der sich im Bereich der Vermittlung von Psychologie entwickelt hat. Die boomartige Vermehrung der Nachfrage nach Psychologie in allen gesellschaftlichen Bereichen kennzeichnet eine aus berufsständischer Perspektive sehr erfreuliche Entwicklung, die aber auch einige Probleme mit sich bringt. Hierin zeigt sich zwar ein erheblicher Bedarf an Psychologie in vielen Lebenszusammenhängen, führt aber auch zu einigen Fragen einer angemessenen Einordnung des Berufes in die Gesellschaft.

Ein Problem der Psychologie, vor allem in der Berufsausübung, besteht in der Abgrenzung zu dem natürlichen Wissen über psychische Vorgänge und der Alltagspsychologie von Laien, die auf der jeweiligen Lebenserfahrung beruhen. Jeder Mensch ein geborener Psychologe - aber was kennzeichnet denn den wissenschaftlich ausgebildeten, für den Beruf besonders qualifizierten Fachmann? Diese Frage wird im folgenden unter dem Aspakt der Weitergabe von Psychologie an Nichtpsychologen, d.h. hinsichtlich Aus-, Fort- und Weiterbildung behandelt. Fließende Übergänge zur beruflichen Ausübung von Beratung und Therapie sind zu berücksichtigen, stehen aber nicht im Mittelpunkt des Interesses.

2. Allgemeine Aus-, Fort- und Weiterbildungsfragen

Die terminologische Klärung der Begriffe Ausbildung, Fortbildung und Weiterbildung ist in verschiedenen Veröffentlichungen (z.B. Stephan, 1980) aufgegriffen worden und soll hier nur kurz gestreift werden. Im Berufsbildungsgesetz von 1969 werden die Berufsausbildung, die berufliche Fortbildung und die berufliche Umschulung mit z.T. detaillierten Vorschriften geregelt, der Begriff Weiterbildung kommt nicht vor.

"Berufsausbildung" soll durch berufliche Grundbildung und Vermittlung fachlicher Fertigkeiten und Kenntnisse die Ausübung einer qualifizierten beruflichen Tätigkeit ermöglichen. Ausbildung in Psychologie bedeutet demnach in erster Linie die Ausbildung zum Psychologen im Diplomstudiengang. Daneben erfolgt Ausbildung in Psychologie aber auch im Nebenfach in anderen Studiengängen oder als Teil anderer Berufsausbildungsgänge. Diese Ausbildung berechtigt allerdings nicht zur Verwendung der Bezeichnung "Psychologie" (Pulverich, 1991). Bedeutsam ist vor allem, daß das Psychologiestudium im umfassenden Sinne für Psychologie berufsqualifizierend ist, die Nebenfach- oder sonstigen Ausbildungsgänge jedoch nicht. Eine Ausbildung zum psychologischen Astrologen z.B. erfüllt die gesetzlichen Anforderungen an eine Berufsbildung nicht. Dieser Sachverhalt muß in aller Deutlichkeit ins Bewußtsein der Öffentlichkeit gerückt werden.

"Berufliche Fortbildung" soll einen beruflichen Aufstieg (z.B. vom Gesellen zum Meister) ermöglichen oder die beruflichen Kenntnisse und Fertigkeiten bzw. an neue Entwicklungen anpassen. In der Psychologie dient der Besuch fachlicher Veranstaltungen, das Lesen von Fachliteratur, die Erprobung und Verwendung neuer

Lehr- und Lernmittel usw. der beruflichen Fortbildung. Eine gesetzlich normierte Regelung hierzu gibt es (noch) nicht, jedoch eine Berufsordnung des Berufsverbandes (BDP, Berufsordnung, 1986). Diese verpflichtet den psychologisch Tätigen zu lebenslanger fachlicher Fortbildung. Eine qualifizierte Fortbildung erlaubt eine Abgrenzung zum Laien auch bei wissenschaftlichen Fortschritten und neuen Entwicklungen, da andernfalls im Laufe der Zeit der Unterschied verwischt würde. Fortbildung sollte allerdings ebenfalls einer Qualitätskontrolle durch geeignete Einrichtungen (Hochschulen, Akademien, "Lehrpraxen" u.ä.) unterliegen. Eine privat angebotene Fortbildung mag fachlich nicht weniger qualifizierend wirken, unterläuft aber die berufsständische Zielsetzung und Regelungskompetenz, wenn sie nicht ihrerseits deren Qualitätskontrolle unterliegt.

"Berufliche Weiterbildung" wird im Sprachgebrauch der Psychologenverbände - in Anlehnung an die Verwendung im ärztlichen Bereich - im Sinne einer zusätzlichen fachlichen Qualifizierung und Spezialisierung für ein Teilgebiet verwendet, die auf dem Basisberuf Psychologie aufbaut, z.B. in der Form der Weiterbildung zum Klinischen Psychologen. Im alltäglichen Sprachgebrauch wird der Begriff berufliche Weiterbildung viel allgemeiner verwendet und betrifft alle Formen der beruflichen Bildung nach der Erstausbildung.

Weiterbildung, wie etwa im Sinne des Klinischen Psychologen, führt nicht zu einem besonderen Beruf. Ein Verzicht auf den berufsqualifizierenden Abschluß aufgrund der Forderung nach einer zusätzlichen Ausbildung nach dem Diplom müßte dessen Bedeutung als Einstieg in den Beruf entwerten. Zudem wäre im Sinne von Chancengleichheit auch die Forderung nach Spezialisierung in anderen beruflichen Tätigkeitsfeldern zu erheben, was gleichzeitig zu einer Zersplitterung des einheitlichen Berufsbildes führen müßte. Insoweit ist es fraglich, welche Verbindlichkeit einer Aussage der Föderation Deutscher Psychologenverbände zur Weiterbildung in Klinischer Psychologie zukommt: "Diplom-Psychologen, die heilkundlich tätig sein wollen, benötigen für ihre Berufstätigkeit zusätzliche Qualifikationen durch eine Weiterbildung in Klinischer Psychologie" (BDP, Weiterbildung, 1986, S. 2). Mit der Verabschiedung eines - längst überfälligen - Psychotherapeutengesetzes dürfte sich die gesetzliche Grundlage allerdings ändern, da dann Qualifikationskriterien und -wege normiert werden. Welche Folgen sich aus einem solchen Gesetz für den Beruf ergeben, ist derzeit schwer absehbar und bedarf noch intensiver Diskussion.

Bei der Weiterbildung muß unterschieden werden, ob es sich um Weiterbildung für Psychologen oder Vermittlung von Psychologie an Laien handelt. In beiden Fällen ist, wie bereits erwähnt, die Nachfrage sehr groß und betrifft wichtige Berufsfelder der Psychologie. In einer Studie zur beruflichen Situation in der Bundesrepublik (Schorr, 1991) wird mit Zahlenmaterial belegt, in welchem Umfang Psychologen in Aus-, Fort- und Weiterbildung als Lehrende und Lernende involviert sind. Im folgenden wird der nichtpsychologische Bereich betrachtet.

Weiterbildung ist staatlich nur in bestimmten Fällen geregelt, insbesondere bei Aufstiegsfortbildung und für einige Spezialbereiche. Vom Gesetzgeber wird ganz bewußt ein Pluralismus auf diesem Gebiet gefördert. Neben Hochschulen, Kammern, Berufsverbänden, Betrieben usw. können auch Firmen und Einzelpersonen als Anbieter tätig werden. Dementsprechend ist auf Angebotsseite der gesamte Weiterbildungsbereich in Psychologie außerordentlich vielgestaltig und undurchschaubar. Eine wichtige Aufgabe besteht darin, diesen Wildwuchs zu durchforsten und soweit als möglich Klarheit zu schaffen, um dem Interessenten eine Hilfe bei der sachgerechten Suche und Auswahl zu bieten.

Informations- und Dokumentationsdienste, die einen umfassenden und systematischen Überblick verschaffen, existieren bereits für viele Anwendungsbereiche oder sind im Aufbau begriffen, wie die folgenden Beispiele belegen. An der FU Hagen läuft ein Projekt "Dokumentation wissenschaftliche Weiterbildung", das in erster Linie Hochschulkurse erfaßt. POLIS ist ein ähnliches Vorhaben an der Uni Bielefeld für die wissenschaftliche Weiterbildung in der Erwachsenenbildung. Ab dem Jahr 1992 soll ein Fachinformationssystem Bildung in einem Modellversuch beim Deutschen Institut für Internationale Pädagogische Forschung erprobt werden. Der Aufbau einer Psychologie-Datenbank für die Fort- und Weiterbildung in Psychologie könnte ein Schritt in die gleiche Richtung sein. Ein solches Vorhaben wäre natürlich mit einigem Aufwand verbunden und könnte zumindest in der Anfangsphase nur auf Projektbasis durchgeführt werden. Für die Psychologie wäre denkbar, in einer Kooperation zwischen Hochschulen, Psychologenverbänden und der Zentralstelle für Psychologische Information und Dokumentation in Trier ein Informationssystem "Weiterbildung Psychologie" zu erproben. Auch wenn damit der Markt nicht vollständig erfaßt werden könnte, bietet eine solche Informationsbasis für Anbieter und Interessenten die Grundvoraussetzung, erste Wege durch den Psycho-Dschungel zu ebnen. Dem Nutzer würde die Möglichkeit geboten, sich einen Überblick zu verschaffen, der eventuell eine erste fachliche Prüfung einschließen sollte. In einer späteren Phase könnte in ein derartiges Systemn eine Beratungsfunktion eingebaut werden. Ein solcher Schritt setzt allerdings voraus, daß allgemein akzeptierte Bewertungskriterien gefunden werden, die auch außerhalb eines Informationssystems Gültigkeit hätten, Für die Weiterbildung in Klinischer Psychologie besteht seit einigen Jahren eine solche Konzeption. Der sogenannte Akkreditierungsausschuß nimmt für die Föderation Deutscher Psychologenvereinigungen vergleichbare Aufgaben wahr.

3. Zur Vermittlung von Psychologie an Nichtpsychologen

Allgemeine Grundsätze zu Fragen der Fort- und Weiterbildung sind in verschiedenen Schriften des Berufsverbandes niedergelegt, worin u.a. die Entwicklung einheitlicher Standards und die Bedeutung der Ausbildung von Dozenten und Referenten für die Fort- und Weiterbildung erwähnt werden. Diese Grundsätze beziehen sich verständlicherweise stärker auf bildungspolitische Maßnahmen, die auf den eigenen Berufsstand gerichtet sind, als auf die Weitergabe von Psychologie an andere Berufsgruppen. So findet sich in der Berufsordnung des BDP der folgende Passus:

> "Die Aufgabe des Psychologen ist es, das Wissen über den Menschen zu vermehren und seine Erkenntnisse und Fähigkeiten zum Wohle des Einzelnen und der Gesellschaft einzusetzen. ... Er muß sich stets der sozialen Verantwortung bewußt sein, die sich daraus ergibt, daß seine Tätigkeit geeignet ist, auf das Leben anderer in besonderer Weise einzuwirken" (BDP, Berufsordnung, 1986, S. 2).

Für den nichtpsychologischen Bereich werden drei Vorgaben genannt:

a) durch Vermittlung psychologischen Wissens qualifiziertere und menschengerechtere Berufsausübung zu ermöglichen;

b) Kenntnisse über die Grenzen psychologischen Wissens, über psychologische Berufsfelder und über die spezifische berufliche Verantwortung der Psychologen zu vermitteln;

c) aktiv die Zusammenarbeit zwischen Psychologen und Angehörigen anderer Berufsgruppen zu fördern (BDP, Bildungspolitisches Programm, 1990).

Im ersten Punkt wird auf die Verbesserung der beruflichen Kompetenz abgehoben, während die beiden anderen Punkte die Verbreiterung des Wissens über Psychologie und psychologische Berufstätigkeit und die Förderung interdisziplinärer Zusammenarbeit zwischen Psychologen und Nichtpsychologen betreffen. Die letzteren dienen - legitimer Weise - der Darstellung des eigenen Berufsstandes. Es fehlen in den erwähnten Grundsätzen einige wichtige Bereiche, u.a. die nichtberuflichen Weiterbildung im Sinne psychologischer Allgemeinbildung, einige bedeutende Anwendungsfelder der Psychologie (z.B. Kriminalität, Schule, Verkehr) und einige Themenbereiche zur Gestaltung des Alltaglebens (z.B. Persönlichkeitsentwicklung, Partnerschaft, Gesundheit). Rahmenrichtlinien müssen notwendigerweise allgemein gehalten sein, sollten jedoch möglichst viele Bereiche umfassen.

Eine etwas andere Zielvorstellung kann man in einem Beitrag finden, der im Rahmen des Münchener Kongresses 'Psychologie für Menschenwürde und Lebensqualität' das Spannungsverhältnis zwischen wissenschaftlicher Grundorientierung und psychologischer Anwendung erörtert. "Im Sinne der Erhöhungen und nicht der Einengungen von Freiheitsgraden menschlichen Handelns und menschlicher Entwicklung wird daher in Therapie und Intervention oft vorgeschlagen, die Optionen, die Handlungsmöglichkeiten, die zunächst sehr eingeengt erschienen, zu erweitern. ... Dies alles gilt für ganz unterschiedliche Praxisfelder wie dem in seiner Praxis arbeitenden Klinischen Psychologen, dem Arbeits-Psychologen, dem Pädagogischen Psychologen und - wohl viel schwerer zu realisieren - dem Werbe-Psychologen" (Oerter, 1990, S. 433f). Hier möchte ich hinzufügen, dies kann auch für die gelten, die in irgendeiner Form Psychologie weitervermitteln, in der Volkshochschule, im Psychologieunterricht in Schulen, bei der Ausbildung von Pflegepersonal, in der betrieblichen Weiterbildung, in Beratungssituationen usw.. Die Vermittlung von Psychologie ist für ihre gesellschaftliche Einordnung von großer Bedeutung und prägt in hohem Maße das Bild des Berufes. Wie können nun Qualitätsstandards für den Weiterbildungsbereich aussehen, die auf solchen allgemeinen Grundsätzen beruhen?

Formale Kriterien, die die Art und Weise der Vermittlung betreffen, sind relativ einfach benennbar. Dazu gehören z.B.

- fachlichen Qualifikation nachgewiesen durch das Diplom in Psychologie,
- Eigenverantwortlichkeit des Lehrenden für seine Veranstaltung,
- Beachtung einschlägiger Regelungen und Vorschriften des Staates, der Verbände, von Trägereinrichtungen usw.,
- Persönlichkeits- und Datenschutz für die Teilnehmer.

In Betracht kommen die Berufsordnung des BDP, Dienstvorschriften von Trägereinrichtungen, Kurs- und Lehrpläne, die Vorschriften der Gewerbeordnung und die einschlägigen Gesetze des BGB, soweit es sich um eine freiberufliche Tätigkeit handelt.

Inhaltliche Kriterien sind bei der Vielfalt der Veranstaltungen schwieriger zu definieren. Von einer Einführung in die Grunddisziplinen der Psychologie, über die Psychoanalyse Freuds, Streßbewältigung, Psychodrama-Wochenendseminar bis zur Selbsterfahrung mit Tarotkarten reicht das Veranstaltungsangebot an Volkshochschulen. Seminare über Suchtprävention, Managementkurse, Probleme der Gutachtertätigkeit, Beratung im Schulbereich, Sportpsychologie sind weitere Beispiele.
Inhaltliche Kriterien können sich in diesem Zusammenhang nicht auf Wissensinhalte beziehen, sondern betreffen Gesichtspunkte der Weitergabe von Inhalten allgemein. Einige inhaltliche Kriterien könnten sein:

- Vermittlung des derzeit gültigen wissenschaftlichen Erkenntnisstandes,
- differenzierte Darstellung der Komplexität psychologischer Zusammenhänge,
- Beachtung der soziokulturellen Einbettung psychologischer Erkenntnisse und Methoden,
- klare Definition der Rolle im Spektrum zwischen reiner Wissensvermittlung und kurativer Tätigkeit,
- Berücksichtigung des Adressatenkreises bei Zielsetzung,

Methodik und Inhalten (Lebensweltbezug),
Verständnis von Weiterbildung als Mittel der Persönlichkeitsentwicklung der Teilnehmer.

Solche Kriterien bedürfen natürlich der Konkretisierung und Umsetzung je nach Veranstaltung und Situation. Diese Aufgabe bleibt dem Einzelnen überlassen, der im Bereich der Aus-, Fort- und Weiterbildung tätig ist. Wenn es gelingen sollte, diesen Weg zu beschreiten, wäre das sicher ein Schritt dahin, Glossen der folgenden Art obsolet werden zu lassen:
"Der Psychologe ist ... ein lieber Gast der Boulevardpresse und der vermischten Seiten geworden. Ein Clown der Massengesellschaft ist er, der schon so manches Partygespräch mit einer schrulligen Studie zu lockern wußte. Gern lassen wir ihn in den Seelen graben. Er ist ganz lustig und schadet ja wohl auch nicht. ..." (SZ v. 25.4.88, zitiert nach Foppa, 1989, S. 9).

Literatur

BDP (Hrsg.) (1986): Berufsordnung für Psychologen. Bonn: Deutscher Psychologen Verlag.

BDP (Hrsg.) (1990): Bildungspolitisches Programm. Bonn: Deutscher Psychologen Verlag.

BDP (Hrsg.) (1986): Weiterbildung in Klinischer Psychologie. Bonn: Deutscher Psychologen Verlag.

Foppa, K. (1989): Zur Lage der Psychologie. Psychologische Rundschau, 40, S. 3-9.

Oerter, R. (1990): Psychologie als Chance und Gefahr: Wie psychologische Forschungsparadigmen die Praxis beeinflussen. In: Höfling, S. & Butollo, W. (Hrsg.) Psychologie für Menschenwürde u. Lebensqualität (S. 431-440) Bonn: Deutscher Psychologen Verlag.

Pulverich, G. (1991): Recht für Psychologen. Bonn: Berufsverband Deutscher Psychologen.

PSYCHOLOGIE HEUTE (1991): 18. Jg., Heft 9, September 1991.

REPORT PSYCHOLOGIE (1991): 16. Jg., Heft 7, Juli 1991.

Schorr, A. (1991): Psychologen im Beruf. Bonn: Deutscher Psychologen Verlag.

Stephan, E. (Hrsg.) (1980): Ausbildung und Weiterbildung in Psychologie. Weinheim: Beltz.

Die Stellung der Psychologie innerhalb der Gerontologie

Adam Bauer

Die Gerontologie war ursprünglich eine Domäne vor allem der Medizin. Die ersten wissenschaftlichen Veröffentlichungen geben Zeugnis davon. Sie waren vor allen Dingen an Krankheiten und Abbauprozessen im Alter orientiert. Folglich sind auf diesem Boden dann zunächst auch überwiegend auf der Defizithypothese fußende Erkenntnisse über das Wesen des Alters und des Alternsprozesses erwachsen. Eine weitere Begründung für das Vorherrschen medizinischer Fragestellungen mag in dem Wunsch bzw. in der Suche nach Lebensverlängerung und in der möglichen Heilung und Vermeidung von Krankheiten, die dem Alter zugeschrieben werden, liegen. Auch die heutige interdisziplinäre Gerontologie bestätigt diesen generellen Wunsch in der Aussage, "Alle wollen alt werden, aber keiner will alt sein". In seiner Übertreibung mündet dieses Streben in Bemühungen um Jungerhaltung oder gar um Verjüngung, übrigens ein Anliegen, das die Menschheit schon sehr früh und eigentlich zu allen Zeiten bewegte (Lehr, 1987).

Es wundert daher nicht, daß die Gerontologie auch heute noch weitgehend der medizinischen Wissenschaft zugeordnet oder als medizinische Hilfswissenschaft betrachtet wird. Das läßt sich auch daran ablesen, daß in Europa die Lehrstühle für Gerontologie (fast) ausschließlich von Medizinern besetzt sind. Die Ansprüche der Psychologie und anderer Disziplinen an die Gerontologie manifestierten sich in der Hervorbingung der (Begriffe) "Psychogerontogie" (Munnichs, 1961) und "Soziale(n) Gerontologie" (Tibbitts, 1960).

Die Einsicht in die vielschichtige Determiniertheit des Alternsprozesses einerseits und in seinen prozessualen bzw. dynamischen Charakter andererseits haben zur Forderung nach "Interidsziplinarität" und zur Berücksichtigung der "gesamten Lebensspanne" im Entwicklungsprozeß geführt, wobei letzteres sich vor allem in der Bevorzugung der Begriffe "Aging" und "Alternsforschung" statt "Gerontology" widerspiegelt.

U. Lehr forderte schon 1972 den Ersatz der Begriffe "Alternspsychologie" durch die Bezeichnung "Psychologie des Alterns". Kastenbaum (1987) weist darauf hin, daß mit Gerontologie sowohl etwas Prozessuales, nämlich das "Studium des Alterns" ("study of aging") wie auch etwas Statisch-Demographisches, nämlich das "Studium des Alters" ("scientific study of old age") gemeint sein kann.

Wird Metchnikoff (1903) als Schöpfer des Begriffs Gerontologie gesehen, so nennt Munnichs (1966) Stanley Hall mit Bezug auf sein 1922 erschienenes Buch "Senescence, the last half of life" "den ersten Psychogerontologen" (zit. nach Lehr, 1987).

Der Begriff, gleichzeitig Buchtitel, "Gerontopsychologie"

hat es noch lange Zeit (laut Untertitel) mit der "Psychologie des alten Menschen" zu tun (Oswald & Fleischmann, 1983). Thomae (1984) gebraucht alternierend und gleichbedeutend die Begriffe "Gerontopsychologie" und "Psychogerontologie". Er zeigt auf, daß die Anfänge der Gerontopsychologie bis in die Antike zurückreichen, z.B. auf Plato's Hinweise auf biographisch bedingte individuelle Erscheinungsformen des Alterns; auf Aristoteles' ersten Beitrag zum "Defizitmodell" des Alterns; vor allem auf Cicero's Schrift "de senectute", in der eher ein "Kompetenzmodell" des geistigen Alterns vertreten wird. Dennoch habe sich die "aristotelische" (pessimistische) Sicht des seelischen Alterns im ganzen Mittelalter durchgesetzt. Erst mit der Neuzeit habe sich eine positivere, vor allem differenziertere Sicht des Alterns durchgesetzt, die sich als "differentielle Gerontologie" begreift.

Die Anfänge einer eigentlich "wissenschaftlichen Psychogerontologie" werden von Thomae dem belgischen Mathematiker Quetelet (1796-1874) mit seiner Vergleichsstudie über die Produktivität englischer und französischer Dramatiker im jüngeren und höheren Erwachsenenalter zugeschrieben (Thomae, 1984). Dabei beruft sich Thomae auf Lehr (1972/77/79), Birren (1961), Hofstätter (1938), Beauvoir (1970/72). Die zweite wichtige Figur ist nach Thomae Sir Francis Galton, der von einigen Psychologen gar als der eigentliche Begründer der Psychologie angesehen wird. Auf der 1884 in London stattfindenden Internationalen Gesundheitsausstellung, die später in London's South Kensington Museum verlegt wurde, präsentierte er über sieben Jahre hinweg gesammelte Daten anthropometrischer und psychologischer Art von über 9337 Männern und Frauen im Alter zwischen 5 und 80 Jahren. Sie lieferten Argumente gegen ein generelles Defizitmodell des Alterns (Lehr, 1987).

Die erste Gründung eines psychogerontologischen Instituts fand 1928 an der Stanford Universität statt. Lehr (1987) sieht darin einen bedeutenden Schritt für die Entwicklung der psychologischen Gerontologie. In ihrem historischen Rückblick zur Entstehung der Gerontopsychologie unterscheidet Lehr (1987) vier Phasen:

(1) Die vorwissenschaftliche Periode, die bis in die Antike reicht (s. dazu vorstehend).
(2) Die frühwissenschaftliche Periode mit den Arbeiten von Quetelet, Galton, aber auch von Sir Francis Bacon (1561-1626).
(3) Die Periode systematischer Alternsforschung zwischen 1918 und 1940, die mit Stanley Hall, der obengenannten Institutsgründung an der Stanford-Universität in Kalifornien einsetzte.
(4) Die Expansionsphase der Alternsforschung, die 1939 mit Cowdry's Buch "Problems of Aging" und den damit verbundenen Forderungen der Macy-Foundation nach Erweiterung des medizinischen durch soziale, psychologische und psychiatrische Aspekte begann. Gleichzeitig erfolgte die Gründung des "Club for Research on Aging", in dem

allerdings die Psychologie nur durch Walter R. Miles vertreten war, ansonsten aber die Gerontologie noch von Medizinern und Biologen beherrscht wurde.

Aber bereits auf dem ersten Kongreß der American Gerontological Society 1947 in Detroit, wies Pressey in seiner Begrüßungsrede als Präsident darauf hin, daß die Ziele der Gesellschaft und damit der Gerontologie auch darin bestünden, "It has contributions to make, to psychology and to human welfare" (nach Birren, 1961,127; zit. nach Lehr, 1987,31).

In Deutschland wurde praktisch erst 1967 mit der Gründung der Deutschen Gesellschaft für Gerontologie und auf dem von dem Mediziner René Schubert geleiteten ersten Kongreß in Nürnberg die Psychologie in Form einer eigenen Sektion vollends anerkannt. Auch auf den Kongressen der schon 1950 in Lüttich gegründeten "International Association of Gerontology" erhielten die "Sozialwissenschaften" und explizit die "Sozialpsychologen" ein immer größeres Gewicht. So wurde der erste der vier umfassenden Abschlußberichtsbände zum 5. Internationalen Kongreß in San Francisco im Jahre 1960 unter dem Titel "Social and psychological aspects of aging" herausgegeben (Tibbitts & Donahue, 1962).

Mehr und mehr zeigte sich indessen, daß es ungemein schwierig war, eine strenge Trennung zwischen Psychologie, Sozialpsychologie und Soziologie durchzuhalten, worauf schon sehr früh Leopold Rosenmayr (1969) aus Wien hingewiesen hat. Daß es bei beiden Disziplinen dennoch Interessenschwerpunkte gibt, ist unverkennbar.

Was sind denn nun Gegenstände, mit denen sich die Gerontopsychologie schwerpunktmäßig befaßt? Orientiert man sich an den Kapitelüberschriften von Ursula Lehr's "Psychologie des Alterns" (1987, 6.Auflage), dann wären folgende Themenbereiche zu nennen:

(1)
Unter stärker theoretischem Aspekt, aber auch aus praxisbezogenen Gründen, wird heute der Alternsprozeß nicht in erster Linie nur als eine Phase oder Stufe, sondern als ein <u>lebenslanger Vorgang</u> begriffen, der als "aktive Auseinandersetzung mit der jeweiligen Lenbenssituation zu verstehen ist" (Lehr, 1987,37). Was in angelsächsischem Sprachgebrauch "life-span developmental approach" (P.B. Baltes, 1979) wird zu deutsch "Entwicklungspsychologie der Lebensspanne" genannt (P.B. Baltes, 1979 b).

(2)
Fragen der <u>Veränderung der geistigen Leistungsfähigkeit</u>, wobei der derzeitige Wissensstand aufgrund von Ergebnissen der Intelligenzforschung dem Defizitmodell entgegensteht und eher für ein Kompetenzmodell spricht. Hierbei haben zahlreiche Längsschnittstudien anstelle von Querschnittuntersuchungen und die Anwendung der "cross-sequentiellen Methode" durch Baltes und Schaie, die Interventionsstudien, die Baltes u.a. am Max-Planck-Institut für Bildungsforschung in Berlin durchgeführt haben,

eine große Rolle gespielt. Um die Kompetenzen und Potentiale im Alter aufzuzeigen, bedarf es der Entwicklung ökologisch valider Testverfahren - eine noch ausstehende Aufgabe (Schaie, 1984; Bauer, 1988 a,b).

(3)
Das Problem der Persönlichkeitsveränderung im höheren Lebensalter ist ein weiteres wichtiges Thema, wobei vor allem Längsschnittuntersuchungen Hinweise für eine erhebliche Konstanz erbringen konnten. Regidität versus Flexibilität, diverse Einstellungen, Selbstbild u.a. Dimensionen sind empirisch untersucht worden (Moss & Sussman, 1980). Vor allem ist herausgearbeitet worden, daß das Alter für sich keine besonders erklärungsträchtige Variable für die Veränderung von Persönlichkeitsmerkmalen darstellt.

(4)
Psychologische Fragestellungen ergeben sich auch aus der spezifischen Problematik der Menschen im höheren Lebensalter. Dabei orientiert sich die Forschung an den Belastungssituationen und der Reaktion auf diese im Lebenslauf. Anitra Karsten, die finnische Psychogerontologin, mit der ich viele Jahre zusammengearbeitet habe, und der sich die Gründung der Universität des 3. Lebensalters an der Johann Wolfgang Goethe-Universität in Frankfurt am Main verdankt, hat schon früh von "altersempfindlichen Lebensbereichen" gesprochen (Karsten, 1965). Dazu gehören: Beruf und Arbeit - man denke an die Probleme älterer (vor allem weiblicher) Arbeitnehmer/innen; dann die sozialen Kontakte (hier müssen die Disengagementtheorie und die Aktivitätstheorie kurz erwähnt werden), Intergenerationsbeziehungen und -probleme in Familie und Gesellschaft; ferner die Wohnsituation mit den Fragen nach Isolation, Institutionalisierung, Ghettoisierung und Vereinsamung und deren Folgen für "Wohlbefinden" (well-being) und "erfolgreiches Altern" (successfull aging): Auf diesem Gebiet haben sich dank der psychogerontologischen Erkenntnisse erhebliche Verbesserungen durchgesetzt; schließlich ist der Bereich der Gesundheit zu nennen, wobei die psychischen Korrelate gesundheitlicher Beeinträchtigung im Zentrum des Interesses der Psychogerontologie stehen: Psychogeroprophylaxe und -therapie, aktivierende Intervention und Prävention sowie psychorehabilitative Maßnahmen sind die Begriffe, die die heutigen Arbeitsfelder der Gerontopsychologie beschreiben.

Daß man die Probleme dabei nicht engstirnig angeht, läßt sich daran ablesen, daß man der interdisziplinären Sichtweise den Vorzug geben möchte. So wird in allen genannten Bereichen immer auch die Frage gestellt, inwieweit Altern (auch) "soziales Schicksal" ist, wird Altern als "ökologisches Problem" begriffen und es wird nach der vielschichtigen, der multifaktoriellen Determiniertheit des (erfolgreichen) Alterns geforscht.

Ich möchte nun kurz **zwei Beispiele** aus meiner eigenen Lehr- und

Forschungstätigkeit erwähnen, die erhellen sollen, wie sich die Psychologie auf gerontologischem Gebiet produktiv anwenden läßt:

Beispiel 1: So habe ich im Rahmen eines Fortbildungswochenendes für ca. 30 Frankfurter Altenclubleiterinnen die Situation - vom Auftraggeber mehr oder weniger geduldet und genehmigt - in ein Gruppendiskussionsverfahren umgewandelt, um dabei "sozialpsychologische Probleme in der Altenclubarbeit" zu ermitteln und zu dokumentieren. Es ging vor allem um die wichtige Frage, inwieweit ein Altenclub nicht nur Ort der Begegnung sondern auch der Bildung sein kann. Altersstereotypien der Clubleiterinnen und damit verbundene Attributionsprozesse konnten aufgewiesen werden, ebenso die Rollenfixierung und das Rollenverständnis und deren Folgen für die konkreten sozialen Interaktionen zwischen Clubleiterin und Clubteilnehmern, was zu Kritik und Konsequenzen in der Clubleiterinnenfortbildung geführt hat. Gruppendynamische Prozesse wie Beibehalten einer starren Sitzordnung und Entstehung sowie Auswirkung von Cliquen, aber auch Anregungen zu deren Überwindung konnten herausgearbeitet werden. Von besonderem Interesse war die Frage, wie in der Clubsituation, die ja noch sehr stark vom Betreuungsgedanken bestimmt ist, geragogisch alternative Arbeitsformen eingeführt werden können, die zur Erhöhung der "Eigenaktivität" einen Beitrag zu leisten imstande sind. Zu dieser Frage wurde noch mehr Forschung gefordert (Bauer, 1986, 1989).
Wie kann ich meinen Beitrag als Psychologe im Rahmen der Clubleiterinnenfortbildung einschätzen? Nun, die ursprünglichen Erwartungen des Veranstalters der Fortbildung bestanden darin, aus dem theoretischen und empirischen Wissensbestand der Gerontologie - gleichsam im Deduktionsverfahren - direkte Ratschläge für die konkrete Clubarbeit zu bieten. Die Clubleiterin sollte etwas Anwendbares mit nach Hause nehmen. Folgerichtig mußte ich mich bei ihnen danach erkundigen, welche Probleme es waren, die sie besonders beschäftigten. Ich habe die genannten Probleme fleißig protokolliert. Später haben wir über Problemlösungsmöglichkeiten gemeinsam diskutiert. An meinem Schreibtisch habe ich das ganze Material unter gerontopsychologischen Gesichtspunkten geordnet und zu Papier gebracht und durch vorliegende Veröffentlichungen aus dem psychogerontologischen Bereich ergänzt bzw. angereichert. Mein Bericht hat dem Auftraggeber ganz und gar mißfallen, fand aber bei einzelnen Clubleiterinnen, die ihn gelesen hatten, große Resonanz. Deshalb entschloß ich mich, ihn zu veröffentlichen.
Ich glaube zum einen, daß ein Nichtpsychologe bzw. Nichsozialwissenschaftler, dem das Verfahren der Gruppendiskussion nicht vertraut gewesen ist, ganz andere Dinge getan hätte, z.B. Lernspiele, Gedächtnistraining u.dgl. vorgestellt und eingeübt hätte. Wenn man so will, wollte ich an den Kern der Probleme in den Altenclubs. Denn daß diese existierten, war offenkundig. Sie kamen in Aussagen über die "Ängste vor den Alten", der "Angst vor der freien Verfügung" (d.h. die Clubleiterin muß selbst ein Programm entwickeln und gestalten, während sonst im Frankfurter Altenclub jedes zweite Mal ein kulturelles Angebot - Vortrag,

Dias, Musik u.dgl. erfolgt). Zum anderen denke ich, daß das Wissen des Psychologen um sozialpsychologische Zusammenhänge (Gruppendynamik, Attributionsprozesse u.dgl.) ihn sowohl in die Lage versetzt, solche Situationen adäquat zu analysieren als ihm auch den Weg weist, in Fortbildungsveranstaltungen dieser Art das nötige und richtige Wissen für die praktische Arbeit zu vermitteln.

Das **zweite Beispiel** für die Übertragung psychologischer Fragestellungen und Methoden in die Gerontologie entstammt meiner Lehrtätigkeit an der Universität des dritten Lebensalters sowie am Fachbereich Erziehungswissenschaften an der Goethe-Universität Frankfurt am Main. Als Veranstalter eines Seminars zum Thema "Grundbegriffe und Grundprobleme der Gerontologie" wollte ich aus didaktisch-methodischen Gründen der Frage nachgehen, in welchem Ausmaß welche alternsbezogenen Gegenstände ältere Hörer interessierten. Nach einigen offen geführten Gesprächen hierüber kam mir die Idee, "gerontologische Interessen älterer Erwachsener" systematisch, d.h. mit Hilfe eines strukturierten Fragebogens zu erfassen (der jedoch auch eine entsprechende offene Frage mit Rangplatzzuweisung zwischen erstem bis drittem Rang enthielt). Zum Zwecke der Differenzierung der Ergebnisse wurden zusätzlich biographisch-statistische Daten, Selbsteinschätzungen von Lebenszufriedenheit und Gesundheitszustand mitgemessen, wobei die soziale Herkunft mit dem von mir 1972 entwickelten BRSS-Verfahren (Bauer, 1972, 73) erhoben wurde. Zur gerontologischen Interessenermittlung wurde das Inhaltsverzeichnis des Buches "Gerontologie" von Oswald u.a. (1984) in einen Fragebogen verwandelt. Zu den 62 angegebenen Themen war von den 121 befragten älteren Erwachsenen eine Ziffer zwischen 0 und 10 einzutragen, die dem Ausmaß des Interesses an den betreffenden Themen entsprechen sollte. Dies war also eine abgewandelte Form der Likert-Skalierung. Mittelwerte und Standardabweichungen sowie eine Aufschlüsselung nach Alter und Geschlecht vermittelten einen ersten Überblick über die Befunde. Entsprechend wurde auch die offene Frage ausgewertet. Sodann wurde auf der Basis der Interkorrelationen der 62 "Items" eine Faktorenanalyse (principal components) gerechnet. Zu den fünf nach der Varimax-Rotation für interpretierbar angesehenen Faktoren wurden Faktorwerte berechnet und diese in einfachen Varianzanalysen mit anderen Variablen in Verbindung gebracht. Die Ergebnisse dieser Untersuchung lassen sich wie folgt kurz zusammenfassen:

Bei offener Fragestellung kristallisierten sich die Interessenbereiche "Lernen", "Leben im Alter" und "Gesundheit und Krankheit" heraus. Die geschlossen-strukturierte Ermittlung der Interessen an den 62 Themen ergab nach faktorenanalytischer Auswertung 5 Dimensionen, nämlich: Interesse "an psychosozialen Problemen", "an physiko-medizinischen Fragen", "an unabhängiger und kompetenter Lebensführung", "an sozialer Integration und Partizipation" sowie "an wissenschaftlichen Fragen der Gerontologie". Diese Faktoren sind durch starke Lebensnähe und daraus ableitbaren Bedürfnissen gekennzeichnet. Die Verteilung der Faktorenwerte nach Alter, Geschlecht und anderen unabhängigen Variablen zeigten bemerkenswerte Unterschiede, die die faktorielle Validität der Interessensdimensionen weiterhin untermauern konnten. Die Ergebnisse wurden unter dem Aspekt der Planung und Durchführung von Seniorenstudienangeboten erörtert.

Um eine Lehrveranstaltung mit älteren Teilnehmern durchzuführen, bedarf es großer Sensibilität, aber ebenso großer Frustrationstoleranz. Als jüngerer Dozent gerät man leicht in einen Übertragungs-Gegenübertragungskonflikt (die Älteren zu belehren, sich von den Älteren belehren zu lassen). Mit psychogerontologischem Gespür und Wissen kann man sich auf die Rolle des Animateurs, Moderators oder, wie die Amerikaner sagen, des "enablers" besser einlassen. Ich konnte aus der Untersuchung wertvolle Hinweise für die Didaktik im Seminar ableiten, nämlich möglichst lebensweltbezogene Fragen als Lern- und Diskussionsgegenstand auszuwählen, und sie unter starker Beachtung dialogischer Vermittlungsformen zu erörtern.

Letztlich konnten hier mit Hilfe der Gerontopsychologie die Lern- und Bildungsprozesse des älteren (aber auch jungen) Hörers optimiert werden und die Lernsituation von störenden Einflüssen weitgehend freigehalten werden (Bauer, 1991, im Druck).

Literatur

Baltes, P.B. (Hrsg.) unter Mitarbeit von L.H. Eckensberger: Entwicklungspsychologie der Lebensspanne. Stuttgart: Klett-Cotta 1979.

Baltes, P.B.; Brim O.Gr. (Eds.): Life-Span Development and Behavior. New York, San Francisco, London: Academic Press 1979.

Bauer, A. Ein Verfahren zur Messung des für Bildungsverhalten relevanten sozialen Status - BRSS -. Frankfurt a.M.: Deutsches Institut für Internationale Pädagogische Forschung 1972. 11 S., Anhang. Sowie in: Stark, G. (Hrsg.): Theorie und Praxis der Leistungsmessung in Gesamtschulen. Ein Handbuch für Lehrer. Frankfurt a.M.: Deutsches Institut für Internationale Pädagogische Forschung 1973, S. 34-47.= Informationen zum Projekt Leistungsmessung in Gesamtschulen.H1

Ders.: Sozialpsychologische Probleme in der Altenclubarbeit. Anmerkungen zu einer Fortbildungsveranstaltung für Altenclubleiterinnen. In: Lade, E. (Hrsg.): Handbuch Gerontagogik. Das Loseblattwerk zur Alten- und Seniorenarbeit. Obrigheim: Aktuelle Verlagsgruppe 1986, Art. Nr. S 004. 17 S.

Ders.: Lernen im Alter dauert länger. Auf dem Weg zu einem Kompetenzmodell des Alterns. In: Sozialpädagogik, 30 (1988a) 6, 272-278

Ders.: Vom Defizitmodell zum Kompetenzmodell der kognitiven Entwicklung im Alter. In: Zeitschr. f. internat. erziehungs- u. sozialwissenschaftliche Forschung, 5 (1988 b) 2, S.303-326.

Ders.: Der Altenclub als Ort der Begegnung und Bildung. In: Lade, E. (Hrsg.): Ratgeber Altenarbeit. Ostfildern: Fink-Kümerly u. Frey 1989, T.6/4.1, S.1-12.

Ders.: Gerontological interests of older adults. An empirical investigation. Frankfurt a.M. 1991 (im Druck).

de Beauvoir, S.: Das Alter. Hamburg: Rowohlt 1972.

Birren, J.E.: A brief history of the psychology of aging. In: The Gerontologist 1961,1,69-77.

Cowdry, E. (Ed.): Problems of aging. Baltimore: Williams and Wilkins, 1939.

Hofstätter, P.R.: Tatsachen und Probleme einer Psychologie des Lebenslaufs. In: Zeitschrift für Angewandte Psychologie, 53,1937,273-333.

Karsten, A.: Probleme der Alternsforschung. In: Psychologische Rundschau 16,1965,1-27.

Kastenbaum, R.: Gerontology. In: George L. Maddox et al (Eds.): The Encyclopedia of Aging. New York: Springer 1987.

Lehr, U.: Psychologie des Alterns. Heidelberg: Quelle und Meyer. 6. Aufl. 1987.

Metchnikoff, M.E.: The nature of man. New York: Putnam , 1903.

Ders.: The prolongation of life. New York: Putnam's Sons, 1908.

Moss, H.A. and Sussman, E.J.: Longitudinal Study of Personality Development. In: O.G. Brim Jr. and J. Kagan (Eds.): Constancy and Change in Human Development. Cambridge Mass., London/England 1980, 530-595.

Munnichs, J.M.A.: A short history of psychogerontology. In: Human Development 9, 1966,230-245.

Oswald, W.D., Herrmann, W.M., Kanowski, S., Lehr, U.M. und Thomae H. (Hrsg.): Gerontologie. Stuttgart, Berlin, Köln, Mainz: Hohlhammer 1984.

Oswald, W.D. und Fleischmann, U.: Gerontopsychologie. Psychologie des alten Menschen. Stuttgart u.s.w.: Kohlhammer 1983.

Rosenmayr, L.: Soziologie des Alters. In: König, R. (Hrsg.): Handbuch der empirischen Sozialforschung, 2, Stuttgart: Enke 1969 bzw. ders.: Schwerpunkte der Soziologie des Alters (Gerosoziologie) ebenda. Bd.7, 2.Aufl. 1976.

Schaie, K.W.: Intelligenz. In: W.D. Oswald u.a.: Gerontologie. Stuttgart u.s.w. 1984,211-223.

Tibbitts, C. (Ed.): Handbook of social gerontology. Chicago: Univ.Press 1960.

Tibbitts, C. and Donahue, W. (Eds.): Social and psychological aspects of aging. International Association of Gerontology, Bd. 1, 1962.

Praxisorientierung und Selbstverständnis der Psychologen

Ines Graudenz

Im vorliegenden Kontext geht es um die Diskussion eines sinnvollen Einsatzes von psychologischem Wissen in unterschiedlichen Berufsfeldern von Nicht-Psychologen. In meinem Kontext handelt es sich vor allem um die Pädagogische Psychologie als praxisorientierte Wissenschaft.

Mein eigenes Projekt (Graudenz, 1991) möchte ich als Beispiel für einen solchen Praxisbezug anführen und zum Ausgangspunkt für drei allgemeine Thesen nehmen, die etwas zu der hier anstehenden Thematik beitragen könnten. Deshalb werde ich nicht detailliert über mein Projekt "Lehrer lernen sich selbst besser kennen" berichten, sondern Ihnen eine zusammenfassende Darstellung geben. Meine Beratungsstudie (eine berufsbezogene Teamsupervision) mit Erzieherinnen/Lehrerinnen aus dem Vorschulbereich ist ein Beitrag zu einem differentiellen Beratungskonzept im pädagogischen Bereich (z.B. Kindergarten, Schule, Erzieherinnen/Lehrer(innen)-Fortbildung). Dabei stellten die Annahmen, Erfahrungen und Entwicklungen in der Gesprächspsychotherapie meinen Orientierungsrahmen dar (Rogers, 1972; Bastine, 1976). Hinzu kommen - integrativ zu verstehen - Aspekte aus der Kommunikationstheorie (Watzlawick, 1974), der Verhaltenstherapie (Halder, 1977) und der Themenzentrierten Interaktion (Cohn, 1981). Diese Theorien stellen spezifische Erweiterungen meines Grundkonzeptes im Sinne einer daraus erwachsenden höheren Flexibilität gegenüber den unterschiedlichen Ansprüchen aus der Praxis dar. Aus heutiger Sicht würde ich auf den systemischen Ansatz zurückgreifen, da er mir als Hintergrundmodell besser geeignet erscheint. Die Vernetzungen der einzelnen Subsysteme untereinander und dem übergeordneten Systemganzen in seinen unterschiedlichen Bezügen lassen sich hier anschaulicher darstellen. Z.B. die sich zwischen den Einzelsystemen abspielenden Abhängigkeiten, Abgrenzungsbestrebungen, Koalitionsbildungen - um nur einige zu nennen -, die die Interaktion sowie die Art und Weise der Kommunikation als Ausdruck unterschiedlicher Beziehungsformen maßgeblich mitbestimmen (Metsch, 1985; Brunner & Huber, 1989).

Mein differentiell-integrativer Ansatz ermöglicht es, das handelnde Subjekt, seine Geschichte, seinen Werdegang, seine jetzige berufliche Situation sowie seine in der jeweiligen Situation zur Verfügung stehenden Fähigkeiten zu berücksichtigen, darauf aufzubauen und selbst gesteckte Ziele anzustreben. Unterschiedliche Interventionstechniken (z.B. Konfrontieren, Unterbrechen von Handlungsketten, Amplifizieren, Rückmelden, Attribuieren) werden anhand konkreter Handlungsabläufe eingesetzt, um alternative Denk-, Gefühls-, Ausdrucks-, Wahrnehmungs- und Handlungsmöglichkeiten anzuregen, zu entwickeln, zu üben. Selbstexploratives Verhalten nimmt bei allen diesen Interaktionen einen wesentlichen Stellenwert ein.

Ziel meiner Supervisionsarbeit war es, Erzieherinnen/Lehrerinnen-Verhalten zu verändern, zu differenzieren und zu qualifizieren im Sinne einer subjektiven und objektiven Kompetenzsteigerung. Der differentiell integrative Ansatz - so wie ich ihn verstehe und praktiziert habe - läßt einen Wechsel zwischen Erkenntnis- und praktischem Erprobungswissen zu.

Forschungsziel war es, mit den Lehrerinnen gemeinsam Hinderungsgründe und Blockierungen ausfindig zu machen, die einer kompetenten Berufsausübung oftmals im Wege stehen. Beratungsziel war es, andere "neue" Wege auszuprobieren, um die angestrebten Erziehungsziele besser zu erreichen. Beide, Forschungs- und Beratungsziele, sind abhängig voneinander, entwickeln sich in einem fortlaufenden Prozeß; es finden Rückschritte, Stillstände und Fortschritte statt.

Der Beratungsprozeß (Laufzeit ca. drei Jahre) läßt sich in vier Phasen beschreiben:
Einführung: Warming up: Kennenlernen, Gespräche über Erziehungsprobleme und -ziele

1. Phase
a) Selbsteinschätzung erzieherischer Verhaltensweisen
b) systematische Beobachtung der Erzieherinnen im Unterricht
c) Selbsteinschätzung und Fremdbeobachtung: eine Gegenüberstellung
d) Beobachtung der "Unterrichtsatmosphäre"

2. Phase
Beobachtung von Konfliktsituationen im Unterricht

3. Phase
a) Freie Themenwahl im Stuhlkreis (Beobachtungen)
b) gezielte Themenwahl (Verhaltensvergleich zwischen den Erzieherinnen aufgrund von Beobachtungsdaten)

4. Phase
Tonbandmitschnitte aus dem Unterricht

Die vier Phasen spiegeln unterschiedliche Vorgehensweisen wider; diese entwickelten sich prozeßhaft im Laufe der Beratung, waren demnach nicht von vornherein planbar.

Die wichtigsten Ergebnisse lassen sich wie folgt zusammenfassen:

- Bei jeder Erzieherin konnten quantitative wie qualitative Verhaltensänderungen in Richtung Zielverhalten beobachtet werden.

- Die Veränderungstendenzen fielen individuell unterschiedlich aus.

- Die Verhaltensänderungen konnten nur im Kontext zu anderen beobachtbaren Verhaltensweisen gedeutet werden. Z.B. kann das geringe Auftreten eines bestimmten erzieherischen Verhaltens (z.B. Loben) durch das häufigere Zeigen eines anderen Verhaltens (z.B. Aufgreifen von Gedanken) kompensiert werden.

- Veränderungen konnten auch in den nicht bewußt geförderten Verhaltensaspekten beobachtet werden; die Erzieherinnen gaben an, beruflich wie auch persönlich von der Beratung profitiert zu haben.

Gemessen an dem jeweiligen Ausgangsverhalten jeder Erzieherin, ihrem persönlichen Lernstil, ihrer individuellen Schwerpunktsetzung gegenüber bestimmten erzieherischen Vorgehensweisen und ihrem eigenen Lerntempo konnten wesentliche Verhaltensänderungen im Sinne unserer Annahmen beobachtet und als Auswirkung von Beratung interpretiert werden.

Ein Jahr nach Beendigung des Projektes wurde den Erzieherinnen ein teilstrukturierter Nachbefragungsbogen zugesandt. Es ging hierbei um Stellungnahmen zu selbst beobachteten Verhaltensänderungen hinsichtlich des Unterrichtsverhaltens, gegenüber Kindern, Kollegen und auch im privaten Bereich.

Welche Aspekte bzw. Probleme traten nun auf, die über mein Projekt hinaus von Bedeutung für die hier zu diskutierende Thematik sein könnten? Ich werde im wesentlichen drei Thesen diskutieren, die auf meinen Projekterfahrungen beruhen.

1. These:
Wenn wir als Wissenschaftler bzw. Psychologen Praxisorientierungen wirklich wollen, so heißt das auch: die Subjekte, ihre Erfahrungen, Erwartungen, Hoffnungen und Ängste, ernst zu nehmen.

Die Erzieherinnen/Lehrerinnen in meinem Projekt waren keineswegs sofort begeistert von meinem Angebot, sondern im Gegenteil, eher mißtrauisch und abwehrend. Diese Haltung beruhte zum Teil auf negativen Erfahrungen mit Psychologen, z.T. mit Wissenschaft allgemein.

Psychologen, seien sie nun Wissenschaftler oder nicht, glauben - so häufig die Meinung -, immer alles besser zu wissen, sie führen Untersuchungen durch, für die sie bereits ein fertiges Konzept mitbringen, d.h. in den Augen der Praktiker: Sie sind nicht an der Meinung und an den Erfahrungen der Praktiker interessiert und somit können Praktiker kaum oder gar nicht von diesen Projekten profitieren.

Alltägliche und auch berufliche Erfahrungen mit Nicht-Psychologen zeigen häufig, daß Psychologen zu sehr ambivalenten Gefühlen, Assoziationen, Urteilen und Vorurteilen herausfordern. Es ließe sich sehr vieles hierzu sagen, ich beschränke mich auf zwei mir wesentlich erscheinende Aspekte: auf Erwartungen und

Ängste. Pointiert ausgedrückt, es wird alles oder nichts erwartet, Psychologen werden als unseriöse Scharlatane wahrgenommen, als Röntgenauge gefürchtet und abgewehrt oder als Wunderheiler beansprucht. Größenwahn und übertriebene Bescheidenheit auf seiten der Psychologen sind hier Tür und Tor geöffnet. Von einer ganz alltäglichen Etablierung dieses Faches - so scheint es mir - sind wir noch weit entfernt. Auch hier könnte eine Vielzahl von Argumenten zusammengetragen werden, ich beschränke mich wiederum auf zwei Aspekte: Der Psychologe als Alibi-Funktionsträger und als Feuerwehrmann. Werden z.B. weder Eltern, Arzt noch andere Experten bzw. Institutionen mit bestimmten psychisch "schwierigen" Menschen fertig, dann soll der Psychologe möglichst schnell eine Patentlösung anbieten. Da es eine Patentlösung in der Regel nicht geben kann, wird ganz schnell der Schluß gezogen, daß er eigentlich zu überhaupt nichts nutze ist. Beides, der kurzfristige Einsatz von Psychologen (Alibifunktion) oder die übersteigerte Erwartung des Machbaren durch Psychologen (Feuerwehrfunktion), hat unerfreuliche Effekte, und zwar für die Auftraggeber wie für die Betroffenen und vor allem für den betreffenden Psychologen, obwohl diese nicht förderlichen Wirkungen durchaus nicht immer offen zutage treten.

2. These:
Wenn wir als Psychologen ernst genommen werden wollen, sollten wir unser Selbstverständnis überprüfen und ein "realistisches" Angebot unterbreiten im Sinne eines vernünftigen Arbeitsbündnisses.

Es geht mir um das vermutete Selbstbild bzw. das Selbstverständnis des Psychologen, wohl wissend, daß es auch hier ein großes Spektrum von Selbstbildern geben mag. Von Interesse sind für mich die Fragen: Was können wir eigentlich leisten, welche Zuschreibungen von außen nehmen wir an oder verstärken sie bisweilen bewußt oder unbewußt, welche sind es aber, die wir nicht annehmen sollten bzw. gegen die wir uns wehren sollten? Es geht mir um die Frage, unter welchen Bedingungen ein Arbeitsbündnis vertretbar ist bzw. nicht vertretbar ist. Ein Arbeitsbündnis ist immer eine zweiseitige Angelegenheit, d.h. jeder der Partner bringt etwas ein, z.B. unterschiedliche Zielvorstellungen, Bedürfnisse und Alltagstheorien über die Situation und sein Gegenüber. Was bedeutet dies für den Psychologen?

Der Beratungsanlaß sowie der Standort des Psychologen in dem jeweiligen System, in dem die Arbeit stattfinden soll, muß für ihn selbst wie auch für sein Gegenüber klar definiert sein. In meinem Projekt trug die Klarstellung meines Beratungsanlasses sowie meine eigene Standortbestimmung im System Schule in erheblichem Maße dazu bei, die Erzieherinnen zur Teilnahme zu motivieren. Mein primäres Anliegen war es nicht, Daten zu erheben, um mich dann zu profilieren und wieder zu gehen, sondern vielmehr war es mein Ziel, ein gemeinsames Projekt zu initiieren, in dem unterschiedliche Kompetenzen genutzt werden sollten (die der Erzieherinnen und meine als Wissenschaftlerin und Gesprächspsychotherapeutin), um den Erziehungs- und Lehrprozeß zu verbessern, wobei Praktiker und Wissenschaftler voneinander lernen sollten. Ferner konnte ich deutlich machen, daß ich weder im Auftrag des Stadtschulamtes noch des Rektors der Schule und auch nicht im Auftrag des Instituts dieses Projekt durchführen sollte. Interesse, Motivation und Ziele müssen durchsichtig gemacht werden, damit das Gegenüber erkennen kann, welche Relativierung seiner Erwartungen und Ansprüche vorgenommen werden müssen bzw. ob es unter dem genannten Angebot teilnehmen möchte oder nicht.

Unabhängig davon, wer der Ansprechpartner ist - der Rektor, der Lehrer, die Eltern, der Schüler - muß ein Austausch über ihre Alltagstheorien stattfinden. Persönliche Erfahrungen, kritische Einstellungen gegenüber dem Angebot etc. müssen die Chance haben, in dem gemeinsamen Arbeitsprozeß vorzukommen. Das heißt auch, daß gegenseitige Akzeptanz unterschiedlicher Kompetenzen, sozialer Umfelder, unterschiedlicher Werdegänge etc. eine wesentliche Bedingung darstellen, die ein Gelingen des Auftrages zumindest wahrscheinlicher werden läßt. Ein wichtiger Faktor, der Akzeptanz überhaupt ermöglicht, ist die Freiwilligkeit der Teilnahme an Beratung.

Ohne die Kenntnis der Alltagstheorien der Lehrerinnen z.B. über Erziehung, über kindliches Verhalten, über Erziehungsziele wäre das vorgestellte praxisnahe Forschungsprojekt nicht möglich gewesen. Gerade die oftmals nicht bewußten, aber festgefahrenen Wenn-dann-Verknüpfungen von Ereignissen und Verhalten bzw. Verhalten und Reaktionen führen zu Stigmatisierungen, die Lernen geradezu verhindern. Deshalb war die Warming up-Phase am Anfang der Studie besonders wichtig. Ein weiterer wesentlicher Gesichtspunkt ist die Stellung des psychologischen Beraters in dem zu beratenden System bzw. Subsystem (sei es das System Schule, das Subsystem Lehrer, das Subsystem Schüler etc.). Ich halte es für eine nicht zu unterschätzende Erleichterung seiner beraterischen Fähigkeiten, wenn der Psychologe nicht in irgendeiner Form in das System integriert ist bzw. von ihm abhängig ist. Z.B. sind Schulpsychologen unter diesem Gesichtspunkt in einer recht schwierigen Position, da sie dem Schulamt unterstellt sind und somit durch die unterschiedlichsten Erwartungen (Eltern, Rektor, Lehrer, Schulamt, Schüler) ihren Standort nur schwer definieren können (Gaude, 1987; Ulich, 1991) und Rollenkonflikte daher vorprogrammiert erscheinen. Hinzu kommt, daß der Schulpsychologe - durch ständige Arbeitsüberlastung - tendenziell in Richtung Alibifunktion arbeiten muß, wobei das Zahlenverhältnis von Psychologe zu Schüler wesentlich zu dieser Misere beiträgt.

3. These:
Wenn wir erfolgreiche Hilfe anbieten wollen, müssen wir dem Faktor "Zeit" eine größere Bedeutung zumessen.

Die Erzieherinnen, die über zwei Jahre hinaus an meinem Beratungsprojekt teilnahmen, äußerten alle den Wunsch nach weiterer Beratung bzw. Intensivierung einzelner Aspekte. Eine langfristig begleitende Beratung hätte den Vorteil, daß der präventive Aspekt von Beratung stärker in den Blickpunkt rücken würde. Präventives Vorgehen hat etwas mit Zeit zu tun, und psychologisches Arbeiten könnte in der alltäglichen Praxis adäquater eingesetzt werden und damit die einseitige Feuerwehrfunktion (Krisenmanagagement, Störungsbeseitiger) auf einem Nebengleis belassen. Es wäre viel mehr damit gewonnen - ohne dabei eine Therapeutisierung von Schule befürworten zu wollen - längerfristig begleitende psychologische Beratung zu etablieren, und zwar für die unterschiedlichsten Kommunikationsprobleme aller z.B. im System Schule Beteiligten. Viele Probleme entstehen dadurch, daß jedes Individuum nur seine persönliche Sichtweise der Dinge gelten läßt und nicht imstande ist, andere Wahrnehmungs- und Handlungsalternativen in Erwägung zu ziehen. Um solche Veränderungsprozesse zuzulassen, braucht es Zeit. Psychische Entwicklungen, die bekanntermaßen ein Leben lang stattfinden, die aber oftmals nur in kleinsten Schritten verlaufen, sind dem technischen Fortschritt in seinem rasanten Wachstum in ihrer Geschwindigkeit weit unterlegen. Das sollten wir bedenken. Ich plädiere für den Ausbau schulinterner bzw. institutsnaher Supervision i.R. von Fort- und Weiterbildung, d.h. Beratung vor Ort und konkret: präventiv orientiert, längerfristig bzw. langfristig angelegt als integrativer Bestandteil schulischen bzw. erzieherischen Alltagslebens (s. auch Scholz, 1986).

Wer immer daran interessiert ist, psychologisches Wissen an andere Berufsgruppen praxisorientiert und erfolgreich zu vermitteln, kommt nicht umhin, sich folgende Fragen zu stellen:

1. Fühle ich mich überhaupt für die Praxis zuständig?
2. Welches Selbstverständnis als Psychologe/Psychologin habe ich?
3. Bin ich bereit, mein Gegenüber als selbständiges Subjekt wahrzunehmen?
4. Mit welchen Erwartungshaltungen und Erfahrungen (mit Psychologen) muß ich bei meinem Ansprechpartner rechnen?
5. Wie ist die Teilnahme an meinem Angebot zustande gekommen (Problem der Freiwilligkeit)?
6. Welche Kompetenzen bringen meine Ansprechpartner mit? Bin ich bereit, die so häufig ganz anderen Kompetenzen anzuerkennen und mich darauf einzustellen?
7. Welches Arbeitsbündnis bin ich bereit einzugehen (z.B. Problem der Alibifunktion)?
8. Wie bewerte ich die mir zur Verfügung gestellte Zeit? Welche Ziele kann ich in dieser Zeit verfolgen?

9. Welche Konzepte und Perspektiven biete ich an, die über die konkrete Arbeit hinaus für den einzelnen Abnehmer von Bedeutung sein könnten (z.B. Abbau von Vorurteilen gegenüber Psychologie, Stellenwert der Psychologie im Zusammenhang mit anderen Disziplinen, z.B. Pädagogik, Medizin)?

Der Anspruch der Pädagogischen Psychologie ist es, Handlungsorientierung zu vermitteln, pädagogische Situationen zu begründen, zu unterstützen und zu erleichtern (Huber et al., 1984). Die Pädagogische Psychologie kann als Wissenschaft dazu beitragen, aufmerksam zu machen, z.B. auf festgefahrene Verhaltensweisen, starre Strukturen, rigide Systeme. Gegenstand der (Pädagogischen) Psychologie ist das Verhalten und Erleben des Menschen. Hier ist eine Vielzahl von Sicht- und Zugehensweisen auf das Subjekt in seinem jeweiligen Umfeld möglich und geradezu erforderlich, um die Vielfalt unterschiedlicher individueller, sozialer und kultureller Lebensentwürfe nicht voreilig auf "eine" Wahrheit zu reduzieren. Die Wissenschaft kann mit ihren objektiven wissenschaftlichen Theorien, wenn sie bereit ist, sich im Austausch mit subjektiven Alltagstheorien zu konfrontieren, praxisrelevant und hilfreich sein.

Psychologie als (praxisorientierte) Wissenschaft muß ihre Möglichkeiten nutzen, indem sie sich als offenes System versteht und sich kreativ im Sinne unkonventionellen Handelns einmischt. Diese Offenheit und Veränderungsbereitschaft sollte positiv besetzt und konstruktiv genutzt werden. Das professionelle Selbstverständnis von Psychologen sollte für Utopien Raum lassen, selbst kreativ bleiben und Veränderung nicht nur als Gefährdung interpretieren.

Literatur

Bastine, R. (1976). Ansätze zur Formulierung von Interventionsstrategien in der Psychotherapie. In P. Jankowski, D. Tscheulin, H.-J. Fietkau & F. Mann (Hrsg.), Klientenzentrierte Psychotherapie heute. Bericht über den I. Europäischen Kongress für Gesprächschspsychotherapie in Würzburg 28.9.- 4.10.1974 (S. 193-207). Göttingen: Hogrefe.

Brunner, E.J. & Huber, G.L. (1989). Interaktion und Erziehung. Pädagogische Psychologie 1, Psychologie Verlagsunion München.

Cohn, R.C. (1981). Von der Psychoanalyse zur themenzentrierten Interaktion. Stuttgart: Klett.

Gaude, P. (1987). Systemorientierte Perspektiven der Schulpsychologie in Theorie und Praxis. In Psychol. Erz. Unterr., Heft 2, 81-89.

Graudenz, I. (1991). Lehrer lernen sich selbst besser kennen. Konzeptualisierung und Evaluation einer personzentrierten Lehrerberatung. Dissertationsdruck mit Genehmigung der Fakultät für Sozial- und Verhaltenswissenschaften der Eberhard-Karls-Universität Tübingen. Deutsches Institut für Internationale Pädagogische Forschung, Frankfurt am Main.

Halder, P. (1977). Verhaltenstherapie und Patientenerwartung. Bern: Huber.

Huber, G.L., Krapp, A. & Mandl, H. (1984): Pädagogische Psychologie als handlungsorientierte Wissenschaft. In G.L. Huber, A. Krapp & H. Mandl, Pädagogische Psychologie als Grundlage pädagogischen Handelns (S. 3-58). München: Urban & Schwarzenberg.

Metsch, H. (1985). Familientherapie. In D. Revenstorf (1985), Psychotherapeutische Verfahren. Gruppen-, Paar- und Familientherapie (Bd. IV, 64-116). Kohlhammer, Urban-Tb. 343.

Rogers, C.R. (1972). Die nicht-direktive Beratung (Deutsche Übersetzung von Counseling and Psychotherapy, Boston 1942). München: Kindler.

Scholz, F. (1986). Neue Perspektiven für die Schule in der Lehrerfortbildung. In Schulnahe Lehrerfortbildung (SCHULF), 23-39. Materialien, Universität Oldenburg: Zentrum für pädagogische Berufspraxis.

Ulich, K. (1991). Schulpsychologische Beratung als Interaktion. Beratungsdispositionen und Belastungen von Schülern und Psychologen. In Psychol. Erz., Unterr., H. 1, 1-10.

Watzlawick, P., Beavin, J.H. & Jackson, D.D.: (1974). Menschliche Kommunikation. Formen, Störungen, Paradoxien. (4. Auflage). Bern: Huber.

"SELBSTMOTIVATION"

Ein psychologiedidaktisch konzipierter Baustein zur innerbetrieblichen Weiterbildung

Andrea-Birte Karnowski

Der Seminarbaustein "Selbstmotivation" enstand im Rahmen eines seit zwei Jahren laufenden Projektes "Psychologietransfer in die Arbeitswelt". Die Bezeichnung als "Baustein" kennzeichnet dabei den Stellenwert unabhängig voneinander entstandener Einzelarbeiten:

In nahezu beliebiger Reihenfolge kombinierbar, sollen sie ein ebenso differenziertes, wie flexibles Angebot einer fundierten psychologischen Weiterbildung in der Arbeitswelt offerieren.

Welche Facette aus dem Spektrum psychologischer Forschung die Grundlage meiner Seminarkonzeption darstellen sollte, war mir als zukünftige Referentin selbst überlassen, - was die eigene Arbeitsmotivation insofern förderte, als man sich persönlichen Interessenschwerpunkten oder aber demjenigen Teilgebiet zuwenden konnte, wo man einen dringenden Trainingsbedarf seitens der potentiellen Adressaten aus Wirtschaft und Verwaltung erkennen konnte.

Letzteres war der Ausgangspunkt der im Folgenden vorzustellenden Arbeit: Ein Vergleich der Themenpalette etablierter Seminaranbieter, legte den Schluß nahe, daß das Thema "Motivation", den Praktikern in besonderem Maße "unter den Nägeln brennt" - vorausgesetzt, deren Angebot repräsentiert die Nachfrage, d.h. den tatsächlichen Beratungsbedarf der Unternehmen.

Die Kenntnis der Beweggründe des Verhaltens ist sicherlich insofern unabdingbar, als nur sie es ermöglicht, das Verhalten eines anderen zu erklären, seine Ursachen zu verstehen und aufgrund dieses Wissens schließlich auch ein gewisses Maß an Einfluß auf dessen Verhalten zu gewinnen.

Da es aber weder im Sinne der in der Weiterbildung tätigen Psychologen, noch im Sinne ihrer Adressaten sein kann lediglich "Techniken" zur Beeinflussung Dritter weiterzugeben bzw. zu erlernen, die nicht auch von diesen selbst durchschaut und angewandt werden können - und sich damit dem Vorwurf der Manipulation im weiteren Sinne auszusetzen - erschien es als logische Konsequenz, einen Seminarbaustein zu entwickeln, der sich einmal nicht mit "Mitarbeiter-" sondern mit "SELBSTmotivation" befaßt und sich entgegen der gängigen "Top-down"-Strategie an die unterste Hierarchieebene wendet, - die <u>Auszubildenden</u>.

Zur Erläuterung dieser ungewöhnlichen Zielgruppenwahl seien

zunächst drei Schlagworte der aktuellen Diskussion innerhalb der Organisationspsychologie genannt:

- Organisationsentwicklung
- Wertewandel
- Imagefaktor Weiterbildung

Definitionen des Begriffs Organisationsentwicklung fordern in Abgrenzung vom vorherrschenden "Krisenmanagement" übereinstimmend eine umfassende Regeneration der Organisation aus eigener Kraft. Ansatzpunkt der geplanten Veränderung sollen nicht mehr einzelne Individuen, sondern ganze Gruppen - Organisationsfamilien - sein. Was also läge näher, als mit Veränderungsaktivitäten beim Nachwuchs, den vielzitierten "Hoffnungsträgern" des Unternehmens anzusetzen?

Die jugendlichen Berufsanfänger sind heute zumeist nicht mehr bereit, sich dem langzeit gültigen Postulat "Lehrjahre sind keine Herrenjahre" zu beugen. Sie erheben stattdessen Forderungen, allen voran die nach der Identifikation mit der Aufgabe. Man hat es also nicht mit einer Generation von Leistungsverweigern zu tun, sondern mit kritischen jungen Menschen, die die Frage nach dem "Wozu" ihrer Leistung mit Nachdruck stellen.

VON ROSENSTIEL befaßt sich schon seit längerem mit einer möglichen "Identifikationskrise" des Nachwuchses und schreibt in einem Artikel aus 1989 zum Stichwort "organisatorische Sozialisation", daß insbesondere die ersten Berufsjahre für die Prägung von sog. "Grundorientierungen" ausschlaggebend seien: Bereits hier würde sich entscheiden, inwieweit später eine Karriere angestrebt, in Opposition zu Zielen und Werten des Arbeitgebers gegangen, oder aber zum "Dienst nach Vorschrift" tendiert werde.

Ein Unternehmen, das die Frage nach dem "Wozu" nicht nur zuläßt, sondern explizit auf die Tagesordnung setzt und sich der Diskussion stellt, trägt der gewachsenen Kritikbereitschaft Rechnung und nimmt seinen "Erziehungsauftrag" ernst (vgl. 6 Abs. 5 BBiG: "Der Ausbildende hat dafür zu sorgen, daß der Auszubildende charakterlich gefördert ... wird; 75 Abs. 2 BetrVG: "Arbeitgeber und Betriebsrat haben die freie Entfaltung der Persönlichkeit der im Betrieb beschäftigten Arbeitnehmer zu schützen und zu fördern").

Dieses gesetzlich verbriefte Recht der Persönlichkeitsentfaltung auch und gerade am Arbeitsplatz, hat bislang nicht verhindern können, daß psychologische Weiterbildung zumeist ein Privileg solcher Mitarbeiter ist, die als "besonders förderungswürdig" eingestuft wurden, sich also bereits erste berufliche "Sporen" verdient haben. In diesem Stadium der beruflichen Entwicklung gewinnt neben der fachlichen Eignung auch die sog. "soziale Kompetenz" an Bedeutung, da Personalverwaltung und Repräsentationsaufgaben übernommen werden müssen. Doch das Aufstocken des üblichen Fortbildungsangebots erfolgt nicht nur bedarfsorientiert: Die Vielfältigkeit des Seminarprogramms ist zu einer festen Imagegröße geworden - sie verschafft dem Arbeitgeber einen Vorteil im brancheninternen Konkurrenzkampf um besonders erfolgreiche Mitarbeiter.

Dieselbe Funktion könnte und sollte aber auch dem Ausbildungsangebot zukommen, zumal abzusehen ist, daß sich der Wettbewerb um qualifizierte Auszubildende, als Auswirkung des Geburtenrückgangs, zunehmend verschärft und gerade "gute" Auszubildende häufig schon unmittelbar nach Abschluß der Ausbildung von Konkurrenzfirmen umworben werden.

Der notwendige Umdenkprozess wird noch einige Zeit bedürfen, und so war es von Vorteil, daß das vorliegende Projekt von den beteiligten Unternehmen zunächst keinerlei finanzielle Aufwendungen, sondern "nur" die Bereitschaft erforderte, einen Teil ihrer Auszubildenden für einen Vormittag freizustellen.

Auszubildende sind Mitarbeiter im "Larvenstadium": Sie balancieren auf dem schmalen Grad zwischen dem "Lernenden", als der sie ungestraft Fehler machen dürfen und der "Arbeitskraft", als die sie bereits zum wirtschaftlichen Erfolg ihres Unternehmens beizutragen haben. Mit dem Ende ihrer Ausbildungszeit, die sich in ihrer starken Vorprogrammierung und massiven "Hilfestellung" seitens der Ausbilder zumeist nur unwesentlich von der Schulzeit unterscheidet, werden sie oftmals unvermittelt mit veränderten Rollenerwartungen ihrer Umgebung konfrontiert. Aus der Masse der gesichtslosen Larven sollen - gewissermaßen mit dem Stichtag der Prüfung vor der Industrie- und Handelskammer - individuell verschiedene "Schmetterlinge" werden, die angesichts der breiten Palette beruflicher Aufgaben zielgenau die für sie richtige "Blume" ansteuern. Häufig aber erleben sie erst jetzt, des schützenden Kokons beraubt, den vielzitierten "Praxisschock".

Der Seminarbaustein versucht, die Teilnehmer rechtzeitig für diese zu erwartenden Veränderungen zu sensibilisieren und sie gleichzeitig mit adäquaten Strategien für die Bewältigung dieser Situation auszustatten.

Damit sollen beide von ROSENSTIEL charakterisierten Grundhaltungen, die in Konkurrenz zur Karriereorientierung stehen könnten vermieden werden: Bloße <u>Opposition</u> zu den Zielen des Unternehmens, die nicht in aktive Änderungsbestrebungen mündet, wie auch <u>Resignation</u>, Rückzug auf den "Dienst nach Vorschrift". Auszubildende, die der ersten Gruppe zuzuordnen sind, kann möglicherweise der Wind aus den Segeln genommen werden, indem man erläutert, welche höchst individuellen Zielsetzungen unter dem "größten gemeinsamen Nenner" der impliziten oder expliziten Unternehmensziele möglich sind. Inhomogener - und damit ungleich schwerer positiv zu beeinflussen - ist dagegen zumeist die Gruppe derjenigen, die eher still und unauffällig die geforderte Leistung verweigern. Diese Haltung kann - wagt man eine grobe Klassifizierung - sowohl auf <u>Bequemlichkeit</u> als auch auf der <u>Angst</u> vor einem möglichen Versagen basieren, welche wiederum die unterschiedlichsten Ursachen haben kann. Gerade für die letztgenannte Gruppe ist es wichtig, zu der Überzeugung zu gelangen, die eigenen Arbeitsergebnisse seien aktiv beeinflussbar, es gäbe Mittel und Wege, sie entscheidend und nachhaltig zu verbessern.

Den Teilnehmern soll demnach eine besondere Form der "Kontrollüberzeugung" vermittelt werden, was unter anderem zur Aufnahme einer Gegenüberstellung unterschiedlich wirksamer Attributionsmuster in das Seminarkonzept geführt hat.

Grundlage des Lehrgesprächs ist die folgende Skizze:

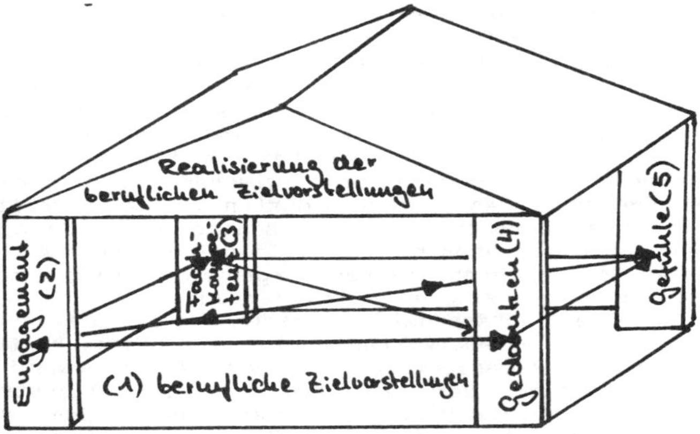

Demnach gibt es im wesentlichen fünf "Angriffspunkte" einer effektiven Selbstorganisation: Die Frage nach den beruflichen Zielvorstellungen (1), nach dem Engagement (2), mit dem diese verfolgt werden und mit dem am Aufbau der entsprechenden Fachkompetenz (3) gearbeitet wird, und nach den Gedanken (4) und Gefühlen (5) die diesen Prozeß begleiten und fördern können.

Nun kann aber ein Seminarbaustein, der für sich in Anspruch nimmt, "psychologiedidaktisch" konzipiert worden zu sein, sich nicht darauf beschränken, bestimmte, für relevant erachtete Ergebnisse aus der psychologischen Grundlagenforschung zu referieren. Will man dem hinter einer solchen Etikettierung stehenden Anspruch tatsächlich gerecht werden, erfordert dies neben der sachlich richtigen Information eine psychologisch gerechtfertigte Form der Vermittlung. Hierzu mußten die Erkenntnisse über die Voraussetzungen menschlichen Wissenserwerb und -transfers integriert und die daraus abgeleiteten Prämissen unter Rückgriff auf die Erziehungswissenschaft für die spezifische Vermittlungssituation adäquat umgestzt werden.

So fanden in erster Linie die psychologischen Lerntheorien Eingang in das Seminarkonzept, z.B. indem auf der Grundlage seiner Autobiographie die Karriere des Crysler-Chefs Lee Iacocca als "Modell" herangezogen wurde. Berücksichtigt wurden aber auch Erkenntnisse der Gedächtnisforschung sowie der Sozialpsychologie - Stichwort: Referenten-Teilnehmer-Beziehung. Der Didaktik kam somit die nachgeordnete Rolle einer "Optimierungsfunktion" zu: Die zuvor festgelegten Inhalte mußten adressatengerecht dargeboten werden, um den erhofften Effekt hervorrufen zu können.

Der tatsächliche und nachweisliche Effekt des Seminars aber erschöpft sich nicht nur in einer angenehmen Lernsituation. Die eigentliche Bewährungsprobe des Konzepts findet im beruflichen Alltag, im sog. "Funktionsfeld" statt. Daher wurden den Teilnehmern nach Abschluß der eigentlichen Seminarphase nicht nur Begleitmaterialien zur Verfügung gestellt, sondern auch konkrete Hilfen für den Transfer der neu erworbenen Kenntnisse offeriert, die ihren theoretischen Ursprung sowohl in der Verhaltensmodifikation, als auch in betriebswirtschaftlichen Planungskonzepten haben. So werden die Seminarteilnehmer im Rahmen eines "Aktionsplans" aufgefordert, ihre persönlichen Ziele kurz- und mittelfristiger Art sowie Mittel und Wege zu deren Erreichung zu konkretisieren und schriftlich zu fixieren. "Kontrollorgan" der Zielerreichung sind die Teilnehmer selbst, wobei Mitauszubildende und auch innerbetriebliche Ansprechpartner nach Möglichkeit in die Rolle des "Lernpartners" schlüpfen sollten, der über Anfangsschwierigkeiten hinweghilft und eine zweite, objektivere Sichtweise einbringt - insgesamt also mit Lob, Rat und konkreter Hilfe zur Seite steht.

Erkenntnisse darüber, wieweit auch diese Transferhilfen genutzt werden, liefern wichtige Hinweise für die Akzeptanz der Seminarinhalte und damit für das Ausmaß, indem die schwer operationalisierbaren "affektiven" Lernziele erreicht werden konnten. Das Evaluationskonzept umfaßt damit zwei Teile: Zum einen die Überprüfung des Erreichungsgrads der kognitiven Lernziele mittels eines lernzielorientierten Tests, zum anderen die Einschätzung des akuten Handlungsbedürfnisses, welches durch das Seminar angeregt wurde.

Verlässliche Daten über das Ausmaß des Lernzuwachses und die Quote des langfristigen Behaltens sind nur mittels eines Follow-up-designs zu erreichen, weshalb der lernzielorientierte Test vor, unmittelbar nach und schließlich ca. 6-8 Wochen nach dem Seminar zur schriftlichen Bearbeitung vorgelegt werden mußte. Die erforderlichen Fragebögen boten darüber hinaus die Möglichkeit, relevante Zusatzinformationen zu erheben und waren zugleich Chance für den Referenten, sich und sein Programm vorzustellen und damit möglichen Befürchtungen, die an diese ungewöhnliche Form der Weiterbildung geknüpft sind, im Vorfeld zu begegnen, und sich - einige Zeit nach der persönlichen Begegnung - in geeigneter Weise in Erinnerung zu rufen und nochmals zu bedanken.

Bei den erhobenen Zusatzinformationen handelte es sich einmal um die Einstellungen der Teilnehmer vor dem Seminar, die aus seinem Interesse zum Thema, seiner Einschätzung, inwieweit ein solches Seminar wichtig und sinnvoll sei, und dem Ausmaß seines Vorwissens zu einer fiktiven Größe aufaddiert wurde.

Im dritten und letzten Fragebogen wurde dagegen versucht, zu ergründen, wie groß das oben beschriebene "akute Handlungsbedürfnis" nach dem Seminar war, d.h. ob und wie intensiv sich der Teilnehmer mit den angebotenen Materialien auseinandergesetzt hatte, ob der Aktionsplan als Transferhilfe akzeptiert, und inwieweit bereits das Gespräch über die behandelten Themen gesucht worden war.

Die qualitative Auswertung der Fragebögen zeigte Schwächen der jeweiligen Seminarversion auf und bedingte damit die ständige Veränderung des Konzepts. So wurde die Unterrichtszeit von ursprünglich 90 auf 210 Minuten aufgestockt und bei der Vermittlung einer echten "Zwei-Weg-Kommunikation" immer mehr Raum gegeben. Die Analyse der Fehlerquoten des lernzielorientierten Fragebogens machte deutlich, welchen Lernzielen im Folgenden mehr Zeit gewidmet werden mußte oder wo Aussagen zu präzisieren waren.

Das lineare Ansteigen der Lern- und Transfererfolgsquoten spricht für diese Form der Evaluation. Der enorme zeitliche Aufwand und einige nach wie vor ungeklärte Operationalisierungsfragen lassen es allerdings geboten erscheinen, in Zukunft auf ein Expertenrating der Ausbilder bzw. Lernpartner zu vertrauen, das mit der Selbsteinschätzung der Teilnehmer verglichen werden könnte.

Literatur

Rosenstiel, L.v. & Stengel, M. (1987). Identifikationskrise? Bern: Huber.

Rosenstiel, L.v. (1989). Selektions- und Sozialisationseffekte beim Übergang vom Bildungs- und Beschäftigungssystem, Zeitschrift für Arbeits- und Organisationspsychologie, 1989, 33 (N.F. 7), 1, S. 21-32

Gruppenverhalten
Entwicklung eines psychologisch didaktisch konzipierten Unterrichtsbausteins für ein führungspsychologisches Weiterbildungsprogramm

Beatrix Bittner

Innerhalb des Projektes "Psychologietransfer in der Arbeitswelt" entstand am Lehrstuhl Organisationspsychologie an der Universität Bamberg die Arbeit zum Thema: Gruppenverhalten - Entwicklung eines psychologisch didaktisch konzipierten Unterrichtsbausteins für ein führungspsychologisches Weiterbildungsprogramm.

Die Arbeit, deren Entwicklungsphase bis dato abgeschlossen ist, war als Antwort auf die bisherige Weiterbildungssituation gedacht. Aufgrund zunehmender wirtschaftlicher Veränderungen des Marktes und des Wertewandels in der Gesellschaft zeichnet sich eine verstärkte Nachfrage an Weiterbildungsangeboten ab, dem Faktor "Mensch" wird heutzutage in der Wirtschaft vermehrt Beachtung geschenkt. Die Heranbildung qualifizierter Mitarbeiter wird verstärkt zu einer zentralen Aufgabe erfolgreicher Unternehmensführung. Dadurch unterliegen auch die Anforderungen an eine Weiterbildung einem Wandel. Neben der traditionellen Wissensvermittlung spielen nun vermehrt affektive und soziale Lerninhalte eine wichtige Rolle. Je mehr solche Maßnahmen durchgeführt werden, desto stärker sollte man, wie anzunehmen ist, bemüht sein, Ergebnisse und Bewertungsmaßstäbe über den Erfolg, die Wirksamkeit von einzelnen Bildungsmaßnahmen und des Bildungswesens insgesamt zu erhalten. Jedoch werden Erfolgskontrollen der Maßnahmen noch nicht in jenem Maße praktiziert, wie es der Bedeutung, der man der Aus- und Weiterbildung zuerkennt, entsprechen würde. Die gegenwärtige Literatur zur Erwachsenenbildung zeigt auf, daß die theoretischen Konzeptionen der Erwachsenenbildung unverbunden neben den Berichten über praktische Erfahrungen und Aktivitäten mit lernenden Erwachsenen stehen. Die vorliegende Arbeit war ein Versuch, einen Unterrichtsbaustein zu entwickeln, der theoretisch fundiert ist und darüberhinaus die praktische Erfahrung mit der Durchführung dieses Bausteins aufzeigt.

Es wurden mehrere Ziele verfolgt, die handlungsleitend für die Erstellung des Unterrichtsbausteins und des Evaluationskonzeptes waren. Als grundlegendstes Ziel kann genannt werden: »Entwicklung eines Unterrichtsbausteins, der den Anforderungen, die an eine solche Maßnahme gestellt werden, entspricht. Es sollen psychologische Inhalte mit Hilfe von didaktischen Maßnahmen nicht psychologisch ausgebildeten Personen, die Führungspositionen innehaben bzw. besetzen werden, verständlich gemacht werden, um einen Transfer in den beruflichen Alltag zu ermöglichen.«

Hieraus lassen sich verschiedene Teilziele festmachen:

1. Ziel der Arbeit ist es, einen Unterrichtsbaustein unter psychologischen, didaktischen Gesichtspunkten zu konzipieren. Aufgrund psychologischer Erkenntnisse der Wissenschaft, die für die Erwachsenenbildung bedeutsam sind, sollen relevante didaktische Maßnahmen für den Unterricht getroffen werden.

1.1. Es soll eine Verhaltensänderung der Teilnehmer primär im kognitiven und affektiven Verhaltensbereich sowie im psychomotorischen Bereich bewirkt werden, gekennzeichnet durch Lernzuwachs und Einstellungsänderung gegenüber der Relevanz des Themas.

1.2. Inhalte, Lernschritte, Methoden und Medien sollen so ausgewählt werden, daß sie einen Transfer in den beruflichen Alltag ermöglichen und fördern.

1.3. Ziel ist es, auf die speziellen Lernvoraussetzungen und motivationalen Bedingungen Erwachsener in der Planung einzugehen und den Teilnehmern als Partner des Dozenten anzusehen.

1.4. Weiterhin steht im Vordergrund, die Eigenaktivität der Teilnehmer zu fördern bzw. ihr Raum zu geben.

2. Die Arbeit verfolgt zudem das Ziel, ein Evaluationskonzept zu erstellen und Maßnahmendurchzuführen, die über die Effizienz informieren. Die Ergebnisse der Evaluationskontrollen der einzelnen Unterrichtsstunden sollen zur Verbesserung des Konzeptes verwandt werden, um einen optimalen Unterrichtsbaustein zu erhalten.

3. Den Teilnehmern soll das Thema "Gruppenverhalten" im Hinblick auf die berufsspezifische Relevanz nähergebracht werden.

Der Adressatenkreis in der Entwicklungsphase des Unterrichtsbausteins bestand aus Klassen, die die Industriemeisterausbildung im Fachbereich Textil oder Elektro an der IHK-Bayreuth absolvierten und einer Klasse der Fachschule für Heilerziehungspflege Bayreuth. Die Teilnehmergruppen (N=63) erwiesen sich bezüglich Schulbildung und Alter als homogen. Eine Gegenüberstellung der Unterrichtsdurchführungen ist im Sinne der Konstanthaltung der Störvariablen dahingehend gerechtfertigt, da die Teilnehmer durchschnittlich den Schulabschluß der "Hauptschule" aufwiesen und der gleichen Altersspanne (25 bis 30 Jahre) angehörten. Der Unterrichtsbaustein wurde viermal in der Entwicklungsphase zur Evaluation des Unterrichtskonzeptes durchgeführt.

Unterrichtsplanung

Die theoretischen Überlegungen und Entscheidungen, die zur Konstruktion des Unterrichtsbausteins beitrugen, umfaßten, in Anlehnung an die von P. Heimann (1962) aufgestellten vier Entscheidungsfelder des Berliner Modells der Didaktik, Lehr- und Lernziele, Inhalte, Methoden und Medien. Die Analyse des Teilnehmerkreises und die Gestaltung des Lern- und Lehrprozesses wurden nicht wie im Berliner Modell als Bedeutungsfelder angesehen, sondern den Entscheidungsfeldern gleichgestellt, zudem wurde der Aspekt der Evaluation in den Entscheidungsprozeß mit aufgenommen. Das Strukturschema der Didaktik der Berliner Schule wurde zu einem Prozeßschema, das sich am prozessualen Aspekt des Unterrichts orientiert, erweitert. Die Unterrichtsplanung sieht aufgrund des Prinzips der Passung keinen statischen, sondern reversiblen Unterricht vor, der je nach Unterrichtssituation, Teilnehmer- und Dozentenvoraussetzungen veränderbar ist.

Die didaktischen Maßnahmen, wie Lernzielbestimmung, Inhalt-Lehrstufen-, Methoden- und Medienauswahl, erfolgten unter Berücksichtigung der psychologischen Erkenntnisse der kognitiven Lern-, Denk-, Motivations- und Sozialpsychologie.

Der Lernprozeß wird primär unter dem Aspekt gesehen, wie der Teilnehmer logische Strukturen und Bedeutungszusammenhänge begreift. Es werden in erster Linie beim Lernen von bedeutungshaltigem verbalen Material kein Konnektionismus, sondern kognitive Prozesse angenommen. Der Unterrichtsbaustein wurde von den kognitiven Lerntheorien D.P. Ausubels (1980, 1981) und J.S. Bruners (1974) sowie der sozialen Lerntheorie A. Banduras (1979) tangiert. Es wurde nicht die Kontroverse Bruner/Ausubel weitergeführt, sondern Aspekte beider Theorien berücksichtigt.

Lernen sei verstanden als eine überdauernde umgebungsbezogene Verhaltensänderung, im kognitiven, affektiven und psychomotorischen Bereich, die auf individuelle Informationsaufnahme, -verarbeitung und -speicherung beruht. Lernen hängt demnach eng mit den Komponenten Erwerb, Behalten und Anwenden/Transfer zusammen. Diese aus drei Stufen bestehende Folge und die sich hieraus ergebenen didaktischen Konsequenzen waren Grundlage für die Konstruktion des Unterrichtsbausteins.

Die drei Ebenen der Verhaltensänderung, der kognitive, affektive und psychomotorische Bereich, äußerten sich in den für diesen Baustein formulierten Lehr- und Lernzielen in Anlehnung an die Lehr- und Lernzieltaxonomien von B. Bloom und D.R. Krathwohl (1956, 1964) sowie Dave (in: H. Meyer, 1974). Zur Entscheidung, woran die richtungsweisenden Ziele thematisiert werden, wurde anhand der didaktischen Reduktion, die eine vertikale und horizontale Reduktion beinhaltete (vgl. H.W. KYPERS, 1982) der Lerninhalt festgelegt, was wiederum die Formulierung konkreter Feinziele ermöglichte. Das Thema "Gruppenverhalten" wurde speziell für den Teilnehmerkreis, der Führungspositionen inne hat bzw. besetzen wird, als Lehrninhalt gewählt, da die heutige Spezialisierung und Arbeitsteilung es in den Organisationen mit sich bringt, daß verstärkt in Teams gearbeitet wird, und ein adäquates Umgehen mit dieser Situation von den Führungskräften gefordert wird. In Anlehnung an die Lehr- und Lernstufenmodelle von H. Roth (1957), der das problemorientierte Stufenmodell entwickelte, K.W. Döring (1983), der von drei Grundakten des Unterrichts, der Anfangssituation, der Mittelsituation und der Schlußsituation ausgeht und A. Bandura (1979), der verschiedenen Teilprozesse unterscheidet, die das Beobachtungslernen steuern, entwickelte man für diesen Unterrichtsbaustein ein Lehrstufenmodell, das den Unterricht in verschiedene Phasen gliedert und die Lehr- und Lernaktivitäten des Unterrichts anordnet.

Die Lehrstufen implizieren, die der Arbeit zugrundeliegenden kognitiven Theorien. Mit Hilfe des Unterrichtseinstiegs ist beabsichtigt, den Teilnehmern die Relevanz des Themas darzustellen, ihr Interesse zu wecken und über die Zielsetzungen des Unterrichts zu orientieren, um transferfördernd zu wirken. Die sich daran anschließende Erörterung des methodischen Vorgehens stellt den Aufbau und die Gliederung des Unterrichts dar. Sie bietet den Teilnehmern eine Struktur an, die das Einordnen des neuen Wissens und das spätere Abrufen erleichtert (vgl. N.L. GAGE & D.C. BERLINER, 1986, S. 329). Die hierarchisch übergeordnete Organisationshilfe ermöglicht das Erfassen von Sinnzusammenhängen und gewährleistet den Informationsverarbeitungsprozeß. Zur Aktivierung der Praxiserfahrung und Kenntnisse der Teilnehmer erfolgt die Konfrontation der Teilnehmer mit einem Problemfall, um daran neue Lerninhalte anknüpfen zu können. Durch diesen Anstoß des Lernprozesses soll Verständnis für die zugrundeliegenden Prinzipien erwachsen, die in der Informationsphase zum Thema "Gruppenverhalten" vermittelt werden. In dieser darauf folgenden Phase werden den Teilnehmern allgemeine abstrakte Prinzipien des Themas "Gruppe" vermittelt, die in einer konkreten handlungsmäßigen Anwendung enden. Zur Vertiefung des Lehrstoffs erfolgt eine Wiederholung und Anwendung des Gelernten in Bezug auf den Problemfall. Die Mittelsituation ist gekennzeichnet durch die Er- und Verarbeitung der Sachverhalte und der Transformation in die kognitiven Strukturen. In der Schlußphase erfolgt ein Anwenden der gelernten Sachverhalte auf neue berufsspezifische Situationen, um eine Speicherung und Transfermöglichkeit der Lerninhalte zu bewirken.

Dem Unterrichtskonzept liegt die Methode der Fallstudie, die ihren Ausgangspunkt an der Harvard Buisiness School in Boston nahm (vgl. KAISER, 1980, S. 40) zugrunde. Es wird ein konkreter Fall aus der Arbeitswelt in den Mittelpunkt des Unterrichts gestellt. Die vorliegende Fallstudie, die in Anlehnung die Case-Problem-Method entwickelt wurde, sah vor, daß die Teilnehmer mit dem Fall konfrontiert, die Problemstellung mitgeteilt und Informationen bezüglich des bearbeiteten Themas gegeben wird. Unter zu Hilfenahme der vorgegebenen Informationen mußten Lösungsvarianten ermittelt und Entscheidungen getroffen werden. Diese Methode wurde gewählt, um aus einem praktischen

Beispiel allmählich Verständnis für zugrunde liegende Prinzipien erwachsen zu lassen. Dieser deduktive Vorgang hat zum Ziel, das Problembewußtsein der Teilnehmer zu entwickeln und ein Anknüpfen der Lerninhalte an die Erfahrungen zu ermöglichen. Die Teilnehmer sollen lernen, einen Fall in seinen situativen Bestandteilen zu analysieren, entsprechende Informationen auszuwerten bzw. zu beschaffen, alternative Lösungsmöglichkeiten zu entwickeln und Entscheidungen zu treffen.
Zur Realisierung der ziel- und sachorientierten Lernziele kommen darbietende, erarbeitende und entdeckungslassende Lehrverfahren zur Anwendung, die sich bezüglich ihres Strukturierungsgrades unterscheiden und mit Hilfe der Methoden Lehrgespräch, fragend-entwickelnder Unterricht, Kleingruppenarbeit, Diskussion, Partnerarbeit, Einzelarbeit, Fallstudie und Rollenspiel realisiert werden. Die verwendeten Medien des Bausteins dienen der Gestaltung eines konkret anschaulichen, verständlichen und praxisbezogenen Unterrichts. Sie sollen dem Dozenten in seiner didaktischen Arbeit unterstützen und den Informationsverarbeitungsprozeß der Teilnehmer begünstigen sowie motivations- und aktivierungsfördernd wirken.
Der zeitliche Rahmen der Konzeption beträgt vier Unterrichtsstunden. Die Schwerpunkte liegen auf der Erarbeitung des Themas "Gruppenverhalten", der Bearbeitung der Fallstudie und der Vertiefung des Unterrichtsinhaltes anhand der Wiederholung und Ermöglichung des Transfers in Form von Rollenspielen.

Evaluation

Es wurde ein für diesen Unterrichtsbaustein spezifisches Evaluationskonzept erstellt, daß eine Umsetzung der Evaluationsziele und die Überprüfung der hieraus formulierten Hypothesen ermöglicht. Die Evaluationskontrolle erfolgte für jede Unterrichtsdurchführung und ermöglichte eine kontinuierliche Verbesserung des Konzeptes. Für den konzipierten Unterrichtsbaustein läßt sich folgendes Evaluationskonzept nennen (s. Abb. 1).

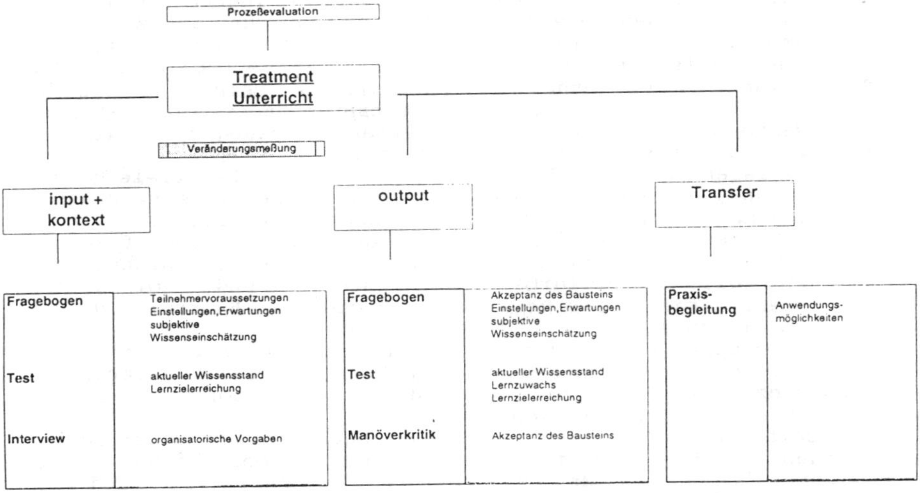

Abb. 1: Evaluationskonzept

Die Abbildung zeigt den Zusammenhang der einzelnen Evaluationsstrategien, in Anlehnung an das CIPP-Modell von Shufflebeam (1971), in Bezug auf das treatment »Unterricht«. Die Evaluation des konzipierten Unterrichtsbausteins erfolgte auf der Stufe der Unterrichtsplanung, der Unterrichtsdurchführung und -kontrolle. Ferner stellt die Abbildung die sich hierauf beziehenden Evaluationsmethoden, Fragebogen, Wissentest, die im Vorfeld auf ihre Gütekriterien überprüft wurden, sowie Interview, Manöverkritik, Praxisbegleitung, und den zu ermittelnden Erfassungsgegenstand dar.

Darstellung der Ergebnisse in der Entwicklungsphase

Die Evaluation des Unterrichtsbausteins in der Entwicklungsphase beinhaltete vier Unterrichtsdurchführungen (N=67). Aufgrund der erzielten Ergebnisse lassen sich Aussagen dahingehend treffen, daß der konzipierte Unterrichtsbaustein die Ziele, die zu Beginn der Arbeit formuliert wurden, weitgehend erfüllt. Es bedarf jedoch einer weiteren Überprüfung des Unterrichtsbausteins auf längere Sicht und mit einer größeren Stichprobe, um allgemeingültige Aussagen über dessen Qualität treffen zu können. Die Fragebogendaten in der Entwicklungsphase, die anhand des konstruierten Evaluationskonzeptes im Vorfeld, während und im Anschluß an die Durchführung ermittelt wurden, zeigten, daß sich die Akzeptanz der Teilnehmer gegenüber dem Baustein als homogen darstellt. Alle vier Unterrichtsgruppen bewerteten den

Baustein positiv, sowohl hinsichtlich der Rahmenbedingungen, der verwendeten Methoden, Medien und der Darstellung des Lerninhaltes.

Der Inhalt "Gruppenverhalten" wurde von allen vier Gruppen als für die Praxis einer Führungskraft relevant angesehen und die Darbietung als gut bewertet. Die Methode "Fallbeispiel", die gewählt wurde, um aus einem praktischen Beispiel allmählich Verständnis für zugrunde liegende Prinzipien erwachsen zu lassen und ein Anknüpfen der Lerninhalte an Erfahrungen zu ermöglichen, erzielt durchschnittlich von den Stichproben einen hohen Wert auf der Ratingskala und wurde als praxisbezogen hervorgehoben. Durchschnittlich positiv wurde zudem auch die Gruppenarbeit gesehen, die einen Versuch darstellt, die Eigenaktivität der Teilnehmer zu fördern bzw. ihr Raum zu geben. Die Medien, insbesondere die Verwendung der Folien, zeigte gleichfalls positive Resonanz.

Der methodische Zugang zur Veränderungsmessung im kognitiven Verhaltensbereich ergab sich über die Darbietung eines Wissentests zu unterschiedlichen Zeitpunkten, dessen Fragen in Anlehnung an die Lehr- und Lernziele formuliert wurden. Lernzuwachs wird verstanden als die Differenz der erzielten Punktwerte zwischen Prä- und Posttest. Die Evaluierung des Lernzuwachses anhand des Wissentestes, der als Prä- und Posttest gereicht wurde, ließ einen signifikanten Lernzuwachs erkennen. Betrachtet man die aufgeführten Effekte zwischen Prä- und Posttest, so kann festgehalten werden, daß die Teilnahme am Unterrichtsbaustein mit einer Verhaltensänderung im kognitiven Bereich einhergegangen ist.

Die Ergebnisse der Unterrichtsgruppen zeigen einen signifikanten Lernzuwachs. Zudem kann aufgrund des Vergleichs der Stichproben anhand der Varianzanalyse bzw. t-Test für unabhängige Stichproben, die zum Vergleich der Stichproben hinsichtlich ihrer zentralen Tendenz herangezogen wurden, festgehalten werden, daß sich die Leistungen der Gruppen jeweils im Prä- als auch im Posttest nicht signifikant unterscheiden. Auch hinsichtlich des Lernzuwachses ergeben sich keine signifikanten Unterschiede, es kann die H0 (Lernzuwachs-Unterrichtsgruppe A = Lernzuwachs-Unterrichtsgruppe B) zugunsten der H1 auf dem 5%-Niveau verworfen werden, die Teilnehmergruppen zeigen ähnliche Resultate. Dieses Ergebnis legt die Schlußfolgerung nahe, daß, unabhängig vom Berufsziel, der Unterrichtsbaustein Lernzuwachs ermöglicht, und der Baustein, der für Führungskräfte aus der Wirtschaft konzipiert wurde, übertragbar ist auf Weiterbildungsmaßnahmen für Verantwortungsträger, die in sozialen Bereichen tätig sind.

Es ist jedoch darauf zuverweisen, daß die anhand der Ergebnisse gemachten Aussagen nicht zu verallgemeinern sind, da aufgrund der Operationalisierung des Begriffs "Lernen" über Bestimmungsstücke der Leistung in standartisierten Situationen die Lösung der Aufgaben als Indikator für Lernen galt. Ergänzt wurden die Daten des Wissentests von der subjektiven Einschätzung der Lernzielerreichung, des Wissenstandes und des Lernzuwachses. Es kann festgehalten werden, daß nach dem

Wilkoxontest für unabhängige Stichproben (vgl. BORTZ 1985) alle vier Teilnehmergruppen eine Erreichung der Lehr- und Lernziele signifikant hoch einschätzten (5%-Niveau).

Zur Klassifikation, inwieweit die Teilnehmer das Kursziel erreichten, wurde das biniominale Testmodell von K.J. Klauer (1977, 1975) verwendet. Es konnte die H0, die aussagt, daß Lehr- und Lernziel genau dann erreicht ist, wenn der Lösungsparameter der Teilnehmer (pi) mindestens gleich groß ist, wie die angestrebte Lösungswahrscheinlichkeit (pz), mit einer Irrtumswahrscheinlichkeit von 2.5% beibehalten werden. Die Teilnehmer beherrschten demnach das zuvor festgelegte Lehr- und Lernziel mit 90% Wahrscheinlichkeit.

Die Ergebnisse lassen jedoch aufgrund der geringe Anzahl der Pbn keine Verallgemeinerung sondern nur eine Trendaussage hinsichtlich der Entwicklungsphase des Unterrichtsbausteines zu. Jedoch kann man davon ausgehen, daß das Ziel der Arbeit, eine Antwort auf die Problematik der Weiterbildungssituation zu geben und zugleich die Erstellung und Evaluation eines Unterrichtsbausteins aufzuzeigen, erreicht zu sein scheint, und daß das Evaluationskonzept für den Entwicklungsprozeß des Unterrichtsbausteins Trendaussagen zuläßt.

Literatur:

Aebli, H.: Denken:das Ordnen des Tuns, Band 1 und 2. Stuttgart: Klett Cotta, 1980,1981.

Ausubel D.P./Novak J.D./Hanesian, Helen: Psychologie des Unterrichts, Band 1, 2. Weinheim und Basel:Beltz, 1980.

Bandura, A.: Sozial-kognitive Lerntheorie. Stuttgart: Klett, 1979.

Bloom, B.: Taxonomy of Educational Objectives, Handbook 1, 2. New York, 1968, 1968.

Bortz, J.: Lehrbuch der Statistik für Sozialwissenschaftler. Berlin: Springer, 1985.

Bruner, J.S.: Der Prozeß der Erziehung: ins Deutsche übertr. v. Arnold Harttung. Düsseldorf: Schwann, 1974.

Döring,K.W.: Lehren in der Erwachsenenbildung. Weinheim und Basel: Beltz, 1983.

Dörner, D.: Problemlösen als Informationsverarbeitung.Stuttgart: Kohlhammer, 1979.

Gagnè, R.M/ Brown, L.T.: Einige Faktoren bei der Programmierung des Begriffslernens. in: Neber, H. (Hrsg.): Entdeckendes Lernen. Weinheim, 1973, S. 190 - 203.

Gerl, H./ Pehl, K.: Evaluation in der Erwachsenenbildung. Bad Heilbrunn: Obb. Klinkhardt, 1983.

Küpers, H.W.: Erwachsenenbildung in der Praxis. Bad Heibrunn /Obb.: Klinkhardt, 1982.1975.

Lienert, G.A.: Testaufbau und Testanalyse (4. neu gestaltete Aufl.). München: Psychologie Verlags Union, 1989.

Schmaderer,F.O.: Lernplanung und Unterrichtsgestaltungauf der Grundlage pädagogischer und lernpsychologischer Erkenntnisse. München: Ehrenwirth, 1977.

Kurse zum Autogenen Training in der offenen Erwachsenenbildung

Rainer Thielen und Günter Krampen

1. AT-Kurse an der Volkshochschule (VHS)

Die innerhalb der Bevölkerung allgemein gestiegene Sensibilität für Fragen des Gesundheitsverhaltens (Ernährungsgewohnheiten, Tabak- und Alkoholkonsum, Sport und Bewegung, Entspannung, Streßvermeidung usw.) und das verstärkte Interesse an medizinisch und psychologisch orientierten Bildungsangeboten innerhalb der offenen Erwachsenenbildung haben dazu geführt, daß AT-Kurse zu einem festen Bestandteil der VHS-Programme geworden sind. Die zunehmende Bedeutung von Kursen zum Autogenen Training innerhalb des Fachbereichs "Gesundheitsbildung" an den VHS wird eindrucksvoll durch die Jahrestatistiken des Deutschen Volkshochschul-Verbandes (DVV; Pädagogische Arbeitsstelle des DVV, 1988ff.) dokumentiert. So hat sich in den letzten Jahren ein sprunghafter Anstieg der Kursangebote im Bereich "Autogenes Training, Yoga, Entspannung" ergeben: 1987 sind in den alten Bundesländern insgesamt 65728 Kursveranstaltungen im Bereich Gesundheitsbildung durchgeführt worden. Dies entspricht einem Anteil von 17.4% des gesamten Kursangebotes der VHS (Steigerung gegenüber dem Vorjahr um 19.2%). Nach weiteren Steigerungsraten in den Jahren 1988 und 1989 von 11.8% und 7.7% wurden 1989 insgesamt 79138 Kursveranstaltungen im Bereich Gesundheitsbildung durchgeführt. Dies entspricht immerhin knapp 20% des gesamten Kursangebotes der VHS, was deutliche Veränderungen ihres zunächst vor allem auf die berufliche (Weiter-)Qualifikation ausgerichteten Bildungsangebots belegt (vgl. hierzu etwa Strunk, 1986).

Innerhalb des Bereichs der "Gesundheitsbildung" nehmen Seminarangebote zu Entspannungsverfahren so etwa 1987 (mit 19651 Kursen) und 1990 (24021 Kurse) 30% der Kursveranstaltungen ein - dies ist der zweite Rangplatz nach Angeboten im Bereich der Gymnastik/Bewegung (50%). Auf die Bereiche "Gymnastik/Bewegung" und "Entspannungsmethoden" entfallen damit mehr als 3/4 aller Bildungsangebote der VHS auf dem Gebiet der Gesundheitserziehung und -förderung. Mit dem Begriff der "Entspannungsmethoden" werden dabei Kursangebote zum Autogenen Training (vor allem zur Grundstufe), zu den Varianten des Yoga und zu sonstigen Entspannungsverfahren zusammengefaßt (siehe Pädagogische Arbeitsstelle des DVV, 1988ff.).

Das zunehmende Angebot von Einführungskursen zum AT, das nach dem Finanzierungsmodell der VHS mit einer entsprechenden Nachfragesteigerung in Zusammenhang stehen muß, steht indes kaum in Einklang mit der Entwicklung einheitlicher Kurskonzepte und -inhalte. Ebenso werden angesichts der starken Nachfrage die Probleme, die sich durch unspezifische Indikationsstellung und unsystematische Evaluation der Kurse ergeben, dringlicher.

Derzeit werden so etwa weder die Möglichkeiten zur Bildung differentieller Lerngruppen genügend ausgeschöpft, noch führt die bisherige Einschreibepraxis an den VHS, die sich entweder auf allgemeine psychodiagnostische Urteile von Ärzten und Psychologen, auf Selbstindikationen der Teilnehmer oder einfach auf die Empfehlung von Bekannten stützt, zu effizienten Lernbedingungen. So finden sich in der Regel in AT-Kursen ebenso Teilnehmer mit primär-präventiver Zielorientierung wie Patienten mit körperlichen oder psychosomatischen Beschwerden, aber auch nicht selten Personen mit manifesten psychischen Problemen. Eine systematische Eingangsdiagnostik, die nicht nur dazu beitragen kann, relative und absolute Kontraindikationen vor Beginn eines Kurses zu kontrollieren, sondern auch zur Bildung effizienter Lerngruppen herangezogen werden kann, fehlt weitgehend.

Hinsichtlich der Erfolgskontrolle bei Einführungskursen zum AT ergibt sich ein analoges Bild: die Möglichkeiten produkt- und prozeßorientierter Evaluation (vgl. etwa Krampen, 1991) werden nur unzureichend genutzt, die katamnestischen Kontrollen nahezu gänzlich vernachlässigt. Evaluative Maßnahmen bleiben weitgehend auf verbale Rückmeldungen der Teilnehmer während der Kurslaufzeit bzw. auf zufällige Rückmeldungen nach Kursabschluß beschränkt.

Eine weitere Kritik an der derzeitigen Praxis im Bereich der Durchführung von Kursen zum AT innerhalb der offenen Erwachsenenbildung kann darin gesehen werden, daß kaum einheitliche Kurskonzepte bestehen. Methode, Didaktik und Kursmodalitäten sind z.T. sehr unterschiedlich: So wird AT etwa mit anderen Entspannungsverfahren wie etwa Meditation, Atemtechniken oder PMR kombiniert vermittelt; auch wird die autosuggestive Methode mit Musik oder anderen fremdsuggestiven Mitteln konterkariert, was den Verdacht aufkommen läßt, daß den Kursteilnehmern unter dem Titel "Autogenes Training" etwas anderes untergeschoben wird. Unterschiedliche Kursdurchführungsbedingungen (Gruppengröße, Kursdauer, Körperhaltung beim Üben, Kursleiterkompetenzen u.s.w) an den verschiedenen Institutionen der Erwachsenenbildung verstärken den Eindruck, daß das Angebot nicht nur heterogen, sondern auch nur in geringem Maße durch wissenschaftliche Begleituntersuchungen abgesichert ist.

Im folgenden wird über eine regionale Bestandsaufnahme der in der offenen Erwachsenenbildung angebotenen AT-Kurse (Studie I: Befragung von Kursleitern) und die Befunde einer katamnestischen Untersuchung (Studie II) berichtet, die Kenntnisse über die längerfristige Anwendung des AT und dessen Effekte bei ehemaligen Kursteilnehmern erbringt. Beide Studien wurden im Großraum Trier unter Mitwirkung verschiedener Institutionen der offenen Erwachsenenbildung durchgeführt.

2. Befragung von AT-Kursleitern (Studie I)

Die Kursleiterbefragung soll ein genaueres Bild über die Art und Weise der konkreten Durchführung von AT-Kursen an Institutionen der offenen Erwachsenenbildung erbringen. Dabei stehen folgende Fragen im Vordergrund: Welche strukturellen und inhaltlichen Merkmale kennzeichnen die Kurskonzepte und welche Unterschiede bzw. Gemeinsamkeiten lassen sich zwischen AT-Kursen unterschiedlicher Träger und Kursleiter finden?

An der Befragung nahmen insgesamt 16 KursleiterInnen aus dem Raum Trier teil (acht Frauen und acht Männer). Die Totalerhebung wurde dadurch knapp verfehlt, daß zwei Kursleiter aus der Region nicht interviewt werden konnten (der eine war zwar "prinzipiell" zur Teilnahme bereit, konnte aber de facto ebensowenig wie der andere für das Interview gewonnen werden). Das Durchschnittsalter der Befragten betrug 35.9 Jahre bei einer Variation von 26 bis 56 Jahren. Die Berufsstruktur ergab folgende Verteilung: elf Diplom-PsychologInnen, drei PsychologiestudentInnen höherer Semester, eine Medizinerin und eine "Verhaltenstherapeutin". Hinsichtlich der Qualifikation zur Leitung von AT-Kursen zeigt sich, daß keine einheitliche Ausbildungssituation besteht. Sechs KursleiterInnen haben eine universitäre Ausbildung in Form eines Seminars (ein- oder zweisemestrig) absolviert, zwei sind im Rahmen Ihrer Berufstätigkeit in einer Klinik ausgebildet worden; eine institutionalisierte Fortbildung (z.B. Weiterbildungsseminar des BDP) haben vier KursleiterInnen absolviert und sieben haben sowohl die Methode als auch die Vermittlung des AT in Form eines Gruppenkurses von einem/r anderen KursleiterIn erlernt (nicht-institutionalisierte Ausbildung).

Die Untersuchung wurde über teilstrukturierte Interviews durchgeführt. Angestrebt wurde die Herstellung einer offenen, nicht auf Leistungsnachweis oder Konkurrenzhaltung gerichteten Interviewsituation. Die Befragungszeit betrug etwa 30 Minuten. Im teilstrukturierten Interview wurden formale Merkmale der AT-Kurse (etwa Anzahl der Sitzungen, Teilnehmerzahl pro Kurs, etc.), diagnostische und evaluative Aspekte sowie Informationen zur inhaltlichen Ausgestaltung der Kurse (etwa Modus der Formelverwendung, Kommunikationsstrukturen in den Sitzungen, etc.) erfragt.

Die Ergebnisse zeigen zunächst, daß die formalen Kriterien "Anzahl der Sitzungen" und "Teilnehmerzahl pro Kurs" innerhalb der offenen Erwachsenenbildung weitgehend vereinheitlicht worden sind. So werden Kurse mit sechs bis zehn Sitzungen á 60 bis 90 Minuten Dauer angeboten, die zumeist im wöchentlichen Abstand stattfinden. Die Teilnehmerzahl ist entgegen früheren Entwicklungen, Kurse mit mehr als 20 Personen durchzuführen, auf eine Gruppengröße von 10 bis 18 Teilnehmern reduziert. Es zeigt aber auch, daß die inhaltliche Ausgestaltung der Kurse in der Realität nicht einheitlich ist. So unterscheiden sich die Kurse hinsichtlich der Kursmerkmale "Zusatzformeln" (9 x ja, 7 x nein), "Vorsprechen der Formeln" (10 x ja, 6 x nein), "Formelhafte Vorsatzbildung" (11 x ja, 5 x nein), "Übungshaltung" (9 x sitzend, 3 x liegend, 4 x beides kombiniert), "Integration anderer Entspannungsverfahren" (11 x nein, 3 x progressive Muskelentspannung, 2 x Meditation) und "fremdsuggestive Elemente, Hilfsmittel, Medien" (7 x nein, 3 x

Musik, 2 x Pendelversuch, 4 x Gymnastik) ganz beträchtlich. Zu berücksichtigen ist hier, daß nicht die graduellen Abweichungen einzelner Merkmale von der "klassischen Methode" des AT nach Schultz erfaßt wurden. Betrachtet man diese, muß für die vorliegende Stichprobe gesagt werden, daß z.B. hinsichtlich der Integration anderer Entspannungsverfahren vereinzelt so starke Abweichungen von Schultz festzustellen sind, daß die Frage berechtigt ist, ob es sich in diesen Fällen überhaupt noch um AT handelt (z.B. im Falle generell musikunterstützter Verfahrensweise, "Reise durch den Körper" ohne Bezug zu den Grundstufenübungen oder die Integration von Meditation mit einem Anteil von 50 bis 80% bei einer sogenannten "Einführung in das AT").

Besonders hervorzuheben ist hier der Stellenwert der kursbegleitenden Effektkontrolle bei den Kursen. Evaluative Maßnahmen wurden nach systematischer und unsystematischer Erfassung getrennt erfragt: Zur systematischen Evaluation zählen die Verwendung standardisierter diagnostischer Instrumente oder die systematische schriftliche Erfassung verbaler Rückmeldungen und Beobachtungsdaten über den Kursverlauf. Werden Teilnehmerrückmeldungen und Beobachtungen nicht als schriftliche Datenerfassung des Übungsverlaufs oder der Übungseffekte zu einem Zeitpunkt T(x) erhoben, sondern als Gesamteinschätzung zu einem bewertenden Urteil des Übungsverlaufs und der Übungsleistung eines Teilnehmers zusammengefaßt, wird von unsystematischer Evaluation gesprochen. Die Befunde zeigen klar, daß innerhalb der Erwachsenenbildung kaum systematische Erfolgskontrollen durchgeführt werden. Dies ist auch im Hinblick darauf zu kritisieren, da mit einer Prozeßevaluation nicht nur eine erhöhte Selbstkontrolle des Kursleiters verbunden ist, sondern da über das situative Eingreifen des Kursleiters hinaus regulative Interventionen direkt von den bei allen Kursteilnehmern systematisch erhobenen Daten abgeleitet werden können, die für den Lernprozeß förderlich sind.

3. Befragung von ehemaligen Kursteilnehmern (Studie II)

Im folgenden werden Vorgehensweise und Verlauf der katamnestischen Erhebung erläutert und Angaben zum Datenerhebungsbogen sowie zur Untersuchungsstichprobe gemacht. Die Befunddarstellung konzentriert sich auf die längerfristigen Effekte des Kursbesuchs bei den ehemaligen Teilnehmern und einige Korrelate der katamnestisch festgestellten AT-Übungspraxis.

Insgesamt 531 Fragebogen wurden mit frankierten Rückumschlägen postalisch an ehemalige Teilnehmer von Einführungskursen zum AT aus 36 Einzelkursen und sieben verschiedenen offenen Erwachsenenbildungseinrichtungen (kirchliche Träger, kommunale Einrichtungen und VHS) versandt. Durch die Angabe der Teilnehmer, wann der Kurs stattgefunden hat, ließ sich eine Zuordnung zu den spezifischen Kursen vornehmen, über die die Kursleiter in einem teilstrukturierten Interview (siehe Studie

I) befragt worden waren. Die 36 Kurse basieren auf acht verschiedenen Durchführungsvarianten. Die Rückantworten konnten in eindeutiger Weise 28 Kursen zugeordnet werden. Geantwortet haben 210 ehemalige Kursteilnehmer (39.5%); die Zahl der vollständig ausgefüllten Fragebogen betrug 191, was einem (bereinigten) Rücklauf von 36.0% entspricht.

Der für diese Katamnese konstruierte Fragebogen basiert auf dem im Rahmen des "Diagnostischen und Evaluativen Instrumentariums zum Autogenen Training" (AT-EVA) entwickelten AT-Katamnesebogen (Krampen, 1991) und erfaßt auf fünf Seiten folgende Daten: Nach einer Instruktion zum Ausfüllen des Bogens wurden von den ehemaligen Kursteilnehmern auf Seite 1 der Kurszeitpunkt und die damaligen Vorerfahrungen mit dem AT angegeben sowie eine Selbstzuweisung in folgende Gruppen vorgenommen: Gruppe A - Kursabbrecher: diese Personen haben den damaligen Kurs nicht bis zum Ende besucht; Gruppe B - AT-Kursbeender: diese Personen haben den Kurs beendet, wenden das AT aber zum Zeitpunkt der Erhebung nicht mehr an; Gruppe C - AT-Anwender: diese Personen wenden das AT zum Zeitpunkt der katamnestischen Datenerhebung an. Die Seiten 2, 3 und 4 des Fragebogens sind jeweils einer Gruppe vorbehalten. Es wurden Daten zur Anwendungsdauer, Übungshäufigkeit, zum Modus des Übens und zur Formelwirkung (bei Gruppe C) sowie zu den Gründen, die zum Abbruch, zum Beenden oder zur weiteren Anwendung der Übungen geführt haben, erfragt. Seite 5 wurde von allen Untersuchungsteilnehmern bearbeitet und erhebt Angaben zur (damaligen, erinnerten) Kursteilnahmemotivation, zum aktuellen Befinden, zu Einstellungen gegenüber dem AT und Angaben zur Person.

In der Stichprobe ergab sich die folgende Verteilung auf die drei Gruppen: Gruppe A (Kursabbrecher) - N=20 (10.4%); Gruppe B (AT-Kursbeender) - N=80 (41.9%); Gruppe C (AT-Anwender) - N=91 (47.6%). Der geringe Anteil derjenigen, die den Kurs abgebrochen haben, muß als Selektionseffekt interpretiert werden, da zu erwarten ist, daß unter den Antwortverweigerern Kursabbrecher überrepräsentiert sind. Der Anteil der Gruppe C beträgt, bezogen auf die Zahl derer, die den Kurs beendet haben, 53.2%.

Der Katamnesezeitraum variiert stark und liegt zwischen 2 bis 83 Monaten; der Mittelwert liegt bei knapp zwei Jahren. Für 28% der Teilnehmer liegt der Kurs zwei bis zwölf Monate zurück, für 70% innerhalb eines zurückliegenden Zeitraums von drei Jahren. Wichtig ist dabei, daß die Länge des Katamnesezeitraums mit keiner der untersuchten Variablen (auch nicht der Gruppenzugehörigkeit und damit der Anwendungspraxis!) bedeutsam kovariiert.

Vorerfahrungen mit AT gaben insgesamt 48 (25%) Personen an. Die Geschlechtsverteilung weist auf eine deutliche Mehrheit weiblicher Teilnehmer: 145 (77%) Frauen gegenüber 43 (23%) Männern. Das entspricht einem Verhältnis von 3:1 und deckt sich mit den statistischen Ergebnissen des DVV (vgl. Pädagogische Arbeitsstelle des DVV, 1989). Das Alter der Teilnehmer variiert zwischen 17 und 77 Jahren mit einem Mittelwert von 37.5 (SD = 12.9).

Die Befunddarstellung konzentriert sich auf die längerfristigen Effekte des Kursbesuchs, d.h. auf Variablen, die die Gruppe C charakterisieren. Anschließend wird die Verbindung der Katamneseerhebung mit der Kursleiterbefragung hergestellt, indem Korrelate der katamnestisch festgestellten AT-Übungspraxis aufgezeigt werden.

Der Anteil der ehemaligen Teilnehmer, die das AT langfristig anwenden (Gruppe C) beträgt, bezogen auf die Zahl derer, die den Kurs beendet haben, 53.2%. Diese Erfolgsquote muß jedoch unter Bezug auf die Rücklaufquote relativiert werden: geht man von der konservativsten Annahme aus, daß alle ehemaligen Teilnehmer, die den Katamnesefragebogen nicht beantwortet haben, das AT zum Katamnesezeitpunkt nicht mehr praktizieren, so reduziert sich die (hypothetische) Quote der Teilnehmer, die das AT langfristig anwenden, auf 18%. Der wahre Anteil der Anwender liegt somit zwischen dieser konservativen Schätzung von 18% und der auf den Rücklauf bezogenen (empirischen) Quote von 53 %.

Hinsichtlich der Übungshäufigkeit der Gruppe der AT-Anwender ergibt sich folgende Verteilung: 28% der Personen üben "1 x täglich", 31% praktizieren das AT "1 - 2 x pro Woche", 17% üben "mehrmals im Monat" und 16% nur "ein- bis zweimal im Monat". Dabei besteht die Tendenz, das AT eher im Liegen (50%) oder in einer sitzend-zurückgelehnten Körperhaltung (16%) anzuwenden. Obwohl in der Gesamtstichprobe als Lernbedingung die sitzende Übungshaltung mit 76% überrepräsentiert ist, üben nur 34% der Teilnehmer, die AT langfristig anwenden, in der sitzenden Position.

Die Anwendung formelhafter Vorsatzbildung ist in Gruppe C wie folgt verteilt: 52 Personen (55%) verwenden formelhafte Vorsätze, 21 Teilnehmer (22%) wenden keine Vorsatzbildungen an und 21 (22%) haben diese in ihrem Kurs nicht kennengelernt. Man kann also in der Mehrzahl davon sprechen, daß die Teilnehmer nach Beendigung eines Kurses eher zielorientiert im Sinne einer symptomorientierter Anwendung des AT üben. Dieses Ergebnis wird durch die Befunde der Gruppe B bestätigt: 73% dieser Gruppe haben während des Anwendungszeitraums bis zum Einstellen der Übungen formelhafte Vorsätze verwendet.

Die Formelwirkung der einzelnen Grundstufenübungen wurde von den Teilnehmern der Gruppe C mittels einer bipolaren Skala mit den Ausprägungen von -3 (schlechte Formelwirkung) bis +3 (gute Formelwirkung) eingeschätzt. Mittelwerte im (schwach) negativen Bereich haben sich für die Herzformel (M=-0.4; SD=1.9) und die Stirnformel (M=-0.4; SD=2.1) ergeben. Die beste Wirkung wird durch die Ruhetönung erzielt (M=2.1; SD=1.1), gefolgt von Schwere- (M=1.7; SD=1.4), Atem- (M=1.4; SD=1.6) und Wärmeformel (M=1.3; SD=1.7). 83% der Teilnehmer geben für die Ruhetönung eine gute Wirkung an, 69% für die Schwereformel, 63% für die Wärmeformel und 59% für die Atemformel.

Die Ergebnisse der Mittelwertvergleiche zwischen AT-Kursbeendern (Gruppe B) und AT-Anwendern (Gruppe C) hat erbracht, daß sich die Teilnehmer hinsichtlich ihrer ehemaligen (erinnerten) Kursmotivation allgemein und unter indikativen Aspekten nicht, dafür aber in dem Teilnahmemotiv "Neugier" unterscheiden. Teilnehmer der Gruppe B geben häufiger an, den AT-Kurs aus Neugier besucht zu haben. Die Rangfolge der Kursteilnahmemotive für alle Untersuchungsteilnehmer (N=191) ist: (1) Streben nach psychischer Ausgeglichenheit, (2) Abbau von Unruhe/Nervosität, (3) besserer Umgang mit beruflichem Streß, (4) Neugier, (5) körperliche Beschwerden, (6) Empfehlung von Bekannten und (7) ärztlicher Rat.

Das aktuelle Wohlbefinden wurde von den Personen, die AT längerfristig anwenden, signifikant positiver beurteilt. D.h. im Mittel haben die AT-Anwender zum Katamnesezeitpunkt ein besseres Allgemeinbefinden als die Personen, die die Übungen wenige Wochen nach Kursende eingestellt oder den Kurs vorzeitig abgebrochen haben.

Auch auf Einstellungsskalen, die sich auf Einstellungen gegenüber der AT-Methode und den AT-Effekten in den Bereichen der Gesundheit, der Leistungssteigerung und der Reduktion von psychischen Problemen beziehen, zeigen sich signifikante Mittelwertunterschiede zwischen den Gruppen B und C. AT-Anwender bewerten nicht nur das AT als Entspannungsverfahren positiver, sondern beurteilen auch die körperlich-gesundheitlichen, leistungsorientierten und psychischen Auswirkungen des AT günstiger.

Die Kursleiterbefragung (Studie I) hat in Bezug auf die Katamneseerhebung die Funktion, für unterschiedliche Kursdurchführungsbedingungen (acht unterschiedliche Kurskonzepte konnten spezifiziert werden) bedeutsame Zusammenhänge zum späteren Umgang mit dem AT bei den Kursteulnehmern herauszufinden. Die verschiedenen Kursmerkmale (s.o.) wurden über Kontingenztafelanalysen mit der Zugehörigkeit zu den Gruppen A (Kursabbrecher), B (AT-Kursbeender) und C (AT-Anwender) in Beziehung gesetzt. Hinsichtlich der Kursmerkmale "Anzahl der absolvierten Kursstunden" (sechs versus mehr als sechs Sitzungen) und "Vermittlung von Formelhafter Vorsatzbildung im Kurs" ergaben sich signifikante Zusammenhänge. Das Einstellen der AT-Übungen nach Kursende (Teilnehmer der Gruppe B) steht in signifikantem Zusammenhang zu einer Kursdauer von sechs Wochen. Die Dauer des Kurses erweist sich damit als wichtige Variable, die in Zusammenhang mit der langfristigen Anwendung des AT steht. Neben der Berücksichtigung möglicher Variablenkonfundierungen (z.B. Gruppengröße etc.) als Erklärungsansatz sollte insbesondere beachtet werden, daß durch eine größere Anzahl von Kursstunden den Teilnehmern die Möglichkeit geboten wird, sich u.a. untereinander besser kennenzulernen, weitergehende Erfahrungen auszutauschen, intensiver und genauer auf individuelle Probleme einzugehen oder spezifische Anwendungsmöglichkeiten zu finden und individuelle Anwendungsziele des AT näher zu bestimmen. So sind neben den AT-spezifischen Variablen (z.B. Dauer zur Etablierung stabiler Entspannungseffekte, Erfahrungsstand gezielter AT-Anwendung, etc.) vermutlich sozialpsychologische Kursmerkmale von besonderer Bedeutung, die innerhalb einer längeren Kursdauer besser zum Tragen kommen können. In einer Längsschnittuntersuchung über die Auswirkungen des AT auf subjektiv erlebte

Entspannung und Wohlbefinden leiten Kröner und Beitel (1980) aus den prozeßorientierten Beobachungsdaten ihrer Kurse ab, daß ein AT-Kurs zur Stabilisierung therapeutischer Effekte mindestens 13 Sitzungen à 90 Minuten umfassen sollte. Es ist jedoch zu betonen, daß auch kürze Kurslaufzeiten unter bestimmten Bedingungen positive, im Unterschied zu den Befunden von Kröner und Beitel (1980) auch katamnestisch abgesicherte Effekte haben können (vgl. hierzu Krampen, Main & Waelbroeck, 1991; Krampen, 1992). Die Vermittlung der formelhafter Vorsatzbildung im Kurs wirkt sich entgegen der Erwartung nicht günstig auf die langfristige Anwendung des AT aus. Es liegt die Vermutung nahe, daß der Mißerfolg mit formelhaften Vorsätzen infolge unangemessener Zielbildung und/oder Formeln dazu beiträgt, die Übungen einzustellen. Eine inadäquate Verwendung von Leitsätzen führt zu Mißerfolgen hinsichtlich der angestrebten Ziele. Im Glauben sachgemäßer Anwendung und angemessener Ziele werden die Teilnehmer den Mißerfolg fälschlicherweise auf das AT selbst zurückführen, woraus der Übungsabbruch resultieren kann.

4. Folgerungen

Die dargestellten Befunde machen Unzulänglichkeiten in der Konzeption von Kursen zum AT im Kontext der offenen Erwachsenenbildung deutlich. Dies betrifft insbesondere den Bereich der differentiellen, interventionsorientierten Indikation und Evaluation. Verbesserungen hinsichtlich der Indikationsstellung sollten dazu führen, das derzeitige Vorgehen, das weitgehend der bereits von Schultz (1970) postulierten "praktischen Auslese" folgt, die nicht nur zu äußerst heterogenen Lerngruppen führt, sondern auch als Grund für die recht hohen Abbruchquoten angeführt werden kann, zu ersetzen. Unter Berücksichtigung der Tatsache, daß im Einzelfall durch die erfolglose Anwendung des AT negative psychische und psychosomatische Effekte auftreten können (etwa emotionale Verunsicherungen, Häufung von Mißerfolgserlebnissen, Verstärkung bestehender oder Manifestation latent vorhandener psychischer oder psychosomatischer Störungen), wird die Bedeutung einer Optimierung der Eingangsdiagnostik für den Bereich der offenen Erwachsenenbildung deutlich. Hinsichtlich der Bemühungen um Nachweise der postulierten präventiven und therapeutischen Effekte des AT wird es darauf ankommen, sowohl die produkt- und prozeßorientierte Evaluation stärker in den Vordergrund zu rücken als auch katamnestische Untersuchungen über langfristige direkte und indirekte Auswirkungen des AT auf das Handeln der Teilnehmer zu fördern (vgl. hierzu etwa Krampen, 1991, 1992; Rittmannsberger & Grausgruber, 1990).

Das primäre Anliegen der Erwachsenenbildung, als Bildungs- und Begegnunsstätte für Jedermann zur Identitätbildung des Einzelnen beizutragen, kann dann nicht als unproblematisch betrachtet werden, wenn es wie im Falle der Anwendung des AT darum geht, aufgrund einer unklaren Indikation konkrete therapeutische Interventionen abzuleiten. Die derzeitige Praxis der Durchführung von Kursen zum AT innerhalb der Erwachsenenbildung läßt dies nur unzureichend zu. Darüber hinaus trägt die nach wie vor nicht gesetzlich oder VHS-intern geregelte Qualifikation sowie die äußerst heterogene Ausbildung von AT-KursleiterInnen zu weiterer Verunsicherung bei. Für den "Export von Psychologie" bedeutet dies u.a., (1.) daß die Ausbildungsgänge und Qualifikationsmerkmale von KursleiterInnen klar geregelt sein müssen, (2.) daß das, was unter einem bestimmten Namen angeboten wird (also etwa "Einführungkurs zur AT-Grundstufe"), auch dem wissenschaftlich abgesicherten Interventionskonzept entsprechen muß, und (3.) daß das eigene Vorgehen durch die KursleiterInnen selbst anhand einer interventionsorientierten Diagnostik und Evaluation selbstkritisch kontrolliert wird. Nur dadurch wird auf Dauer die Diskreditierung entsprechender "Exportbemühungen" der Psychologie im Bereich der offenen Erwachsenenbildung, die ja prinzipiell zu begrüßen sind, zu verhindern sein.

Literatur

Kroener, B. & Beitel, E. (1980). Längsschnittuntersuchung über die Auswirkung des Autogenen Trainings auf verschiedene Formen der subjektiv wahrgenommenen Entspannung und des Wohlbefindens. Zeitschrift für Klinische Psychologie und Psychotherapie, 28 (2), S.127-133.

Krampen, G. (1991). Diagnostisches und Evaluatives Instrumentarium zum Autogenen Training (AT-EVA). Göttingen: Hogrefe.

Krampen, G. (1992). Einführungskurse zum Autogenen Training: Ein Lehr- und Übungsbuch für die psychosoziale Praxis. Stuttgart: Verlag für Angewandte Psychologie Hogrefe.

Krampen, G., Main, C. & Waelbroeck, O. (1991). Optimierung des Lernprozesses beim Autogenen Training bei kurzer Kurslaufzeit durch Übungsprotokolle. Zeitschrift für Klinische Psychologie, Psychopathologie und Psychotherapie, 39, 33-45.

Pädagogischen Arbeitsstelle des Deutschen Volkshochschul-Verbandes, DVV (Hrsg.) (1988ff.) Statistische Mitteilungen des DVV: Arbeitsjahr 1987ff. Frankfurt/Main.

Rittmannsberger, H. & Grausgruber, A. (1990). Effektivität von Kursen für autogenes Training im Rahmen der Volkshochschule. Psychotherapie, Psychosomatik, Medizinische Psychologie, 40, 264-270.

Schultz, J.H. (1970). Das autogene Training (16. Aufl.). Stuttgart: Thieme.

Strunk, G. (1986). Erwachsenenbildung: Begriff, Geschichte, System und Aufgabenverständnis. In W. Sarges & R. Fricke (Hrsg.), Psychologie für die Erwachsenenbildung/Weiterbildung (S. 1-19). Göttingen: Hogrefe.

Zur Rezeption psychologischer Konzepte in der Psychiatrie am Beispiel Sucht

W. Arnold und F. Tretter

1. Einleitung

Die medizinische Spezialdisziplin Psychiatrie ist ein Fach, das sich an der Schnittstelle von biomedizinischen, psychologischen und sozialwissenschaftlichen Denk- und Handlungsansätzen entwickelt hat wie kaum ein anderes Fach der Medizin (DÖRNER, 1969; SCHMITT, 1990). Psychische Krankheit war zwar den griechischen Ärzten der Antike bereits bekannt, doch hat die Institutionalisierung der Psychiatrie als medizinische Disziplin erst relativ spät eingesetzt : erst 1748 veröffentlichte der englische Arzt BATTIE sein Buch "Psychiatrie als Wissenschaft". 1848 formulierte der Internist GRIESINGER, der als Begründer der Universitätspsychiatrie und der Gemeindepsychiatrie in Deutschland angesehen wird, mit dem Satz "Geisteskrankheiten sind Gehirnkrankheiten" die Grundperspektive einer medizinischen Psychiatrie (vgl. ACKERKNECHT, 1957; BAUER u.a., 1980; SCHMIEDEBACH, 1990). Diese Richtung der "Somatiker" verdrängte vor allem in Deutschland die "Psychiker", die bis zu jener Zeit psychische Erkrankungen als Folge innerpsychischer Prozesse sahen. Die Psychiker, wie der Lehrstuhlinhaber für "psychische Heilkunde" in Leipzig HEINROTH (1818), waren von der Philosophie und der Theologie der Romantik beeinflußt und zeigten moralisierende Tendenzen.

Die Psychiatrie entwickelte sich also im wissenschaftlichen Bereich im Spannungsfeld zwischen Philosophie, Theologie und Medizin. Im 20. Jahrhundert setzte sich in Deutschland der biomedizinische Ansatz zunächst bis zum zweiten Weltkrieg durch. Relativ unbedeutend ist hingegen der Einfluß der Psychologie geblieben. Sie fand auch wenig Berücksichtigung in der Grundlegung der Psychopathologie durch JASPERS (1965). In der nordamerikanischen Psychiatrie fand hingegen die Psychoanalyse vor allem im ambulanten Bereich hohe Geltung, entsprechend FREUDs Ankündigung im Jahre 1906 auf einer Postkarte an den Begründer der systematischen Psychiatrie BLEULER (zit. in BLEULER, 1983): "Ich bin zuversichtlich, wir erobern bald die Psychiatrie". Erst in den 60er Jahren traten zunächst in England und in den USA und dann in Deutschland sozialpsychiatrische Ansätze auf, die in ihrer Extremform auch eine Form eines wissenschaftlichen Reduktionismus zeigten, im Sinne von "Geisteskrankheiten gibt es nur, weil wir abweichendes Verhalten so bezeichnen." (vgl. SZASZ, 1972).

Die Frage stellt sich daher, ob die Psychiatrie die neueren Konzepte der Psychologie rezipiert. So wäre zu vermuten, daß das seit Anfang der 70er Jahre in die Ausbildung der Mediziner aufgenommene vorklinische Fach "Medizinische Psychologie" die Rezeption fördert. In diesem Fach werden neben in der Medizin traditionsreichen psychoanalytischen Konzepten auch die Konzepte der akademischen Psychologie (z.B. aus dem Bereichen Lerntheorie, Verhaltenstherapie, Kognitionspsychologie) relativ gleichgewichtet vermittelt (ROSEMEIER, 1978, 1991). Es ist daher vor allem in der Psychiatrie zu erwarten, daß in den letzten Jahren zunehmend lerntheoretische und kognitionspsychologische Konzepte in Forschung und Praxis Eingang finden.

Diese These wird in dieser Studie anhand von Textanalysen einschlägiger Lehrbücher detailliert untersucht:

- Nimmt die Repräsentanz psychologischen Wissens in psychiatrischen Lehrbüchern entsprechend dem Anwachsen psychologischen Wissens zu?
- Trifft dies auch für die verhaltenstherapeutischen und kognitiven Therapieansätze zu?

Um diese Fragen zu beantworten, werden exemplarisch die Ausführungen zu Suchtkrankheiten in psychiatrischen Publikationen untersucht. Aus den psychiatrischen Erkrankungen sind die Suchtkrankheiten ein Bereich, der am stärksten multidisziplinär von Ärzten, Psychologen, Sozialpädagogen, Juristen, Theologen usw. besetzt ist, weswegen hier viel fachfremdes Wissen in die Medizin eingearbeitet werden muß. Ein weiterer Grund dieser Auswahl ist die zunehmende gesellschaftliche Bedeutung des Anwachsens der Suchtkrankheiten. Ermangels zuverlässiger epidemiologischer Angaben - die Schätzungen weisen mindestens 20 % Schwankungen auf - sind vor allem die Zugangsraten von Nervenkliniken wertvolle Indikatoren: im Bezirkskrankenhaus Haar mit ca. 7000 Aufnahmen pro Jahr wurden im Jahr 1988 2280 Suchtkranke aufgenommen (ca. 30%). Dabei ist die Entwicklung über die hier interessierenden Jahre mit ca. 15 %-igen Zuwachsraten gekennzeichnet. Nimmt man den Zeitraum von 1983 bis 1988 dann ist sogar ein Aufnahmezuwachs von 41,8 % zu verzeichnen (vgl. Abb. 1).

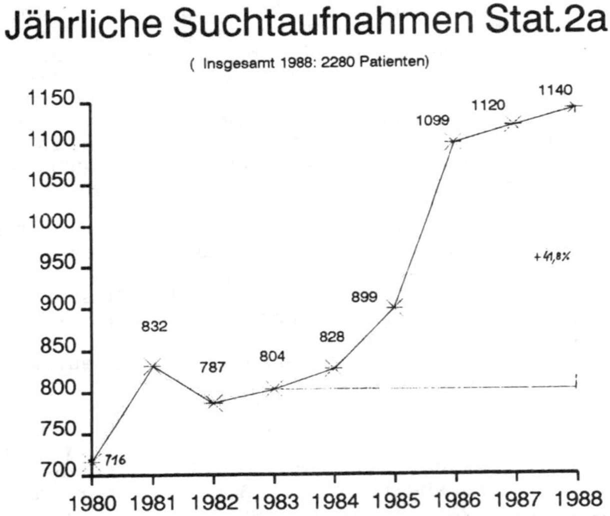

Abb.1: Verlauf der Zugangszahlen von Suchtkranken pro Jahr auf einer der beiden Suchtaufnahmestationen des Bezirkskrankenhauses Haar

Außerdem hat das psychologische Verständnis und die Bedeutung psychologischer Therapieansätze im Hinblick auf Suchtkrankheiten seit den 70er Jahren zugenommen. Als Beleg für diese These kann beispielsweise gelten, daß erst neuerdings das Konzept des niederschwelligen Entzugs für Drogenabhängige propagiert wird, das einen psychosozialen Arbeitsansatz in den Vordergrund stellt. Überhaupt wird die Psychologie der Entgiftungssituation erst in den letzten Jahren ausführlicher untersucht. Es ist daher zu erwarten, daß gerade das Thema Sucht in psychiatrischen Lehrbüchern zunehmend ausführlich behandelt wird und daß außerdem der Anteil an Psychotherapie-Darstellungen in den Suchtkapiteln zunimmt.

2. Methoden

Zur Quantifizierung unserer Fragestellung werden mehrere Auflagen gängiger Lehrbücher der Psychiatrie von BLEULER (1916,1930,1983), SCHULTE und TÖLLE (1975,1977), TÖLLE (1982,1988) sowie HUBER (1974,1976,1987) in Hinblick auf ihren Anteil an Textstellen über psychologische Erklärungs- und Therapieansätze untersucht. Außerdem wird die Anzahl der Publikationen zum Suchtthema im "Nervenarzt", einer Standardzeitschrift für Psychiater im Verlauf von 20 Jahren erhoben.

3. Ergebnisse

Ein gesondertes Psychotherapie-Kapitel findet sich in dem Psychiatrie-Lehrbuch von BLEULER nicht. Der Anteil des Suchtkapitels in diesem Lehrbuch zeigt in den Auflagen von 1916 mit 9,2% (48/518 Seiten), von 1930 mit 9,5% (50/526 Seiten) und von 1983 mit 7,9% (57/719 Seiten) keine prozentuelle Zunahme. Das bedeutet, daß dieses Standardlehrbuch trotz einer leichten Zunahme der Gesamtseiten zur Sucht dem Ausmaß der Entwicklung der Suchtkrankheiten und der Kenntnisse darüber proportional nicht gerecht wird.

Ein Psychotherapie-Abschnitt im besonders beliebten Lehrbuch von SCHULTE und TÖLLE macht in der 3.Auflage von 1975 3,8 % (15/385 Seiten) des Gesamttextes aus, in der 4.Auflage von 1977 4,6% (18/392 Seiten), in der 6.Auflage von 1982 4,8% (21/433 Seiten) und in der 8. Auflage von 1988 ebenfalls 4,8% (21/433 Seiten). Dabei zeigt der Anteil an Ausführungen zur Verhaltentherapie eine sinkende Tendenz von 17,3% (2,6/15 Seiten) auf 14,2% (3/21 Seiten) (s. Abb.2). In Hinblick auf das Suchtkapitel bleibt der Anteil über die Auflagen hin etwa konstant um 7% (z.B. 1988 30/433 Seiten), mit einem abnehmenden Anteil an Ausführungen zur Psychotherapie von Suchtkrankheiten von 16,7% (4,5/27 Seiten) auf 13,3% (4/30 Seiten), wobei keine wesentlichen Unterschiede zwischen Alkoholabhängigkeit und Drogenabhängigkeit besteht (s.Abb.3). In dem Lehrbuch von HUBER zeigt sich eine leichte Zunahme des Anteils des Psychotherapie-Kapitels von 2,0% (8/398 Seiten) auf 3,1% (19/603 Seiten), wobei der Verhaltenstherapie-Abschnitt von 6,2% (0,5/8 Seiten) im Jahre 1974 auf 9,3% (0,7/7,5 Seiten) im Jahre 1976 anstieg und seither anteilsmäßig praktisch gleich blieb mit 9,4% (1,8/ 19 Seiten) (s.Abb.4).

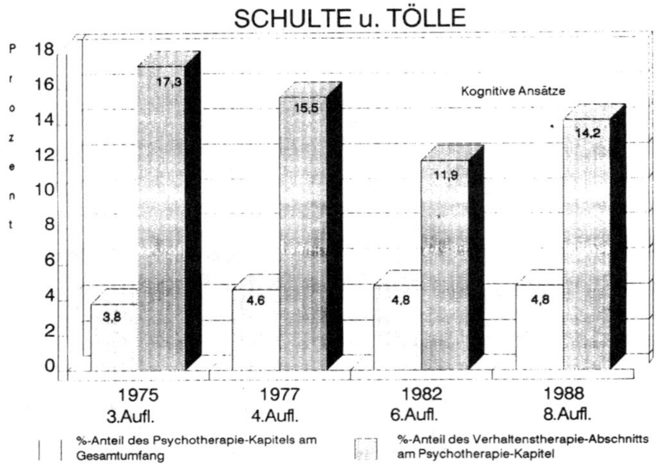

Abb. 2: Anteil an Ausführungen zur Psychotherapie im Lehrbuch von SCHULTE u. TÖLLE.

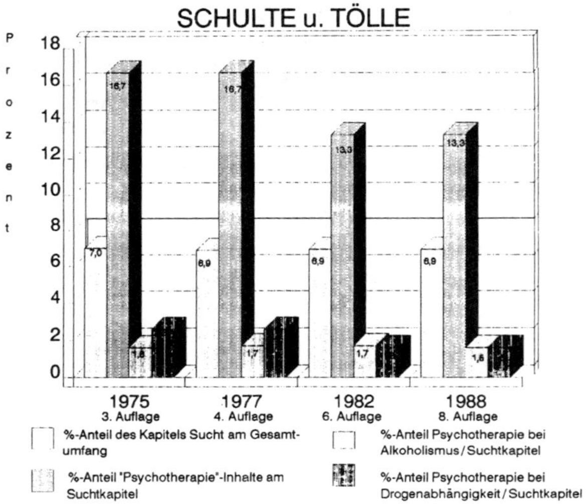

Abb. 3: Anteil der Ausführungen zum Thema Sucht und Psychotherapie der Sucht im Lehrbuch von SCHULTE u. TÖLLE

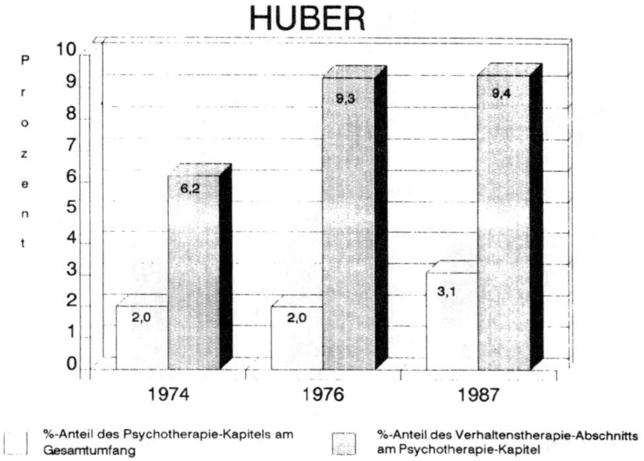

Abb. 4: Anteil der Ausführungen zur Psychotherapie im Lehrbuch von HUBER

Das Suchtkapitel sinkt in seinem Anteil von 5,6% (22,5/398 Seiten) im Jahre 1974 auf 4,6% (28/603 Seiten) im Jahre 1987.Der Anteil von Psychotherapie der Sucht bleibt praktisch konstant mit ca. 15% (z.B. 1987 4,2/28 Seiten). Die Ausführungen zur Psychotherapie des Alkoholismus steigen leicht an von 6,3% (1,4/22,5 Seiten) auf 8,2% (2,3/28 Seiten), während der entsprechende Anteil für Psychotherapie von Drogenabhängigkeit von 8% (1,8/22,5 Seiten) zunächst auf 9% (1,8/20 Seiten) ansteigt und dann wieder auf 7,1% (2,0/28 Seiten) zurückfällt (s. Abb.5).

Im "Nervenarzt" zeigt sich ein abnehmender Trend der Anzahl der Publikationen zur Sucht von 3,4% (21 Beiträge) im Zeitraum von 1971-1975 verglichen mit 2,2% (14 Beiträge) im Zeitraum von 1986-1990. Dieser Trend wird unterbrochen von einem leichten Anstieg auf 5,0% (31 Beiträge) im Zeitraum von 1976-1980, dem sich ein Absinken auf 3,5% (21 Beiträge) im Zeitraum von 1981-1985 anschließt.

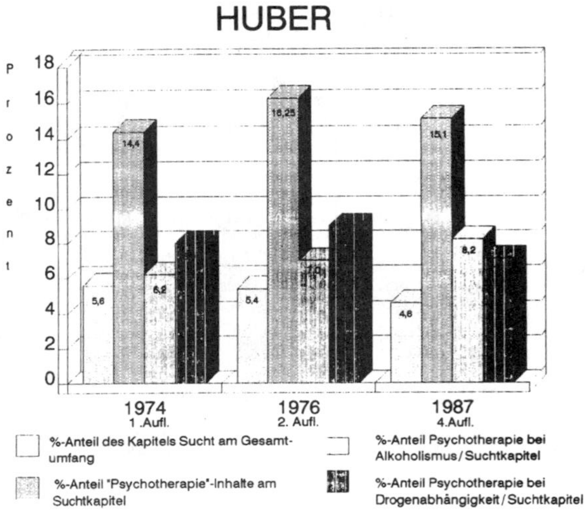

Abb.5: Der Anteil der Ausführungen zur Sucht im Lehrbuch von HUBER.

Der Anteil von psychotherapeutisch ausgerichteten Artikeln fällt von 9,5% (2 Beiträge) im Zeitraum von 1971-1975 auf 7,1% (1 Beitrag) im Zeitraum 1986-1990, wobei ein Maximum mit 16,1% (5 Beiträge) im Zeitraum 1976-1980 zu verzeichnen ist. Zusammenfassend ist also festzustellen, daß der Anstieg der Suchtkrankenaufnahmen sich nicht proportional in dem Umfang der Suchtkapitel der Lehrbücher und der Anzahl der Aufsätze im "Nervenarzt" niederschlägt (vgl. WATZL & DOBEL, 1991). Außerdem zeigt der Psychotherapieanteil, insbesondere der Verhaltenstherapie allgemein und suchtbezogen keine Zunahme.

Diskussion

Die Schere zwischen psychologischen Wissen zur Sucht und der psychiatrischen Rezeption der Suchtpsychologie führt in komplizierte wissenschaftssoziologische Fragestellungen (vgl. TRETTER, 1979). Zur globalen Interpretation bieten sich folgende Möglichkeiten an:

- die Psychiatrie zeigt sich nach wie vor eher an biologische Konzepten interessiert;
- die Problem-Rezeption erfolgt langsamer als Veränderungen im Krankheitspanaroma;

- psychologische Erkenntisse finden über die medizinische Psychologie nicht schneller Eingang in die Psychiatrie als zuvor.

Wir neigen zu der These, daß sich die Psychiatrie wieder in einer verschärften Phase der "Medizinisierung", d.h. in einer Phase des biologischen Reduktionismus befindet. Dafür sprechen mehrere Zeichen:

- die zunehmende Bedeutung der pharmakologisch orientierten Psychiatrie;
- die Psychopathologie hat seit JASPERS keine wesentliche Reform erfahren. Grundlegende Texte zur Psychopathologie wie jene von SCHARFETTER (1976) entbehren fast jeder psychologischen Fundierung;
- die Entwicklung psychopathometrischer Skalen und ihrer Probleme findet sich kaum in einem Lehrbuch angesprochen;
- die Arbeitstherapie, ein Bereich, in dem sich Klinikpatienten ca. sechs Stunden pro Tag aufhalten und betätigen, ist theoretisch so gut wie nicht fundiert, abgesehen von recht trivialen Aussagen wie Förderung der Aufmerksamkeit und der Belastbarkeit usw. Erst neuerdings gibt es Versuche, die Arbeitstherapie arbeitspsychologisch zu fundieren (vgl. GROSS, 1987).

Interessant ist auch die gegenwärtige Strategie der Rekrutierung der psychiatrischen Eliten etwa in Form von Lehrstuhlbesetzungen - es gibt neuerdings wieder weniger Ordinarien, die zusätzlich in Psychologie qualifiziert sind, bzw. ist in der Ausschreibung eine psychologische Zusatzqualifikation kein besonders erwünschtes Zusatzmerkmal der Qualifikation der Bewerber. Ärzte mit Zusatzqualifikaktion in einem vollen akademischen psychologischen Studium sind bestenfalls Direktoren von Landesnervenkliniken, sie sind dann zwar vielleicht in der Krankenhauspsychiatrie relevant, sie haben jedoch keinen prägenden Einfluß auf die Universitätspsychiatrie.

Von einer notwendigen stärkeren "Psychologisierung" der Psychiatrie kann also keine Rede sein. Diese Psychologisierung soll nur zu einem Ausgleich der psychiatrischen Wissensbereiche führen und zwar als stärker akzentuierte dritte Dimension zwischen biologischen Ansätzen und sozialwissenschaftlichen Ansätzen. Erst dann wäre die Situation einer integriert aufgebauten Psychiatrie erreicht, die dem an manchen Stellen propagierten biopsychosozialen Krankheitsmodell entspricht. Die Bedeutung einer stärkeren Psychologisierung der Psychiatrie liegt vor allem darin, daß die Psychiatrie häufig das einzige Moment in der Ausbildung der Ärzte ist, das einen Kontakt mit psychisch gestörten Menschen erlaubt und die damit verbundenen Umgehensweisen vermittelt.

Mancherorts wird von Ärzten sogar noch die These vertreten, daß Ärzte schon allein durch den jahrelangen Umgang mit Patienten psychologisch kompetent sind. Das aktuelle bundesweit durchgeführte Psychiatrie-Personalbedarfsgutachten zeigt allerdings trotzdem, daß zumindest der Praxisbedarf an Psychologen in psychiatrischen Kliniken in vielen Bereichen ca. das Doppelte der gegenwärtigen Stellenbesetzungen ausmacht. Sollte dieser Bedarf gedeckt werden, dann ist eine Intensivierung des Einflusses der psychologischer Konzepte zumindest in der Praxis der Psychiatrie zu erwarten. Die klinische Psychologie wird aber erst über den Umweg einer Rückkoppelung der durch die klinische Psychologie bereicherten praktischen Psychiatrie in die Universitätspsychiatrie mehr Einfluß auf die Psychiatrie im Bereich Lehre (und auch Forschung) gewinnen. Erst dann wäre eine bessere Grundlage der Kooperation zwischen Psychologie und Psychiatrie zu erwarten.

Literatur

ACKERKNECHT, E. (1957). Kurze Geschichte der Psychiatrie. Stuttgart.

BAUER, M. u.a. (1980). Psychiatrie, Psychosomatik, Psychotherapie. Stuttgart.

BLEULER, E. (1916; 1930; 1983). Lehrbuch der Psychiatrie, Berlin.

DÖRNER, K. (1969). Bürger und Irre - Zur Sozialgeschichte u. Wissenschaftssoziologie der Psychiatrie, Frankfurt/M..

GROSS, W.(1987). Arbeitstherapie. Mannheim

HEINROTH, J.C.A. (1818). Lehrbuch der Störungen des Seelenlebens oder der Seelenstörungen und ihrer Behandlung. Leipzig.

HUBER, G. (1974; 1976; 1987). Psychiatrie. Stuttgart.

JASPERS, K. (1965). Allgemeine Psychopathologie, Berlin Heidelberg New York

ROSEMEIER, H.P. (1978). Medizinische Psychologie. Lehrbuch mit 120 Prüfungsfragen, Stuttgart.

ROSEMEIER, H.P. (1991). Medizinische Psychologie und Soziologie Stuttgart.

SCHARFETTER,C.(1976). Allgemeine Psychopathologie. Stuttgart.

SCHMIEDEBACH, H.-P. (1990). Mensch, Gehirn und wissenschaftliche Psychiatrie: Zur therapeutischen Vielfalt bei Wilhelm Griesinger, In: J.GLATZEL, S.HAAS,H.SCHOTT (Hrsg.) (1990): Vom Umgang mit Irren, Regensburg.

SCHMITT, W. (1990). Biologismus und Psychopathologie: Die Heidelberger Schule. In: J.GLATZEL, S.HAAS, H.SCHOTT (Hrsg.) (1990). Vom Umgang mit Irren, Regensburg.

SCHULTE W. & TÖLLE, R. (1975; 1977). Psychiatrie, Berlin/ Heidelberg.

SZASZ, T.S. (1972). Geisteskrankheit - ein moderner Mythos? Olten, Freiburg i. Br.

TÖLLE, R. (1982; 1988). Psychiatrie, Berlin - Heidelberg - New York.

TRETTER, F. (1979). Medizinsystem und Umwelt; unveröff. Dissertation München.

WATZL, H. & DOBEL, C. (1991). Zum Stand der psychiatrischen Suchtforschung: Publikationshäufigkeiten 1980 - 1989. In: Sucht-Zeitschrift für Wissenschaft und Praxis, 37. Jahrgang Heft 1, 52 - 53.

VERZEICHNIS DER AUTOREN

Dipl.-Psych. Wolfgang Arnold, Städtische Fachoberschule II, Schlierseestr. 47, W-8000 München 90

Dr. Adam Bauer (verstorben), Deutsches Inst. f. Internationale Pädagogische Forschung, Schloßstr. 29, W-6000 Frankfurt/Main 90

Prof. Dr. Frank Baumgärtel, Universität Bremen, FB 9 - SG Psychologie, Postfach 33 04 40, W-2800 Bremen 33

Dipl.-Psych. Jürgen Behling, Zentralstelle für Psychologische Information und Dokumentation, Universität Trier, Postfach 38 25, W-5500 Trier

cand.phil. Beatrix Bittner, Universität Bamberg, Abteilung Sozial- und Organisationspsychologie, Markusstr. 6, W-8600 Bamberg

Prof. Dr. Joerg M. Diehl, Universität Gießen, FB 06 - Psychologie Otto-Behagel-Str. 10, W-6300 Gießen

Dr. Ines Gaudenz, Deutsches Institut für Internationale Pädagogische Forschung, Schloßstr. 29, W-6000 Frankfurt a.M. 90

Priv.-Doz. Dr. Klaus-Dieter Hänsgen, Humboldt-Universität, FB Psychologie, Oranienburger Str. 18, O-1020 Berlin

Dr. Christel Heinrich, Technische Universität Dresden, Inst. f. Psychologie, Mommsenstr. 13, O-8027 Dresden

cand.phil. Andrea-Birte Karnowski, Universität Bamberg, Abteilung Sozial- und Organisationspsychologie, Markusstr. 6, W-8500 Bamberg

Prof. Dr. Edith Kasielke, Humboldt-Universität, FB Psychologie, Oranienburger Str. 18, O-1020 Berlin

Dr. Claudia König, Technische Universität Dresden, Inst. f. Psychologie, Mommsenstr. 13, O-8027 Dresden

Prof. Dr. Günter Krampen, Universität Trier, FB I - Psychologie, Postfach 38 25, W-5500 Trier

Priv.-Doz. Dr. Morus Markard, Freie Universität Berlin, Psychologisches Institut (WE 3), Habelschwerdter Allee 45, W-1000 Berlin 33

Dr. Anna-Marie Metz, Claustaler Str. 7, O-1100 Berlin

Prof. Dr. Wolfgang Michaelis, Universität Augsburg, Inst. f. Psychologie, Universitätsstr. 10, W-8900 Augsburg

Dr. Dietmar Ohm, Mühlenberg-Klinik, Frahmsallee 1-7, W-2427 Malente

Dr. Johannes Roth, Koordinierungsstelle für Suchtprävention, Spitzwegstr. 57, O-8020 Dresden

Dipl.-Psych. Rainer Thielen, Domänenstr. 107, W-5500 Trier

Dipl.-Psych. F. Tretter, Bezirkskrankenhaus Haar, W-8013 Haar

Dr. Hermann Zayer, Deutsches Institut für Internationale Pädagogische Forschung, Schloßstr. 29, W-6000 Frankfurt a.M. 90